印心石在

陶澍的实学与实行

周禄丰 著

岳麓書社 · 长沙

图书在版编目(CIP)数据

印心石在:陶澍的实学与实行/周禄丰著. --长沙:岳麓书社,2025.5. --ISBN 978-7-5538-2272-3

Ⅰ. K827=49

中国国家版本馆 CIP 数据核字第 2025027K6Q 号

YINXIN SHI ZAI:TAO SHU DE SHIXUE YU SHIXING

印心石在:陶澍的实学与实行

作　　者:周禄丰
出 版 人:崔　灿
出版统筹:马美著
责任编辑:刘　文　刘小敏
营销编辑:谢一帆　唐　睿　向媛媛
责任校对:舒　舍
装帧设计:甘信宇

岳麓书社出版发行
地址:湖南省长沙市爱民路 47 号
直销电话:0731-88804152　0731-88885616
邮编:410006

版次:2025 年 5 月第 1 版
印次:2025 年 5 月第 1 次印刷
开本:640mm×960mm　1/16
印张:20.75
字数:350 千字
书号:ISBN 978-7-5538-2272-3
定价:88.00 元

承印:长沙超峰印刷有限公司

如有印装质量问题,请与本社印务部联系
电话:0731-88884129

陶澍画像，安化县文物所藏

胡林翼画像，湖南博物院藏

左宗棠画像，湖南博物院藏

印心石屋南崖之图，陶澍绘，据《陶澍全集》

印心石屋北崖之图，陶澍绘，据《陶澍全集》

道光皇帝御书“印心石屋”摩崖石刻，
位于安化小淹资江南岸，戴爱玲摄

长沙岳麓山“印心石屋”石刻，邱建明摄

陶澍故里文澜塔与江中印心石，戴爱玲摄

另一角度的印心石，戴爱玲摄

陶澍陵园牌坊，戴爱玲摄

陶澍陵园神道，戴爱玲摄

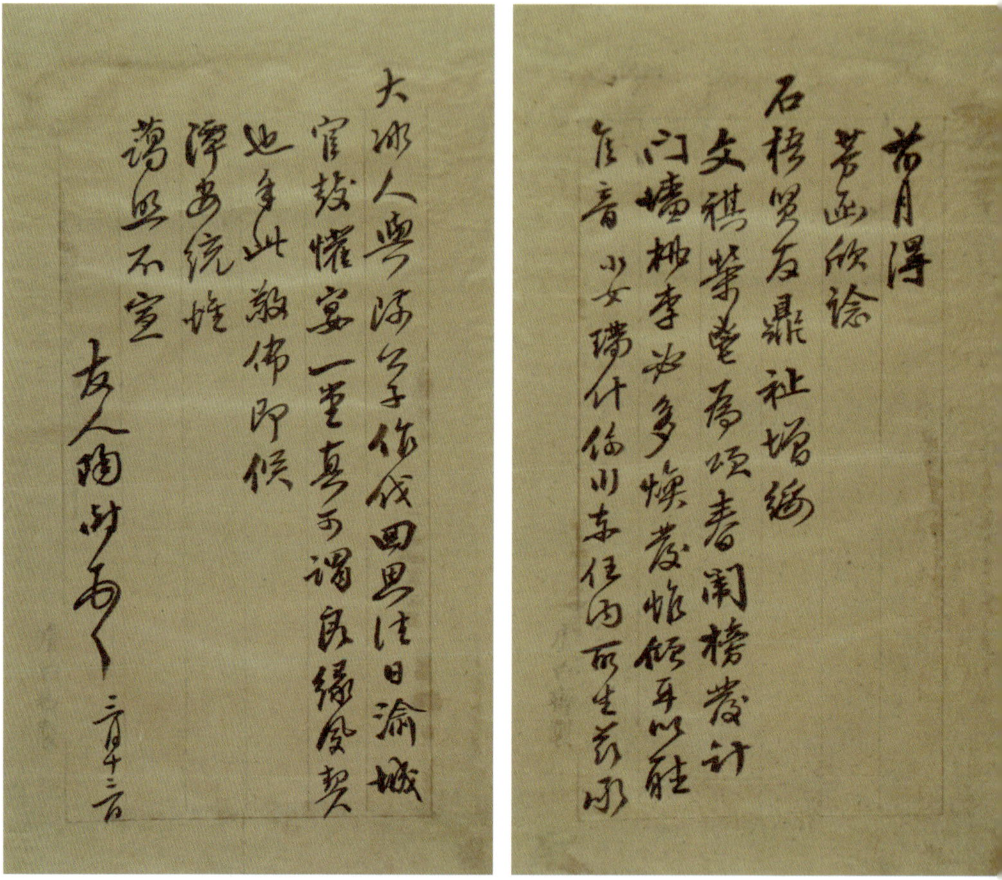

陶澍致李星沅信，湖南图书馆藏

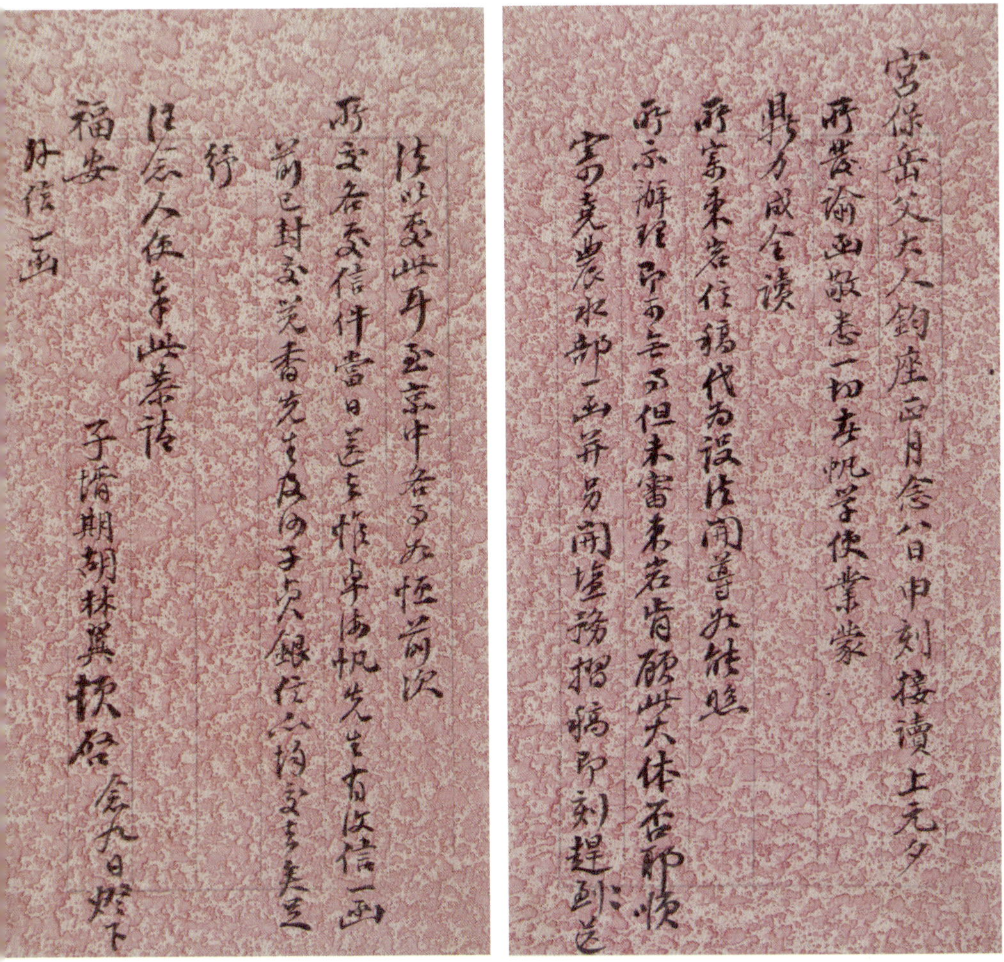

胡林翼致陶澍信（节录），湖南图书馆藏

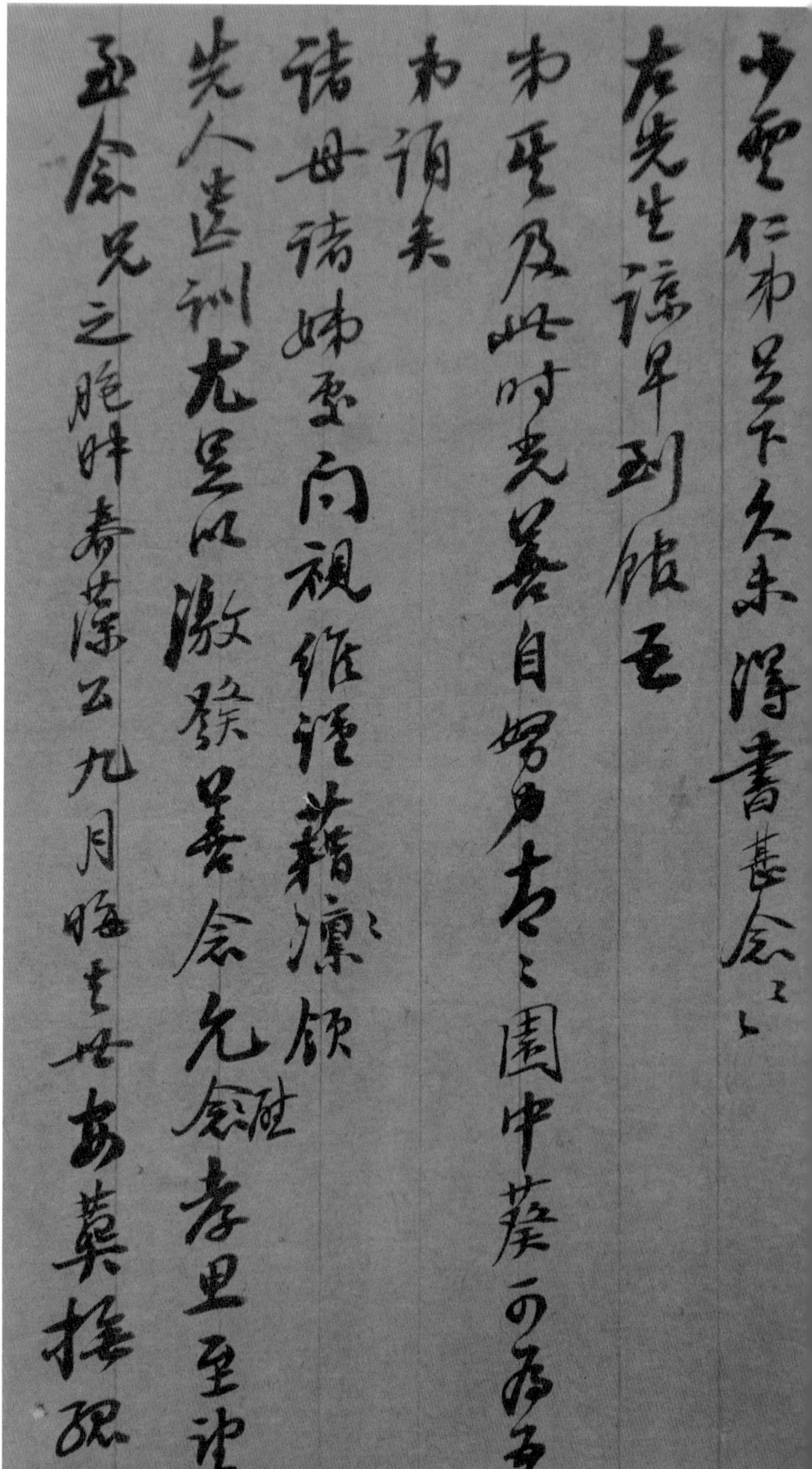

胡林翼致陶桄信（节录一），湖南图书馆藏

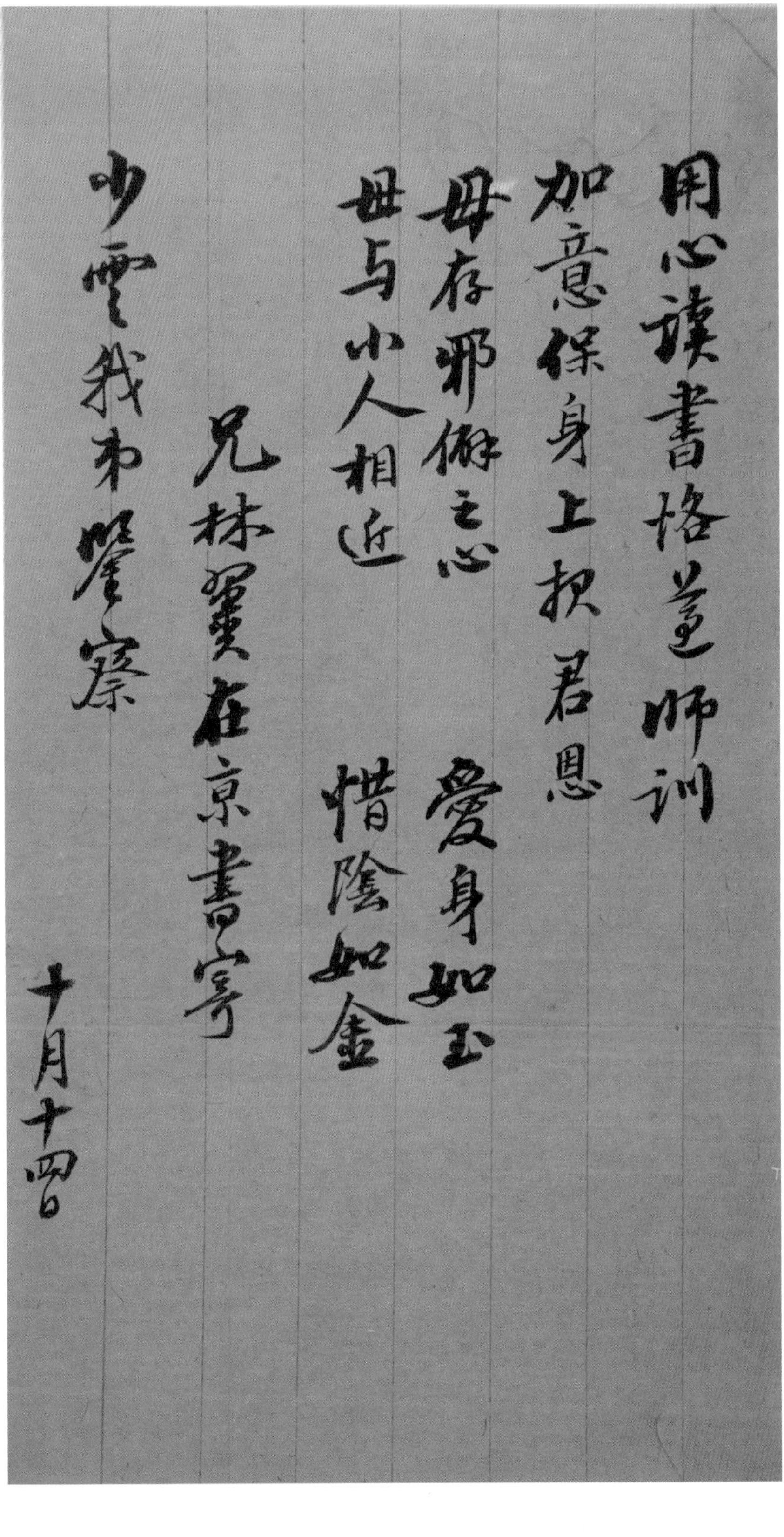

用心讀書恪遵師訓
加意保身上報君恩
毋存邪僻之心　愛身如玉
毋与小人相近　惜陰如金
兄林翼在京書寄
少雲我弟覽察
十月十四

胡林翼致陶桄信（节录二），湖南图书馆藏

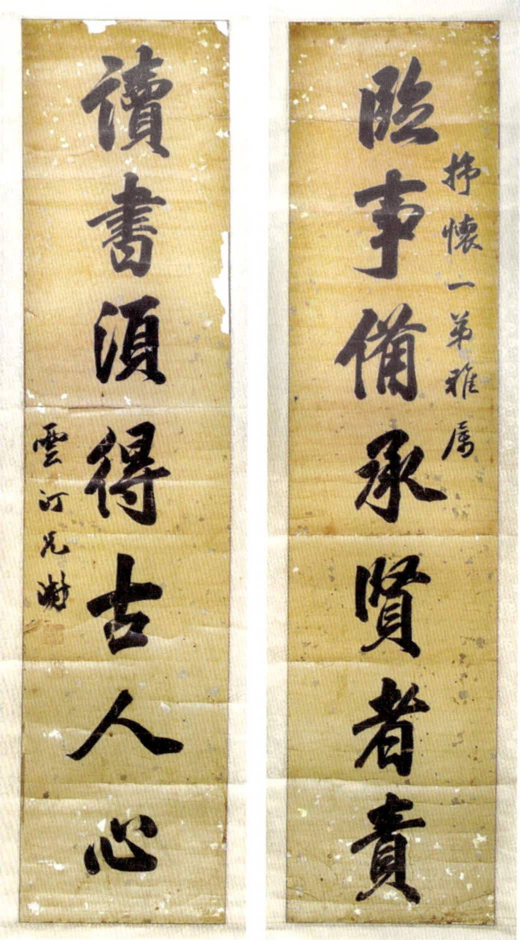

陶澍行书七言联，安化县文物所藏

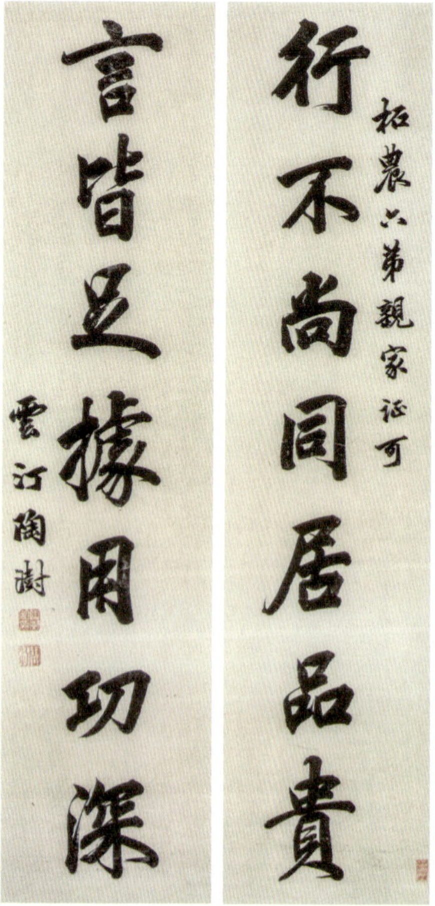

陶澍行书七言联，湖南博物院藏

目　录

序章：近代前夜的危机与变奏

“从来未有事，竟出大清朝”

清朝乾隆五十五年，公元1790年，中国历史上寿命最长、执政最久的皇帝乾隆迎来了他的八十寿辰。自清军入关，时间已过去一百四十六年。历经康熙、雍正、乾隆三朝励精图治，这一年，国库存银高达八千万两，创下清朝历史最高纪录。天下黎民百姓繁衍生息，人口已逾三亿之数。这似乎是一个国力昌隆、烟火繁盛的时代，清朝国势如日中天，光被四表。

亦在这一年，大洋彼岸的北美大陆，一个新生的国家正在崛起。华盛顿总统在临时首都纽约发表了就任总统以来的首份国情咨文，美国最高法院亦在这座未来的金融中心首次开庭。

在欧洲，德意志哲学巨擘康德发表了《判断力批判》，完成了他震古烁今的“三大批判”哲学体系。而在不列颠的爱丁堡，为自由市场理论奠基的英国经济学家亚当·斯密却与世长辞。

英伦三岛的心脏地带，纺织机的轰鸣声穿透夜幕，钢铁厂的炉火在黑暗中如繁星点点。高耸的烟囱喷吐着浓烟，与夜色交织成一幅变幻莫测的画卷。昼与夜的界限变得模糊，时间似乎失去了桎梏。

乾隆大寿两年后，英国向清朝派出了以马戛尔尼为特使的使团。使团六百多人乘坐“狮子号”“豺狼号”“印度斯坦号”，带着国书与数百箱礼物，以向乾隆补祝寿诞的名义出使中国。英国使团的目的，是想扩大与清王朝的通商，想让清廷允许他们在浙江舟山、宁波以及北方的天津贸易。从澳门运往广州的英国商品，希望得到免税或者减税的优待。此外，英国人还提议在北京派遣使臣常驻。英国人的要求，无疑是对清朝贡体系的一次重大挑战。[①]

乾隆皇帝最初对英国使团的到来表示欢迎，认为这是自己的仁德感化了远方的蛮夷。当他了解到英国人来访的目的仅仅是通商时，很快就失去了兴趣，随即打发使团离开。

马戛尔尼一行离开北京后，在中国逗留了五个月。他们沿着运河穿过北方的大地，一直深入中国南方腹地。从天横碣石的巍巍东岳，到西决昆仑的滔滔大河，抑或庐山烟雨、钱塘秋潮，他们都一一游历。不仅详细考察了中国的山川形胜、风土人情、军事布防，还深入了解了所到之处的经济资源。大清王朝烟火红尘之下，潜藏的文恬武嬉、民生凋敝，也未能逃过他们敏锐的观察，英国由是对中国国情了如指掌。

马戛尔尼此行，在中国与英国之间，埋下了深远而复杂的历史纠葛，此后百余年的风云变幻，在此时已现端倪。历史长河奔流不息，而这一刻，注定成为一个转折点。

两年后，乾隆在位时间已超过六十年。为表达对在位六十一年的祖父康熙的敬意，这位年届耄耋的天子宣布退位，立皇十五子颙琰为帝，是为嘉庆。[②]在乾隆做太上皇的几年里，川楚白莲教大起义爆发，直到乾隆八十九岁去世时仍未平息。

嘉庆亲政伊始，雷厉风行地铲除了乾隆的宠臣和珅，列数其二十大罪状，将和珅抄家，并赐他自尽。嘉庆帝一面宣布“咸与维新”，广开言路，鼓励大臣上书言事，一面加紧镇压白莲教。他调集十六省兵马，耗费军资两亿两，在付出十余名提督、总兵及四百余名中级军官阵亡的惨重代价后，终于在嘉庆五年（1800）勉强平定白莲教。

然而，国家甫定，东南海疆又警报频传。福建人蔡牵率以战船八十余艘，锐卒两万余人，进入福建沿海，直迫台湾，自号镇海王。清军已是筋疲力尽，却不得不再度挥师南下。经过五载艰苦鏖战，方在嘉庆十五年（1810）二月彻底击败蔡牵。

嘉庆十八年九月十五日，公元1813年10月8日。京畿附近两百余名天理教徒，在头领林清的布置下，身着白衣，手执白旗，兵分两路攻打紫禁城。虽然其中一路义军被官军撞破，未能入城，仍有八十多人得到内应，从宣武门潜入内城，一路突破重重防线，直逼大内。

为天理教徒充当内应的甚至有宫内的太监，他们本应是皇家最忠心的奴仆，此刻却变成了颠覆者、杀戮者。③

时年三十一岁的皇次子绵宁，即日后的道光皇帝，在危急关头展现出了非凡的勇气。他急令宦官取来鸟枪和腰刀，冲出书房迎敌。他立于养心殿台阶之下，举枪瞄准，两发两中，击杀了两名爬上养心殿墙头的勇悍教徒。见领头的勇士被击杀，其余教徒不敢继续爬墙，对养心殿的攻击才得到遏制。绵宁当机立断，下令关闭紫禁城四座城门，京城各路兵马入宫剿敌。在他的果断应对下，一场震动天下的祸事，才得以平息。④

天理教进攻时，嘉庆皇帝恰巧在热河行围，不在宫中，加之逼近大内的天理教徒势单力薄，否则恐怕真要应了那句“布衣之怒，伏尸二人，流血五步，天下缟素”的古话了。

身在白涧行宫的嘉庆皇帝收到六百里加急驰报，震怒之情溢于言表。十几万精锐部队严密设防的帝王之都，居然被区区八十多个“叉手并脚田舍汉”攻入大内。事后的复盘，更让嘉庆皇帝心灰意冷，不仅宫中太监为天理教徒作了内应，就连把守午门的将领策凌，也是闻风丧胆，一听见喊杀声就仓皇逃窜。

林清手下一个叫祝现的教徒，他和族兄祝海庆都是豫王府的包衣奴仆。祝海庆得知了林清攻打皇城的计划后，从族弟口中套取了进攻线路，然后向豫亲王告发。岂料豫亲王却回答说，还有好几天时间呢，不急，等皇帝回来再说。豫王府的另一个包衣陈爽和侄子陈元魁，也是天理教的重要人物。

卢沟桥巡检在事发前发现了不寻常的人员聚集，急忙会同宛平县令向步军统领衙门报告，请求提前捉拿人犯。九门提督吉纶却斥之为无事生非，给太平盛世抹黑，将来告状的人臭骂一顿。

镶白旗下汉军五品荫生候选员外郎安顺，他的管家王文茂也是天理教徒。安顺事前已知王文茂“从逆”，不但没有揭发斥责，更在事发后包庇王文茂出逃。

将王文茂引见给林清的中间人曹纶，他的身份就更加离奇。曹纶是汉军正黄旗人，当过宫中的侍卫，官至都司。他的伯祖曾任工部侍郎，祖父当过云南顺宁知府，父亲也出任过贵州安顺同知。曹纶的父亲在安顺镇压起义，惊病而亡，随行的妻妾也都自缢追随。大清“忠良死节之士”的遗孤，竟然变成叛逆，朝野上下都感到震惊。[⑤]

嘉庆皇帝面对如此荒唐的事变，感到了一种真实的荒谬感，他无奈地吟道：“从来未有事，竟出大清朝。”他是一个苦命天子，登基以来每一天都在忧愁和惶恐中度过。爱新觉罗家历代先祖的福荫，已被父亲乾隆享用殆尽，“乾隆盛世”的伟业，留给他的是一个金玉其外、败絮其中的烂摊子。

“康乾盛世”的骄阳，渐渐没入地平线，千年未有之变局，就要来临。嘉庆没有足够的睿智看清紫禁城惊变背后暗藏的滚滚洪流，面对危机，他只能勉强颁下一道词不达意、空洞无物的《罪己诏》，然后暗自庆幸自己能在天理教徒犯阙之变逃过一劫。嘉庆将自己的幸运归功于关圣帝君的庇佑，于是又给关老爷上了几个封号。

康熙二十三年（1684）解除海禁后，葡萄牙人开始向中国输入鸦片。乾隆三十八年（1773），英国东印度公司副董事长威勒尔从葡萄牙对中国的鸦片贸易中看到了巨大的利润，随即提议公司向印度奥里萨和比哈尔的农民提供贷款，以扩大鸦片种植。

东印度公司采纳了威勒尔的提议，从此垄断了鸦片贸易。东印度公司以每箱一百六十卢比的低价收购鸦片，再在加尔各答以九百八十八卢比的高价卖给英国走私商人。这些商人随后用走私船将鸦片运至广州，以每箱三千五百卢比的价格出售，相当于收购价格的二十二倍。

随着吸食鸦片者日益增多，许多国民的身体遭到毒害，大量白银因购买鸦片而外流。雍正七年（1729），朝廷下令禁烟：贩卖鸦片者带枷示众一月后发配边疆充军；引诱良家子弟吸食鸦片者，按照邪教惑众的法律判处斩监候。然而，雍正的禁烟令只禁止吸食鸦片，却不禁止鸦片作为药物进口；只查禁贩毒者，不处罚吸毒者，因此无法真正根治烟毒。乾隆时期虽重申禁烟令，并增加了对烟具的禁令，但仍然无济于事。

嘉庆继位后更是大力禁烟，他停征海关的鸦片税，禁止鸦片进口，禁止内地种植鸦片，并六次颁布禁烟令。因为亲见身边的侍卫很多都沉溺烟毒，嘉庆下令对吸食者亦予以严惩。侍卫官员买食鸦片者革职，杖责一百并带枷示众两个月，普通军人、百姓吸食鸦片，杖责一百，带枷示众一个月。[6]

尽管从雍正开始，历任清朝皇帝都下诏禁烟，嘉庆皇帝尤为严厉，但鸦片走私却愈演愈烈。为了躲避禁烟令，英国走私商人将交易地点从广州转移到澳门，在澳门、黄埔设立存放鸦片的堆栈，然后用船把鸦片运至珠江口附近的伶仃岛贩卖，沿途皆有英国军舰护航。走私商人大肆贿赂中国缉私官吏、水师，珠江口的水师巡逻船队，每月收取英国走私商人贿赂三万六千两，放纵走私船队入口。有的水师将领为获私渔利，与英国人约定，每走私一万箱鸦片，他们提成数百箱，为此甚至动用水师舟船替英国人走货。

英国走私鸦片的船只在中国入海口肆无忌惮，公然穿行，海关人员亦无可奈何，他们既不敢拦截查办，又怕承担缉私不力的责任，只能隐瞒不报。鸦片之祸，如洪水猛兽般汹涌而来，冲击着这日渐疲敝的大清王朝。在舳舻相属的走私船前方，是被茫茫毒烟遮蔽的神州大地。

嘉庆二十一年，公元1816年，是一个无夏之年。

天地失序，四时倒错。长江进入鄱阳湖的交界处在农历六月底下了雪，木棉大片冻死，早稻亦坏在秧田里，晚禾无法下种。尽管寒潮没有持续很长时间，但粮价飙升，朝堂上忧心忡忡。江西、安徽是科举大省，有不少官员在京，很快就得到了从江南、湖广发来的赈灾粮。远在边陲的云南受灾很严重，百姓开始吃观音土，惨状骇人。

笃信天人感应的中国人，见到六月飞雪，开始传言皇帝是不是有失德之举，加上三年前天理教徒犯阙之变，嘉庆无奈之下，屡次去太庙请罪，以求祖宗垂怜。

这阵寒潮对中国核心区看起来影响不大，只有云南受到了百年来最大的灾荒。其实，这不只是清朝的灾荒，这年整个北半球都没有夏天。

这场天灾源自前一年，印尼的一次火山爆发。1815 年 4 月 15 日，印尼森巴瓦岛上的坦博拉火山爆发，这是人类历史上最大的火山爆发之一。火山熔岩从山顶向四处蔓延，原本海拔四千米的坦博拉火山被削去了一千零五十米，火山灰覆盖村落，十万生灵瞬息殒命，嗣后又有同样数量的居民死于次生灾害。火山爆发后，在火山上空的对流层，形成了一个高温气穴，方圆一千二百里内的气温急剧下降，东南亚、南亚都检测到了气温的骤降，印度南部一些城市气候变化尤为明显。气候变冷，不利于粮食种植，当地很多居民开始改种罂粟，然后熬成鸦片贩卖。

一千三百亿吨的火山灰，喷到了离地面四万四千米的大气平流层。浮在平流层的火山灰颗粒遮蔽了阳光，还形成了一道保护层，把阳光和紫外线反射了回去。火山喷发的二氧化硫，使欧洲的上空布满硫化物，形成了绚丽无比的落霞，远在英国伦敦都能看见绛紫色的夕阳，边上一圈粉色的光晕。

英国大雨连日，爱尔兰连续下了两个礼拜的暴雨，刚为击败拿破仑而举国欢腾的英国，不少人冻毙街头，飙升的粮价，让很多人陷入饥荒。国际粮价上升了七倍，欧洲其他地方也陷入动荡，与寒冷、饥饿相伴的，是伤寒的泛滥，数十万欧洲人丧生。这场波及整个欧洲的饥荒被历史学家称为“西方世界最后的生存大危机”。对于英国人来说，值得安慰的是，因为法国、德意志的动荡更加严重，英国工厂里的大量廉价棉纺品击溃了大陆上刚刚兴起的机器工业，刚开始工业化的法国、普鲁士和奥地利的工业被英国无情横扫。受此鼓励，英国人再次考虑把这组模式扩散到世界最广阔的市场——中国。

这是四百年来最寒冷的一年。

这个寒冷的夏季，英国人派出了阿美士德为首的使团，抵达了中国。二十三年前，阿美士德的同行马戛尔尼曾给乾隆行了单膝下跪礼，因而得以递交英王乔治三世的国书，还拿到了乾隆的回信。阿美士德带着同样的目的来到中国，他的性格远比马戛尔尼刚烈。嘉庆要求他行三跪九叩的大礼，他却只肯脱帽三次，鞠躬九次。于是他连嘉庆的面都没见到就被驱逐了。⑦

阿美士德的助手小斯当东，其父是马戛尔尼的副使老斯当东。马戛尔尼访华时，十一岁的小斯当东也追随父亲出使中国。在来华的途中，他向使团雇佣的华人请教，学会了说汉语，在面见乾隆时，能用汉语同乾隆对话。乾隆见到会说汉语的英国小男孩，感到非常有趣，于是亲赐翡翠一块，还从腰间解下一个绣有龙纹的黄色丝织荷包送给了小斯当东。

小斯当东在 1810 年，把《大清律例》翻译为英文在英国出版，他是那个时代英国的第一个“中国通”。他作为阿美士德的助手再次来华时，清朝本想拒绝这个深知中国内情的人一同觐见，可惜最终未能坚持。阿美士德出使前，英国国王关照过他，在外交礼节上可以稍微变通，接受中国的跪拜礼。但在小斯当东的劝说下，他们未向嘉庆行跪拜礼，还在朝觐之日称病拖延。

小斯当东后来成为英国下议院的议员，长期鼓吹对华动武，他还成立了一个皇家亚洲学会，搜集亚洲各国的资料，研究其政治与文化，为英国外交提供顾问。林则徐虎门销烟后，在英国下院关于是否对中国动武的辩论中，支持开战的人在开始时并不占据多数，正是“中国通”小斯当东演说后，主战派的票数才超过了反战派九票——一场改变中国命运的战争就在他的手上策动出来。

道光帝面临的严重问题

嘉庆在抑郁中度过了二十五年的皇帝生涯，晚年时他终于看开了，有点兴致在承德避暑山庄休养，还在热河模仿先祖“木兰秋狝”。嘉庆二十五年（1820）七月十八日，嘉庆自圆明园起銮，经过七天时间，于二十四日抵达避暑山庄。

命运似乎跟嘉庆开了个玩笑，还未抵达山庄，他就感到一阵阵眩晕袭来，中暑的症状愈发明显。尽管如此，嘉庆仍坚持按照惯例，拖着疲惫的身躯来到永佑寺，拈香祭拜，瞻仰清朝历代皇帝的画像。在袅袅烟雾中，嘉庆有强烈的预感，自己的生命会在这个夏日走到尽头。

次日，嘉庆的身体情况急转直下。烟波致爽殿内，嘉庆帝面色苍白，气息微弱。御前大臣和军机大臣匆忙赶来，殿内气氛凝重。不料命运再次捉弄了这位天子，他还未开口指定继承人，生命的火焰就突然熄灭了。

烟波致爽殿外，蝉鸣阵阵，夏日的热浪似乎凝固了。八位顾命大臣面面相觑，最后决定拥立“立储密缄”上指定的皇储继位。

为了防止再出现康熙时期九子夺嫡的惨烈斗争，雍正创立了秘密建储制。根据雍正的设想，皇帝提前选定太子，但太子的人选秘不示人，由皇帝用朱笔写一道立皇太子的诏书，放在一个叫“立储镉匣”的盒子里，挂在乾清宫“正大光明”匾背后。等皇帝驾崩之后，才能取下镉匣，公示皇位继承人。为防镉匣被人偷换，皇帝还会再写一份诏书，称为立储密缄，带在身边，“常以自随”。

嘉庆驾崩后，八位顾命大臣取出立储密缄，这封诏书指定由皇次子绵宁继位。从密诏的落款看，早在嘉庆四年（1799），也就是嘉庆亲政这一年，嘉庆已经写好了诏书，立绵宁为太子。绵宁就是清朝入关后的第六任皇帝道光，因为“绵”是常用字，为了减少臣民避讳的麻烦，他登基后换了一个冷僻字，改名旻宁。

道光面临的问题，比他父亲面临的还要严重。乾隆末年，清朝已出现大量的钱粮亏空。一是因为灾害频仍，朝廷多次下诏让地方缓征或者减免赋税，造成亏空；二是农业凋敝，很多地方征不上地丁银和漕粮，造成大量的拖欠；三是由于吏治腐败，大量在库的钱粮，被官员和胥吏侵盗。

嘉庆时期全国亏空钱粮已达两千万，嘉庆曾经试图彻底清理钱粮亏空，多次派员到地方清理积欠，可惜都没有收到实效。湖北布政使孙玉庭曾提议，亏欠万两以下的官员全部革职离任，万两以上的革职查办。嘉庆御下比较仁厚，他寻思钱粮亏空由来已久，是多任官员积累而成，不能尽归于本任官员。如果催缴急了，地方官为紧急弥补亏空，对治下百姓横征暴敛，势必激起民乱。有大臣提议扣官员的养廉银来填补亏空，他也没有同意，嘉庆认为，如果扣了官员的养廉银，官员没有办公经费，恐怕又要向百姓大加摊派，岂不是又成了害民之举。

对于亏空，嘉庆的态度是“不可不问，不可深问，不可不办，不可深办”[⑧]。他的用意本是好的，但却不能解决问题。拖到道光的时候，亏空更加严重，习以为常之后处理更加困难。除了农业税的亏空，道光接任时，漕粮、关税也多有积欠，官盐也大量滞销，盐课征收成了大问题。

伴随钱粮亏空的，是“道光萧条”。自嘉庆二十一年的“无夏之年”后，北半球气温剧降，“最低时的年平均气温比1880—1975年的平均气温低出0.6℃，是自17世纪以来最低的。紧接着这个剧降的，是一个长达15年的气候波动时期”[⑨]。伴随着降温，中国南方地区的气候迅速地从一个干燥的时期转变为一个潮湿的时期。农业对气候变迁非常敏感，嘉庆二十年（1815）印尼的坦博拉火山爆发，对农业的影响近乎六十年，气温降低导致粮食产量骤减，洪水频发又使得木棉歉收，中国最富庶的江南地区的棉纺业也因此受到沉重打击。

中国出口的最大宗商品是丝绸和茶叶，但欧洲遭到拿破仑战争的摧残，加上“无夏之年”对欧美经济的破坏，欧美对丝绸、茶叶的消费能力大减。国际市场上，日本的绿茶和印度的红茶，又逐渐取代中国茶，中国茶叶出口减少。这一时期，日本银矿开采近乎停滞，美洲独立运动兴起后，欧洲人在美洲获得的白银日渐减少，他们开始设法减少进口，增加出口。

欧美人一方面用银元在中国套购白银，一方面输入鸦片，中国从白银流入转为白银流出，市面上流通的白银锐减，出现了“银贵钱贱”的现象。清朝前期一两银子折合一千钱，到了道光继位，有的地方出现一两银子兑换两千二百文钱的惊人局面。士农工商都在破产，萧条持续数十年后，“向之商贾，今变而为穷民；向之小贩，今变而为乞丐”。

麦迪森运用实际购买力的计算方法，对过去中国和世界主要经济体的 GDP（国内生产总值）作了计算：1700 年时，整个欧洲的 GDP 和中国的 GDP 差不多，而在 1700—1820 年的一个多世纪中，中国经济的年均增长速度甚至快于欧洲。然后，在 1820 年以后的一个半世纪中，中国经济在世界经济中的份额一直在下降，并成为世界六大经济体中唯一出现人均 GDP 下降的地区。[10]

清朝的中衰，始于乾隆后期，而变革的最后窗口，在嘉庆时流走。对于“道光萧条”，乾隆、嘉庆的责任要比道光大得多。

康熙、雍正年间号称盛世，但也不能说当时清朝的官吏，才能、操守真就远超过嘉庆、道光年间。康雍时期的官僚机器运转效率，其实相比嘉道年间，就算略有超过，也超出不多。关键在于，相同的治理效率在不同时期产生的效果截然不同。在康雍时期，这种效率基本能满足朝廷的要求，而在嘉道年间，在清朝开国一百多年后，就远远不够了。

社会发展在螺旋上升，中国历史虽看起来呈现出治乱兴衰的循环，但每轮循环后，社会整体都在进步。晚明时期，中国的人口已经突破一亿，是汉唐盛世的两倍以上，民间工商业的发展，尤其是江南市镇经济的规模和水平，已不亚于同时期的欧洲，达到近代前夜的水准。

明清易代的惨烈战乱，社会经济和人口规模都遭到摧毁，康雍时期实际上是一次经济的重建。重建时期，人口少，社会发展水平也低，传统的治理模式，还算与社会发展水平相适应。到了乾隆时期，人口已超三亿，工商业空前繁荣，社会再次抵达离近代社会临门一脚的水准。经济、人口的快速增长给传统治理体系带来了巨大压力。

乾隆中后期开始，传统官僚机构已不堪重负。社会经济的发展速度远超政治结构的调整速度，传统的治理手段和政治结构无法维系社会的正常运转，导致各种弊端愈发突出。这些弊端，在原有的框架下进行修补是无济于事的。

嘉道年间的官府，需要治理比康熙、雍正乃至乾隆前期多得多的人口。商业的发展，也使得社会的劳动力成本和管理成本大幅度提高，无论是为漕运、盐业、税务服务的工人、兵丁，参办公务的小吏、各级官员，对自身经济收入的期待都大幅度提高，他们在政务中贪腐的可能性更大。伴随商业组织能力的提升，社会自身运转效率的提高，普通民众对生活水平的要求也更高。在这种情况下，传统的治术当然显得低效。

道光时期，官府登记的人口已达四亿。在工业革命之前，人口是衡量朝廷行政水平的指标，清王朝拼力增殖人口，最后却发现自己落入一个尴尬的局面，人多了，地却少了，新垦荒地跟不上人口的增长，大批无地农民只得沦为流民甚至乞丐，仅首善之区的北京城就有乞丐十万，相当于一个欧洲大城市的人口。

中国最称盛世的唐朝贞观年间，在籍的农民每人能分到永业田二十亩，口分田八十亩。道光时期，全国人均土地不到两亩，后来爆发太平天国起义的广西竟然仅有一亩多一点。相比之下，道光年间的农民真可谓无立锥之地。

为了缓和人地矛盾，清王朝把人口密集地区的人口，向传统的蛮荒之地迁移。被迁移的移民，与本地土著居民之间矛盾重重，两边为了夺佃、夺耕问题时常发生武装械斗，南方很多农村地区趋向军事化。除常见的土匪、会党外，本地乡绅们也建立了民团来保护自己，民间武装力量的兴起，使清王朝对基层失去控制。州县官员不敢下乡催缴粮税，财政亏空更加严重。

面对“道光萧条”，道光皇帝努力地采取了一系列的更革。他虽然也是守成之主，但比他的父亲更有魄力，无论是肃贪、清理亏空、整顿漕运、改革盐务、试办海运还是严禁鸦片，他都颇有振作精神、大刀阔斧的作风。凭借道光有所作为的政风，湖南籍官员陶澍得以在历史上发挥重大作用。

道光朝的中国，面临着一系列复杂的挑战。这个拥有四亿人口、工商业发展较为成熟的国家，已经无法用传统的方式有效管理。军事、吏治、漕运、财税、人事等各个领域都面临着前所未有的压力。即便是在理想状态下，传统的政治体系也难以应对这些挑战。这个时代呼唤着更科学、更高效的管理方法——一种近代化的治理方式。

在这样的背景下，陶澍作为一个经世致用的儒生，后来成为总督两江的封疆大吏，负责管理当时中国最发达的地区。他不可避免地要直面这些现实问题。当传统方法无法解决问题时，现实逼迫这位务实的书生不得不从实践中探索新的解决之道。

在这个探索的过程中，陶澍无意识地走向了近代化。他成为在近代史正式开始之前，最早开始实践近代化的政治家。从这个角度来看，陶澍既是古代中国的最后一位士大夫，也是近代中国的第一位政治家。

陶澍并没有学过西学，也没有研读过欧洲的经济学理论。然而，作为一个实干家和思想家，他在不断地尝试和错误中，自然而然地发现了利用市场和竞争的原理。这可以说是在中国本土孕育出的经济自由主义的雏形。

陶澍的才能在嘉庆时期并未得到充分发挥，直到道光登基后才被委以重任。道光之所以信任陶澍，很大程度上是因为他是一个理学家。理学官僚在以汉学家为主的乾嘉时期官场中是少见的。道光改变了他父祖的用人标准，开始重用理学家，奖励那些能够经世致用的人才。他对汉臣的重用程度甚至超过了他的父辈。

政治上这一系列的变化不仅反映了陶澍个人的成长轨迹，也展现了中国社会在面对新挑战时的调整和适应。道光帝重新提倡程朱理学，试图通过回归传统经典寻找治理依据。这种托古改制的思路，与历代王朝危机时的思想回调存在相似性。在欧洲，这种做法被称为“文艺复兴”。

理学再度复兴

晚明最流行的学术流派是王阳明的心学，明清易代后，程朱理学再度取得统治地位，而经世致用之学，也在此时发端。

程朱理学认为世界上存在一个绝对的精神“天理”，天理是宇宙的本体，其在人间的投影，即是儒家的纲常伦理。儒者不应当关注世俗名利，应当研究万物而致天理，最终从自然之理，体悟道德之善。追求“义理”，讲求气节，以“至善之境”为最终追求，是他们的特点。

明末清初的思想家，认为心学以自我为中心，以自我的良知为行动指南，使得道德伦理没有了统一标准，导致人心日渐败坏。为此他们再度举起程朱理学的大旗，试图让离经叛道、重利轻义的士大夫重归“天理”“至善”之道。他们期望通过重塑三纲五常，让天下万民重拾忠孝节烈之风，从而达到道德、思想的统一。在顾炎武等明季大儒的推动下，程朱理学在士林中复兴，哪怕少数还在坚守阳明心学的儒者，也开始兼采程朱。

此外，王夫之、顾炎武、颜元等儒者发现，晚明士大夫群体多沉溺于形而上的玄学，空疏不实，游谈无根，只能高谈阔论，却无救世济民的实际本事。为了打破这种空疏不实的学风，顾炎武提倡经世致用，而王夫之亦提倡实学。无论经世致用，还是实学，都是在提醒士大夫，儒者的身份不仅是学问家，还是食君之禄的官员，士大夫的事业除了学术研究，还有具体的行政事务。在研究学问之外，还应埋首于具体的行政事务。

民间复兴理学，官方也同样如此。自康熙皇帝开始，清朝官方确立程朱理学为官学，作为维系其统治的正统学说，大批理学家如熊赐履、张伯行、汤斌、陆陇其、李光地等人进入朝堂。康熙帝试图用理学中的三纲五常，以君臣伦理维系其对臣民的统治，也通过尊奉理学，借助儒家的道统，宣示自己的正统地位，消泯士林中的复明意识。正因如此，清初是理学复兴的时代，也是经世学风滥觞的时代。

但到了乾隆时期，考据学兴起，考据学家并不关注“天理”之类的宏大主题，转而专注于传世经典的音韵、文字、版本。乾隆时期文网密布，他们也不敢随意发表可能会影响到政治的学术观点，只能埋头于故纸堆，研究典籍的真伪、源流、版本、训诂。考据学家以汉学家自居，将理学称为宋学。

受到考据学兴起的影响，乾嘉时期理学逐渐走向衰落，汉学逐渐成为正统，这中间吴、皖两省的儒者出力极大。乾隆时期，朝廷开始《四库全书》的编纂，而四库全书馆中汇集了戴震、纪昀、王念孙、朱筠等汉学名宿，成了汉学家的盛会。汉学家对四库馆的把持，标志着宋学衰微而汉学大兴，汉学正式成为“正统派”。

乾嘉时期，清朝的社会问题日益严重，士大夫们如临深渊，如履薄冰，急于寻找良方，以挽救朝廷倾覆。但汉学显然暂时不具备这种手段，汉学的考据，于学术而言固然是一大进步，但长期脱离社会现实，其寻章摘句、皓首穷经之功，虽可称一代之学，却难解当世之忧。清王朝最现实的需要，是王夫之、顾炎武等人开创的务实之学、经世致用之学。

奈何经世致用之学，终究只停留在术的层面，思想意识的问题不解决，光有行政手段是于事无补的。即便士大夫都有优秀的行政技能，但若无坚定的信念，没有宏大的格局，没有强大的精神信仰，看不清时代的发展和出路，那又能改变什么呢？如果光靠行政技术就能救天下，那把吏务精熟的小吏、闻名天下的绍兴师爷提拔为军机、尚书、督抚，让他们执掌朝纲不就行了吗？吏务精熟的法家官吏，也没能拯救大秦王朝。

理学家的流弊，是空有以天下为己任的壮志，空有化成天下、改移风俗的豪情，却无具体实施的技术，犹如画饼充饥。经世致用的儒生，掌握了行政技术，却解决不了发展方向的问题，解决不了思想意识的问题，更没有支持自己对抗世俗的精神力量，如同无舵之舟。只有复兴理学，辅以经世致用的学风，才有维系清朝统治的一线希望。诚然，以历史的眼光来看，传统的学术与治术已难根治近代前夜的顽疾，理学也难挽大清王朝于既倒，但终究胜过汉学家的束手无策。

道光皇帝虽然没有政治天才，却也懂得整顿人心的意义。他深知，在新思想尚未萌发的时代，重新将朱子之学奉为圭臬，以理学来收束朝野人心，是当时尚可一试的做法。于是道光再度提倡理学，理学在官方的提倡下，再度复兴。道光朝的理学复兴，尤其是道光对理学之士的重用，以及朝野上下对经世致用学风的呼吁，对湖湘一脉秉持理学宗正、崇尚经世致用的书生走到历史的前台起到了很大的作用，以忠义、血性著称的陶澍就是最早受惠的湖湘士子。

【注释】

① 梁廷枏《夷氛闻记》第 4 页，中华书局 1997 年版。

②《清高宗实录》第 19 册第 873 页，中华书局 1986 年版。

③⑤ 喻青松《天理教探研》，载《清史研究集》1986 年第 4 辑第 232 页，第 234、235 页。

④ 魏源《圣武记》，载《魏源全集》第 3 册第 443 页，岳麓书社 2004 年版。

⑥《清仁宗实录》第 4 册第 655 页，中华书局 1986 年版。

⑦［美］马士《东印度公司对华贸易编年史》第三卷第 275 页，中山大学出版社 1991 年版。

⑧ 倪玉平《清朝嘉道财政与社会》第 194 页，商务印书馆 2013 年版。

⑨⑩ 转引自李伯重《“道光萧条”与“癸未大水”——经济衰退、气候剧变及 19 世纪的危机在松江》，载《社会科学》2007 年第 6 期第 176、174 页。

一、书生入仕

安化农家子

清嘉庆七年，公元1802年，是人类进入十九世纪的第二个年头，也是清朝嘉庆皇帝执政的第七个年头。

尽管科举考试是举国关注的抡才大典，但在喧嚣起伏的时代背景下，嘉庆七年壬戌科的殿试，显得没有十分瞩目。四月廿五日殿试传胪放榜，一共录取了两百四十八人。第一甲进士及第者，即传说中的状元、榜眼、探花，分别是吴廷琛、李宗昉、朱士彦，都是江苏人。第二甲第十五名，是二十五岁的湖南安化县举子陶澍。清代新科进士的平均年龄是三十八岁，陶澍虽然还及不上十九岁中进士的神童何桂清，但在一群进士里，还是显得格外年轻。

陶澍是湖南益阳安化县农家子弟，湖南在中国的科举版图上历来是"荒僻之所"，梅山区域的安化县，又是湖南的"僻远之地"。陶澍的科举之路，相较出生于举业昌盛之地的同年，面临更多的现实困难。这段经历可能加深了他对基层社会的认知。

安化是资水流域，发源于湖南城步的赧水，与发源于广西资源县的夫夷水于湖南邵阳县双江口汇合，称为资水。资水宛若一条碧玉长带，缠绕邵阳、新化、安化、桃江、益阳等地，最终于益阳市甘溪港注入洞庭湖。资水全长一千三百多里，流经安化县的一段有一个充满诗意的雅称“茱萸江”。安化虽倚资水之畔，却拥群山之怀抱，似一方碧玉，静雅地镶嵌于梅山腹地。茱萸江蜿蜒其境，迸流山峡，沿途溪谷幽深、岩石灵奇，山光水色，美不胜收，令人目不暇接。

资江自西向东，汇聚山溪之灵，穿云裂石，奔腾数百里。其流域内，高山耸峙，直插云霄，青山连绵，苍茫无比。于资水中流之南岸，山环水绕之间，隐匿着一座小镇，即为小淹。小淹周遭景色，如天工之巧夺，资水两岸石壁如削如切，矗立若天门，石壁之上奇峰对峙，犹如华表岌立天外，蔚为壮观。浩荡的资水至此方为群山所截，流速蓦地放缓，环绕山前宛如玉带。群山之中，门户顿开，露出小淹这一方遗世而立的精巧盆地。

小淹即为陶澍之故里，此地虽然风光旖旎，却因偏居一隅，不在交通要道，居民生计维艰，文风亦不振。陶澍在《鸿雪因缘图记》中说，小淹为“冠盖所不至，红尘所不入”[①]。冠盖指官员士大夫，可见小淹是官府力量所不及的僻远之地，是故陶澍每每将其乡比为桃花源。在小淹求学异常艰难，陶澍说这里冠盖罕至，文人墨客少有记述，是故典籍不多见，人文久已萧索。

陶澍的家族，据传可以追溯至东晋名将陶侃、高士陶渊明这一武一文。然而安化资江陶氏一脉，却世居山乡，在山区耕种为业，许多代没有出过读书人。明末清初，陶澍先祖陶耀祖，凭借其经营才能，乘国家鼎革之际，乡村势力重新洗牌之机，得以发家致富。其后数代积累，终成“积善之家”，一跃而成为乡村领袖。

陶氏之兴，与茶业密不可分。安化是中国重要的产茶之乡，亦为万里茶道的起点，此地高山峻岭、云蒸雾绕，更有全球八成以上的冰碛岩富集，素有“天下黑茶，神韵安化”之美誉。唐宋时便已知名的渠江薄片，明清时入贡的安化茶，以及清代内务府大量采购的黑茶，皆产于此。中国茶史上，以地名命名的只有“普洱茶”“祁门茶”“安化茶”三种，可见安化茶业之盛。

清代晋商在安化大量收购茶叶，做成茶砖、茶饼，远销中国西北边陲，乃至中亚、圣彼得堡，由此开辟黑茶边销的万里茶道。陶澍家族在种山耕田之外，亦涉足茶业。据陶氏后人追忆，其先祖每逢农闲之时，必做一趟茶贾，自安化装载黑茶，沿资水而下，过洞庭，入长江，直抵武汉贩售。安化本地茶农，大多就地将茶叶卖给晋商，而陶氏不辞辛劳，跋山涉水，浮江出湖，将茶叶直接卖到口岸通衢，自然利润可观，由此可见陶氏一族确有机权干略。

到了陶澍的祖父陶孝信一代，陶氏已经中衰，大概因为家中子嗣甚多，连续析产分家，家业逐渐单薄。陶孝信生性淡泊，不善农事经营，仿佛一个隐士，在俗世的洪流中选择了淡然处之。到了陶澍父亲陶必铨这一代，乡村领袖的荣光已经不在，只剩下贫困的现实。[②]

即便在贫困的阴霾中，读书向学的火种亦并未熄灭。陶必铨同样不事生产，但他是湖南当时小有名气的诗人，读过不少书，是个秀才，因为后续的科举一直不得意，陶必铨长期替人设馆教徒，是一名私塾先生。陶澍因家贫，交不上学费，没有进学堂读书。但陶必铨四处设馆教学，他到何处教学，陶澍就跟到何处，从六七岁就开始跟从父亲读书。

陶澍有一弟陶溍，因为陶必铨替人教馆只能带一子，所以失学在家，以种地为业。到了十八岁才忽然立志读书，读完了《易经》《尚书》《诗经》，能写诗文，二十九岁入了县学，可惜三十一岁就病逝了。陶澍还有一妹陶姗英，四岁时就送给湘潭周光炯家做童养媳，二十三就因病亡故。[③]

家中女儿送给他人做童养媳，是极为家贫、无钱供养的贫户才会去做的事情，可见陶家此时已极为穷蹙。陶澍曾写诗缅怀他少年生活，通过他的诗，后人才能看到他少年时代生活的画面。陶澍的老屋，房子不足三间，屋顶瓦片残缺，椽木多已损坏。一间屋子被一分为二，后半作为卧室，前半充当厨房。家中来客只能打地铺，夜半儿童啼哭常惊醒宾客。陶澍在诗中自嘲这是“清风出四壁，星月摇床边”。人不当颂扬苦难，然而陶澍后半生之功业，确实与他年少的贫苦有关。明清两代科举竞争甚为激烈，很多地方的士子，都出身于官宦商贾之家。为了在残酷的科举考试中胜出，士子一旦展现出了读书的慧质，便会得到家族倾力扶持，得以“脱产”读书，完全不过问家中的经营和生产。因八股取士，读书人皆汲汲于制作“时文”，鲜有关注经世致用之学。这些经八股文选拔出来的举人、进士们，大多是士绅阶层里最无能之辈。彼辈踏上仕途前，大抵不过是寒酸书呆，纵然经过翰林院的涵养，十余载宦海的历练，多数亦仅能作些务虚的决策，实务皆付诸胥吏、幕僚之手。

嘉道年间，一味专攻翰墨，区区于笔砚之间，以考据、音韵为能的汉学渐趋式微，士大夫开始把目光转向经世致用之术。可惜彼时的经世致用，其实是“通经致用”，是在历代名臣的奏章、《资治通鉴》等古书里寻觅所谓经世之学，仍不过是纸上谈兵的“经世”。

若如陶澍这样的农家子弟，少时贫贱，“牧于斯，樵于斯，渔于斯，且耕且读”，从未与中国底层社会脱节。陶澍追随父亲四处授馆，游学四方，得见各处山川形胜、风土民俗，又寄人篱下，阅尽世间百态，方有机缘成长为洞悉社会弊病的实干之士。

非独陶澍如此，他之后的很多晚辈如曾国藩、左宗棠，同样是这样且耕且读的农家子弟。湖南经济发展水平不高，鲜有豪商巨富，贫富悬殊不大。由于湖湘士子大多是农户出身，他们在读书之余，大多还要参加劳动与经营。因为始终未脱离劳作、经营，他们颇具实干精神，于经世致用的实学，甚至不在经世学范畴的行商、理财、弓马骑射都有涉猎。一旦考上进士，这些实践中得到的学问，就立即派上大用场。

陶必铨虽连举人都不是，但他确实是湘中有名的学问家，与许多湘中名士往还甚密。许多名士延请陶必铨至家中，为子弟启蒙，他们自己则为陶必铨传授、阐发更为精微的经义。陶澍侍奉在侧，得以亲睹湖湘名士之风范，更得以借阅这些名士家中收藏的典籍、秘本，乃至官宦的尺牍、奏稿。科举考试不考具体的行政技术，应试的书籍亦无相关的传授，陶澍在这些名士家中，通过秘本、奏稿，提前习得诸多行政规范和官场原则，实为一大机缘。

湖南声名最著之岳麓书院，乃湖湘文化圣地，也招纳陶必铨入院研习。陶澍年方八九岁，随侍父亲左右，亦得以旁听。岳麓书院昔为朱子讲学之所，又传承北宋理学大师周敦颐的道统，以"道南正脉"自居。乾隆之世，理学遭到士林摒弃，考据之学大兴，然湖南以岳麓书院为首的士子，始终坚持理学正宗。陶澍在岳麓书院，系统地涵泳理的精髓，因而眼界大开。

理学是中国儒家的哲学教育和人格养成，是一种注重哲学思辨与个人修养的经院哲学。理学家的追求，是不断研究万事万物中蕴含的道理，从而格物致知，洞悉天理，践行天理。在理学家的观照下，凡宇宙万物、人类社会之沧桑巨变，莫不受理之支配，儒家三纲五常等伦理道德，亦不过天理在现实层面之投影。是故理学家的格局尤为开阔，气魄格外宏大，于他们而言，无论天地轮回变化、王朝盛衰更替，乃至个人的荣辱沉浮，皆是理的具现，在天理面前，功名利禄固不足论，即便身后是否名垂青史亦无足轻重，唯有明悟天理，顺应天理，止于至善方为究竟。这种磅礴恢宏的世界观，赋予他们更广阔超脱的襟怀，使他们能跳出局部得失，超越短期成败，去追求关乎天下的使命，时时不忘以天理去化成天下，开万世之太平。

理学的宏阔视野，与在民间历练出来的实干精神，铸就了陶澍这样休休有容的经世大儒。深受陶澍影响的三位湖湘晚辈，曾国藩、胡林翼、左宗棠，与他的为人处世都有些许不同。困顿的生活能让人看见世道的真相，看透世相后，智者是一身孤愤，勇者是一身刚强，仁者如陶澍，却得了一身和气。

曾国藩和陶澍一样当仁不让、刚正廉明，为人能够以身作则，风行草偃，但在四十六岁以前，却因倔强霸道的性格，四处碰壁。大约因为曾国藩是出身世代务农的乡村领袖家庭，养成了阳刚霸气的作风。而陶澍因为生长于资水之滨、茶叶之乡，在读书、种田之余，经常和商人打交道，有经营商贸的经历，学得了商人和气生财、善于调和人事的特长，常能迂回曲折地办事，以怀柔的手段推进激进的变革。

陶澍的女婿胡林翼与他一样，善于协调人事，调和各方矛盾，集中力量办大事，成众川赴海之势，但在关键的时刻，却缺乏舍我其谁、一锤定音的果决，很难成为一派领袖。这极可能是因为胡林翼出身高官显宦家庭，缺少陶澍底层的历练，少了一分血性和蛮勇。

左宗棠胆气骨力过人，做事勇猛精进，却有一身不合时宜的落拓感，一种孤愤和狷介。这大概和左宗棠科举不得志，郁郁久居人下有关，陶澍却是二十五岁就中了科举的红翰林，仕途得意，自然开朗豪爽。

二十五岁就中了进士

陶澍考进士总共考了两次，进士一般三年一考，遇到皇帝大寿之类的喜事，可以临时加考一科。嘉庆六年（1801）遇上嘉庆帝册封皇后，于是开了恩科，陶澍就在这年正月初二离家到京师应试。

陶澍这年二十四岁，他八岁开始读书学诗，十二岁开笔作文，十八岁中秀才，二十三岁中举，读书修身、仰观俯察，他已经整整求学了十六年。十六年来，秀雅的麓山陶冶忠义，莽苍的梅山赋予血性，清绝的湘水滋养灵性，浩瀚的洞庭涵养正气，他已经是一个典型的湖湘士子。陶澍对自己颇为自信，出门时赋诗明志，诗中有云，“舟行烟树中，路向春波外。男儿志四方，矧此夔龙会。……笑指出山云，云梦何能芥”④。

他这一路北上，泛洞庭，过江汉，渡淮黄，历韩、魏、幽、燕之域，着实开了眼界。他自述此行俯仰高深，开目洞心，恢广志气，自是修养大进，从一个湖湘士子，向天下之士转变。可惜时运不济，这一科他没能考上。因为第二年又有一科可以考，大多数落榜的举人都选择留在京师，读书用功，以待来年。陶澍也不例外，但他很可能不是不想回家，而是根本没有回乡的路费，只能滞留京师。

清代笔记有载，陶澍“会试下第，无力出都，亦无人能周之”。居长安，大不易，客居京师的一年多，他饱受艰辛。实在无可着落，陶澍跑到北京一个胡同“鬻谢石之术”。“谢石之术”，指的是测字算命，因为北宋曾有名为谢石的术士，为宋徽宗测字。测字是江湖术士的把戏，正统儒生对此非常不屑。陶澍世居梅山，梅山有巫教名为梅山教，拜张五郎为神，行诸般巫蛊之术。陶澍不信鬼神，然则自幼耳濡目染安化各种巫术，年少时又游学四方，对这些民间把戏了如指掌。在京师当了一年的江湖术士，想来亦因此遍观众生百相。

湖南地方戏有《陶澍访江南》一出，演绎“三江总督”陶澍智斗江南霸王曹百万时，扮作测字算命先生，混入曹府的故事。陶澍算命测字的形象，大概就本于这则传闻。

传说陶澍测字的地摊，离协办大学士纪昀的寓所很近，纪昀每日出入，常见陶澍为人测字。中国神秘学以老为尊，彼时陶澍年仅二十四岁，显得格外突出。某日纪昀突然动念，询问看门的阍者，才知道摆摊测字的术士是湖南举人。纪昀于是让陶澍取平日所作文章给自己看，看完大为赞赏，给了陶澍一间客房居住，还叮嘱家人善待之，让他能精心温习，明年再考。[⑤]

因为陶澍的日记失传，这则传闻未能在史料中得到印证，王焕錪在《陶文毅公年谱》里对此多有驳斥。他说陶澍来京时，其父陶必铨曾告之，万一会试不售，不必非要留在京城，才算进取，所以陶澍在京城怎么可能如此坎坷。王焕錪引用了陶澍给《资江王氏族谱》所作序言，序中有云，嘉庆六年，陶澍与王育（字万泉）一起在京师旅店住了两年，足以证明陶澍“鬻谢石之术”，得纪昀资助的传闻不可信。可是，陶澍家贫，陶父告诉他可以不必留在京城，并不意味着他有路费回家。他与王育在旅店同住，也不影响他在胡同里测字，更不影响他后来得到纪昀关照，住进纪昀家中。当时在京举子投托名士显贵，以求立足之地，诚为常事。

陶澍留京一载，恍若孤舟逆旅，穿梭于京师熙攘的人流之中，风雨飘摇，备尝辛酸。昔日梦寐以求的金马玉堂、瀛台琼岛，此刻皆化作历史赐予他的严酷试炼。他也曾自嘲“休从午日夸红袖，怕说丁年尚白衣”“丈夫立三十，而我尚梦寐”。陶澍的伤怀是短暂的，在更多时候，他目睹首善之区百姓的苦楚，洞察盛极而衰的征兆，因而为天下安危忧心不已。

自雍正年以来，北方人口日渐滋生，人地矛盾日益突出，大量山林荒地被开垦为农田。当时北方煤矿开采很少，仅有浅埋的煤炭得到利用，百姓大量砍伐树林以为燃料，生态遭到极大破坏。及至乾隆晚年，吏治日趋腐败，河工经费多被侵吞，水利工程失修严重，终于在此年酿成滔天大灾。

嘉庆六年初夏，海河流域阴霾密布，连绵阴雨不绝如缕。及至盛夏，京师附近降下暴雨，大雨持续四十余日，燕山与太行山脉尽被滂沱大雨覆压。连日倾盆，汇成大范围洪灾，京师永定河水势四面陡涨，支流处处决口，昔日京津繁华之地，倏忽间化为一片汪洋。

陶澍身处京城，亲睹洪水来袭，势若天河倾泻，官房、民舍坍塌十之七八。城中平地骤起波涛，京郊很多民户整村整村地呼号求救，凄厉之声不绝于耳。陶澍的寓所虽幸免于难，然而四壁漏雨不止，一夜之间，辗转挪移达十余次。目睹此等惨状，陶澍心中激荡，遂挥毫写就《苦雨叹》一诗以志之：

> 黑云突起峰崔嵬，雄雷格格追雌雷。电光闪灼助威虐，一雨势卷天河来。东西黯黯似涂漆，羲和停驭不敢叱。划然一声犀豹惊，官房民房十塌七。连村乞命纷叫号，但见平地生波涛。牒报不敢驰马走，腥风吹上鱼头高。我时长安对空堵，上漏下湿娲难补，一夜十徙敢言苦。惟听邻翁哭还诉，六七十年无此雨。此时兀坐刚促膝，谁云六月有烈日？招凉不用黑蚌珠，始雨初一今廿一。川陕年来幺麽横，指日一路铙歌声。天网岂容漏小丑，霜刀自合屠长鲸。竭来造化多奇幻，犹烦引过廑皇情。吁嗟此雨如有灵，直教一洗空戈兵。⑥

陶澍这首诗显然步武诗圣杜甫“诗史”的宗旨。他以写实的手法，如实记录了京师洪水的惨烈场景，诗末提及川陕一带有人揭竿而起，冀望大雨能一洗兵戈，此亦明显受杜甫《喜雨》的影响。杜甫在《喜雨》末尾写道：“安得鞭雷公，滂沱洗吴越。”后世多有评论者误以为杜甫这一句诗，旨在祈求雷公降下雷霆暴雨，荡涤天下叛贼。

实际上杜甫和陶澍都没有那么恶毒，他二人都是深受民本思想影响的儒生，哪儿有屠尽起义军的想法呢。无论陶澍冀望灵雨一洗空戈兵，抑或杜甫期盼雷公洗吴越，此处之“洗”，皆非清洗、屠尽之意。这里是用了“洗兵雨”的典故。相传周武王兴义师伐纣，途遇瓢泼大雨。武王对大夫散宜生说，此乃上天降雨，为义师清洗甲兵。尔后义师所向，果然克定祸乱，天下太平。洗兵雨，指的是希望义师早定天下，恢复和平。

陶澍客居他乡，落拓京华的这段经历，于他而言也是一场机缘。他是屈贾之乡出来的读书人，身上难免带有屈原式的自恋清高，贾谊式的天真脆弱，他又以陶渊明的后人自居，身上亦难免有几分逃逸世外的山林气。羁旅长安，飘零异乡的生活，洗掉了他身上的清高、天真和放诞，让他逐渐成长为一个笃实、力行的青年政治家。

陶澍于次年，也即嘉庆七年再赴科场，果然高中，会试为六十三名，殿试为第十八名。殿试与会试相连，虽然科举的最高考试是皇帝亲自主考的殿试，但由于皇帝不是文章国手，一般只在殿试上圈点进士排名，因此基本不会黜落考生。真正决定举子命运的，是殿试前的会试。这一科会试，主考官一正三副“四总裁”，分别是纪昀、熊枚、玉麟、戴均元。正考官正是相传此前周济陶澍的学问宗师、《四库全书》总编、协办大学士纪昀，也即后来在民间戏曲、小说、影视中出镜率颇高的纪晓岚。纪晓岚这年已经七十九岁高龄，是清代历史上最年长的考官。

殿试虽由皇帝主持，却也有三位考官协同判卷，这科殿试的考官有大学士刘墉、礼部尚书刘权之、翰林院掌院学士英和。刘墉就是后来在影视剧中非常出名的刘罗锅。英和是一力主张海运，在道光六年（1826）支持陶澍将漕运由河运改为海运的改革家。刘权之是陶澍的同乡湖南长沙人，他曾说，陶澍的卷子让皇帝和考官都极为叹赏，最初判的名次是第一甲第二名，也就是榜眼。可惜后来查出卷子漏了一个字，句读亦有差错，就改判了第二甲。陶澍得知此事，作了一首诗告诫自己牢记教训，“高下由天自听之，等闲一字致差池。情同失马难言福，路为亡羊竟有歧。往事已非空咄咄，新恩随分未迟迟。男儿姓氏镌钟鼎，岂独科名始算奇？”

纪昀是陶澍会试的正考官，又传说他曾在陶澍登科前资助过陶澍，两者关系可能比较密切。纪昀善助后辈，陶澍确实得他帮助甚多，纪昀殁后，陶澍给他写的祭文，称赞他是“三台位炳，八柱材长。扶舆清气，以礴以磅。笃生贤哲，为国栋梁……维公间出，司命文章。如苏在宋，如韩在唐”。三台指三公之位，八柱喻擎天之柱，意为国家栋梁。“如苏在宋，如韩在唐”，是赞美纪昀的文章如同唐代的韩愈，宋代的苏轼。[⑦]

因为祭文给了纪昀极高的赞美，后世多有论者以为纪昀这位老师，对陶澍影响很大。这就纯粹是误会了，殊不知座师与门生，不过选官者与被选官者的关系罢了，两者不一定有学术上的传承。纪昀与陶澍，无论学术旨趣抑或官场作风，皆判若云泥。

纪昀是汉学家，对宋学也即理学多有批判。他在《阅微草堂笔记》里，编了一堆段子，来糟践理学家，而陶澍恰恰笃信理学。纪昀抨击宋学空疏不实，很多人误以为他提倡实学，甚至闹出陶澍的经世学说受到纪昀影响的笑话。汉学家嘲讽宋学空疏不实，是指宋学阐发的义理，没有考证为根基，缺乏坚实的文献基础。汉学家所谓实学，是指文章每一句，都应该有扎实的考据，可靠的文献基础。他们自己其实也是埋头故纸堆，缺乏行政技术的文人。

察看纪昀一生任职履历，可知他一生从未操办过具体的实务，只是充当乾隆的文学侍从，连决策顾问都不算，乾隆甚至轻蔑地说，他对纪昀这种学士是“娼优蓄之”，也就是点缀太平的文学花瓶。

纪昀在自己的笔记里经常嘲讽官吏无能贪腐，实际上他的操守也不甚佳，与陶澍这等清廉自守者判若天渊。两淮盐运使卢见曾是纪昀的姻亲，纪昀的长女嫁给了卢见曾的孙子卢荫文。乾隆严查两淮盐引案，决定抄没卢见曾的家产。纪昀因为随侍乾隆，得知这个消息，立刻给卢见曾通风报信。他用一个空信封装上盐和茶叶寄给卢见曾，以盐、茶、空信封，暗示严查亏空。卢见曾见到这封无字信，即刻将家产提前转移，致使乾隆一无所获。纪昀通风报信的事最终败露，被判流放新疆。[8]

陶澍对会试录取自己，平时又多加提携的座师自然心存感激，然而要说他对纪昀有多尊重则不见得。他那篇祭文只是例行公事的恭维之辞，他文中还写了纪昀“燮理阴阳”，“燮理阴阳”指代宰辅的功业，难道纪昀还做过宰相吗？

高级官员速成中心

殿试后三天，陶澍又在保和殿参加了朝考，因朝考成绩优秀，入了翰林院，成为翰林院庶吉士。嘉庆七年的湖南进士有二十多人，仅陶澍一人通过朝考，留在了翰林院。此后十七年的官场生涯里，他除了一年请假，三年丁忧之外，在北京一共任职了十三年，是一个典型的清代“红翰林”。

“翰林”一词，其本义是“文翰如林，人文荟萃”，最早见于西汉扬雄的《长杨赋》。从唐朝开始，皇帝挑选文学之臣充任翰林学士，入值宫中，翰林逐渐成为皇帝左右的文学侍从，亦称词臣。皇权鼎盛之际，帝王每每重用身边亲信，以宫中随侍之臣，取代朝廷正式职官，以内朝替外朝，以宫中代府（宰相府）中。汉武帝的郎官，与唐以后的翰林，皆因其皇帝私人侍从之身份，得以代天子办事，从而执掌大政。诸葛武侯在《出师表》中说“宫中府中，俱为一体”，正是告诫后主刘禅，切勿过分滥用侍从，架空正式职官。

明太祖朱元璋废宰相后，皇帝亲领六部办公，从此中国就没有了宰相，没有了既能协作皇帝决策，掌握议政权，又能监督六部行政，掌握行政权的宰辅。皇帝接管宰相的事务，政务繁剧，遂令词臣担任皇帝办公的秘书和顾问。明成祖时设立内阁辅政，阁员皆为翰林官出身。明中期之后，因为连续几任皇帝都没有足够精力处理政务，内阁逐渐掌握了票拟权。但凡各处奏章陈奏军国要务，先由内阁草拟一套解决方案，称为票拟。皇帝览阅内阁票拟后，若认同其方案，即用朱笔“批红”，继而誊抄用印，作为上谕颁布。内阁由是职能大为提升，虽无宰相之权位，却承担了宰相议政之职能。

虽说明朝辅佐皇帝决策军国要务的机构是内阁，但内阁与翰林院实为一体。在翰林院的公署内，中堂设有内阁首辅公座，其余阁员亦在其侧列有座位。当时内阁辅臣，俱在翰林院有职分，皇帝办公亦常在翰林院，甚至诸多文书皆加盖翰林院印信。迨至嘉靖、隆庆以后，文书关白才统一落款内阁。所以当时普遍看法是，内阁相当于翰林院的内署，大学士和词臣乃是同官。明代有传言，非进士不入翰林，非翰林不入内阁。翰林院的官员，实际就是内阁的储备人才。

清代决策中枢，自雍正以降，渐由内阁转移至军机处，君权盛于明代，但翰林院的地位并未下降。翰林院下设起居注馆，专司记录天子日常言行，为帝王编撰起居注，同时还设有国史馆，掌管国史的编修。清代还有经筵日讲制度，由儒臣为皇帝讲授儒家经典，这一职分也由翰林院负责。

翰林院负责起居注的官员，往往兼职日讲官，所以其官名称作日讲起居注官，这些官员经常值守宫中，为天子充任顾问，甚至可向幼主传授儒家之道，掌握国家主流政治思想，有“涵养圣德”之职。

此外，他们侍直内廷，尤其是侍读皇帝的南书房，担任皇帝的秘书班子，得以与闻诸多机要，参与皇帝下发文书之草拟。尽管翰林院只能替皇帝起草一些不涉军国要务的文字，权责远逊军机处，但翰林院的中级官员，却因此获得了与皇帝近距离奏对的机会，容易升迁。

尤为重要的是，翰林院是高级人才培养、储备机构，是为中央政府储备、培养高级官员的储才养望之所。雍正帝曾明言，翰林院的作用是“培馆阁之才，储公辅之器”⑨，公辅，指三公四辅，即宰相一类的官员。

科举考试虽然也考策论，让考生在卷子上讨论政治问题，但也难以考查应试者的实际行政才能。八股文盛行后，科举考试甚至不能考察应试者的儒学造诣，读书人平时研究的，主要是怎么写应试文章。许多平民家庭出身的进士，既不谙政治规矩，亦无行政经验，甚至不能草拟一封官方文书，因为科举教材不但不教行政技术，甚至连官方公文的格式、体例、用词的斟酌都不教。家中有父兄为官的世家子，可以用家中收藏的前人奏议为教材，在父兄指导下钻研行政规则，农家子弟对此就一筹莫展了。所以明清两代设翰林院，对进士再进行一次考试筛选，将其中的佼佼者选入翰林院培养。

顺治在位时，进士殿试后一律入翰林院简授庶吉士。屡经改革后，清代的翰林院制度，是殿试第一甲的进士，状元可以直接任命为翰林院修撰（从六品官），榜眼和探花授翰林院编修（正七品官），其余两甲进士须经朝考挑选，优秀者授翰林院庶吉士，朝考通不过的，或者留在部院担任主事、中书，或者外放地方，担任知县。后者因自基层做起，升迁较慢，远远比不上翰林。

翰林院庶吉士在翰林院没有具体的行政事务，时间非常空闲，可以视为清要的闲职。他们偶尔在上级的指导下，替国家起草一些文书，整理一些史料，修一修国史，有时候也到皇帝身边去谈谈经义，但没有硬性的工作要求。庶吉士向来不被看作正式职官，亦不领俸禄，只能看作翰林院的学员。庶吉士虽然是闲职，然而因为明清两代的规矩，高级官员大多出自翰林院，尤其大学士往往要翰林出身，所以进士们身处翰林院，虽然没有实际的差使，却不愁将来没有大官做。

翰林有数年从容悠闲的时间，可以在京师拜师讨教学问，四处结交朋友。很多翰林登科前大多把精力放在了作八股文上，在儒学上并未下很深的功夫，况且地方上亦无名师指点。入了翰林院，得以向京师的大宗师问学，与同僚、友朋切磋学问，脱离考试的桎梏，才正式开始纯学问的钻研。很多进士如曾国藩，是入了翰林院后，才在儒学上真正入门。

这些新晋的翰林，平日在翰林院，可以看到国家上传下达的重要文件，亦能知晓诸多重要国事，由此渐次提升其对中枢事务的了解，掌握一些决策，行政的关隘、诀窍，习得做官的真本领。资历渐长之后，很多翰林被外放到地方主持乡试，通过担任科举的主考官，发掘人才，广结人脉。有的翰林甚至代天子巡察六部乃至地方，游览各地风土人情，洞悉各地民情吏治，为日后仕途奠定了根基。等到资历、威望俱足，再从翰林院出来，这些“红翰林”升迁非常迅速，在中央很容易官至侍郎、尚书乃至大学士，在地方很容易升任督抚。钱穆曾做过一个总结，汉代培养人才的是掾属，唐代培养人才在门第，宋代培养人才在馆阁校理之职，到明清两代，始把培养人才的机构归并到考试制度里，也就是翰林院。

清代的汉大学士凡一百一十九名，除左宗棠为举人出身外，余皆进士出身。一百一十八名进士出身的大学士里，有一百零一人是翰林出身。道光年间，彭蕴章得授武英殿大学士，他虽是进士出身，却没有入过翰林院，因而非常心虚。他在谢恩折上说，“登揆席（宰相，清代指大学士）而未经词馆（翰林院），计本朝不过数人”。按例，新任大学士上任后首次访问翰林院，进入瀛门后下轿，接受翰林们行礼。彭蕴章因为没入过翰林院，在门外就下轿，反过来向翰林们行礼，自称门外汉。[10]

翰林院是读书人提升儒学修养和行政技术的地方，它也确实培养出了很多大政治家和大学者。在传统政治逻辑里，这两者应该是一体的，儒家影响下的士大夫，既为执政者，又为教化者，既是治民理政的官僚，又是掌握国家思想意识的宗师。无论明以前的宰相，抑或明清的大学士、军机大臣，他们不但是协助皇帝进行军国大事决策的助手，还是论道经邦、燮理阴阳的师者。

明以前，强调宰相须起于州郡，是因为宰相有督导政务执行的行政权，需要历任州郡地方官以积累基层行政经验。若按这个标准，明清翰林院培养的人才，还差一些地方政务的历练，他们在翰林院学会的，主要是国家决策的规范，而缺少行政实干的机会。但明清无宰相之职，大学士、军机大臣仅有协助君王决策之职，而无指挥六部具体执行之权，执行力对他们来说并不重要。通过学问修养得来的理论高度和宏大格局，在翰林院习得的各种政治规范，已足够他们胜任皇帝的秘书、顾问之职。

翰林院的考核非常严格，庶吉士留馆三年后，必须参加散馆考试。散馆考试，可视为庶吉士的毕业考试。散馆考试优异者，可继续驻馆，授编修、检讨之职，成为翰林院正式官员，继续作为高级人才培养。散馆考试不佳者，则外派任职，为新科翰林让位。

嘉庆十年（1805），陶澍参加了乙丑散馆考试，他的答卷是《东巡赋》，写得瑰丽慧巧、渊雅疏达，算得上应制文中的上品。因为散馆考试优等，陶澍得以留馆，授翰林院编修。从学员晋升正式官员，可以脱下书生的青衫，换着正式的朝服，陶澍欣喜异常，作诗以咏志曰“报国文章犹有事，儒衣从此凛朝衫”。然而这年闰六月，他的父亲陶必铨溘然长逝，他只能卸下差使，回家丁忧二十一个月。

陶澍丁忧时期，到澧州（今湖南澧县）的澧阳书院担任主讲。正牌翰林莅临地方执教，这是澧州学子的一大幸事。澧阳书院历史上也曾培养过大贤士，如宋代名相范仲淹。范仲淹的父亲范墉去世后，其母改嫁朱文翰。范仲淹的继父朱文翰担任过湖南安乡县令，范仲淹在安乡住过很长时间。他少年时在澧阳书院求学，留下了在书院的小池洗笔，池水尽被染黑的故事。此外，东晋名臣车胤年少时读书，夜间用布囊装上萤火虫代替烛火，留下了囊萤台遗址。车胤少年读书处相传在湖北公安县，但也有人说在澧县，所以澧县也有一处囊萤台。陶澍借用这两个典故，给澧阳书院写了一副对联，勉励学子用功发奋：“台接囊萤，如车武子方称学者；池临洗墨，看范希文何等秀才。”

在澧阳书院，陶澍不仅讲授经义，教授应试八股，更注重培养经世致用之才。其为澧阳书院制定的章程，不以制艺科举为主要目的，而在培育济世安民之士。

陶澍的经世学问中，最重要的就是舆地之学，即历史地理学，结合具体的地理知识，来研究历代王朝的地方治理。他常率学生跋山涉水，考察湖南的山川地理，传授舆地之学，也常让学生外出访察，留心湖南的风土人情。

因为有翰林在本乡讲学，不但书院的学生都积极听讲，地方上的名士以及州县的官吏，亦纷至沓来，倾听翰林公的高见。一时之间，书院内冠盖如云，澧阳书院声名鹊起，名动湖南。

陶澍主讲期间，尝有本地宿儒登门，向书院师生求教《禹贡》中岷江、沱江、澧水、九江、东岭等概念。陶澍以为，对这些地理名词不应拘泥古籍，而当实地考察。于是他组织书院的生员，在湖南各地，对当地水文进行了调查。在这个过程中，陶澍一边给生员们梳理古代舆地学知识的条理，又结合实际地形，向他们阐释水文考察的要旨。

陶澍还经常结合湖南地界上的时政热点，组织生员展开讨论。比如当时澧州城内有唐姓女子，未及婚配，未婚夫雷氏男子已溺水身亡，于是双方家庭将唐氏女当作雷氏继承人，给她过继侄子继承香火，让她为雷家守贞。同时安化境内有吴氏女，还未出阁就被迫自缢而死，以殉其夫。陶澍令生员就此事发表意见，探讨社会风化问题。因时代的局限，陶澍自然也是赞成女子守节的，但他在这次讨论中提出，守节是合乎道德的，但不可宣扬因果报应的神异之事。守节是循礼的，但应当以自愿为原则，不可逼迫。[11]

中国古代的基础教育，大多采用灌输教育，要到了举人以上，有了“论道”的资格，才会引入讨论、演讲等论学方式。陶澍在澧阳书院，采用启发式教学，鼓励生员各抒己见，阐发自己的见解，这在当时是罕见的。当时很多书院也提倡通经致用，讲究实学，但读书人以劳心者自居，加上大部分时间都忙于作八股文，很少具体实践。陶澍带着书院的学子走向广阔天地，这种前所未有的教学方法，给这些山村的士子开阔了视野，让他们领略了经世大家的风采。

陶澍丁忧期满后，携带家眷回到京城，在翰林院下辖的国史馆任编修。在国史馆修了两年国史后，被外派到四川主持乡试。

清代翰林院虽是玉堂清望之所，然而俸禄极低，翰林公们都难以糊口。清代七品官的年俸不过四十五两银子加几十石漕米，很难养活自己与家人。在地方任职的官员可以收取火耗、羡余，耗羡归公后尚有养廉银。京官因为不涉地方钱粮事务，生计格外艰难。乾隆体恤京官，下诏让京官领取双俸，亦不过纹银九十两而已。清代京官多陷贫困，出身官宦或者豪商之家的可以靠家族供养，农家子弟出身的京官则穷到家中不能举火，“屋宇欹漏”，“人有菜色”[12]。有人作诗自嘲道：“先裁车马后裁人，裁到师门二两银（师门有事，惯例是贺银二两，必少不得）。惟有两餐裁不得，一回典当一伤神。”

地方官有时需要结交京官，为自己通报传递消息，有时为了投资京中有前途的同年、同乡，会给他们奉上“冰敬”“炭敬”和“别敬”。“冰敬”是夏天的高温费，“炭敬”是冬天的取暖费，“别敬”则是地方官入京述职，与京官告别时的敬礼。这三大陋规，是明清常见的“三敬”，但“三敬”一般只供奉六部司道的官员，很少给翰林。很多翰林为了维系在京生活，以及朋友的交游，经常会借“京债”。

“京债”亦称官债，是北京一些富人专门发放给官员的高利贷。他们设立了专门的机构称为“账局”，针对在京的翰林、候任等缺的官员，或者即将到地方上任，需要置装、车马、雇佣幕僚的官员。等官员正式上任，有了羡余或者养廉银，再连本带利归还。清廷一直禁止官员借高利贷，却因俸禄过低而积重难返，始终对此无可奈何。

朝廷为了限制“京债”泛滥，防备债主要挟官员，导致大规模的贪腐，一般会在官员出京赴任时，提前发放一年的养廉银，让他们有钱置办车马，雇佣师爷。对于长期留在翰林院的“红翰林”，则定期派他们出京主持乡试，以清理债务。因为主持乡试时，地方上赠送的程仪，举人录取后送的谢银，最少也有一二千两银子，足够解决翰林在京的生计。这在当时是朝廷默许的收益。至于借给翰林的“京债”，大多规定，在翰林外出主持乡试后立即归还。

陶澍在京城的朋友圈

诚如钱穆所言，翰林很清闲，没有什么事，可以一意从师觅友，读书论学，住京都，往往只携一个仆人，养一匹马，或住会馆里，或住僧寺里，今天找朋友，明天逛琉璃厂，检书籍，买古董。或者在当朝大臣家里教私馆。

陶澍在北京，也以交游文士、寻师觅友为主。他在嘉庆九年（1804）的冬天，与同科进士朱珔、顾莼、吴椿、夏修恕、钱仪吉、洪介亭发起成立了一个文人结社的雅集称为“消寒诗社”。京师文士有个风尚，每岁冬月，士大夫约一干同人，围炉煮酒共饮，吟诗作对，以消遣寒冬，谓之“消寒”。一般消寒的主宾共九人，消寒之聚会也定为九天，取九九消寒之义。

陶澍所立消寒诗社，主要会聚京中南方籍虚职官员，一同联络感情，作一些风花雪月的诗句。首次消寒诗会，设于朱珔家双槐书屋，诗题为赏菊。

消寒诗社的成员多是在京进士，因为他们中很多常有公务外出，流动性很强，所以不能按期举行雅集。翌年陶澍因父亲去世返乡丁忧，主要发起人不在京，诗社因而暂停活动。等陶澍回京时，“诸君亦多风流云散矣”，消寒诗社沉寂了好多年。直到嘉庆十九年（1814），董国华再次发起，登高一呼，应者如云，及后梁章钜、林则徐也加入诗社，消寒诗社遂成为嘉庆、道光年间规模最大、影响最深的文人结社。

清朝初年，朝廷因为担心文人以诗社为名聚集，发动反清复明的斗争，对文人结社尤其是北方地区的结社采取了严禁的政策。北方文人惊悸于改朝易代的天崩地裂，亦无心进行文学创作。历经康熙、雍正两代，北方文气稍有恢复，康熙时渐有文人雅集出现，但雍正严厉禁止士大夫结社，他发表《朋党论》，认为无论是号称为公的结党，还是实质为私的结党，皆应严厉查办。京师文人因而退却，不敢公然结社。清初文人结社主要在江南，一些明朝的遗民，在抗清斗争失败后，拒不仕清，于是沿袭前明文人结社的旧事，举办诗社相互唱和，以山林之趣自得。

嘉庆表现出广开言路的姿态，对文士的钳制有所松弛，北方文人结社开始复兴。清朝规定，京师满汉分治，内城居住旗人，汉官与商民则聚居南城。尤以宣武门外，会集了大量文士，加之各地在京设立的会馆，遂形成了独具特色的宣南文化，成为清朝士人交游的核心地带。陶澍创立的消寒诗社正是诞生于宣南，后来更名为宣南诗社，可谓名副其实。

消寒诗社成立的初衷，是一群在朝士大夫，借诗酒文章之名，行拓展人脉之实。由于发起人陶澍的谨慎态度，诗社早期的文学创作，鲜少涉足政治领域。偶有一两篇诗作触及社会现实，也仅止于描绘现象，而不深究其根源。不仅如此，陶澍等人在消寒诗社初期集会时，连当时沸沸扬扬的汉学与宋学之争这样的学术思想大讨论都刻意回避。陶澍曾自谦他们是“共润太平业，歌咏同朝美”，仿佛只是一个为朝廷颂扬盛世的诗社。

后世有学者因林则徐加入了宣南诗社，加上龚自珍等著名爱国诗人参与过宣南诗社的外围活动，遂将宣南诗社视为反帝爱国主义士大夫的结社，甚至宣称宣南诗社是林则徐、龚自珍、魏源、黄爵滋组建的爱国社团。这些说法不免有附会牵强之嫌。林则徐加入宣南诗社较晚，也不是宣南诗社的组织者，龚自珍、魏源、黄爵滋从未正式加入宣南诗社，仅仅参加过宣南诗社组织的一些外围活动。虽然林则徐积极倡导经世致用，主张严禁鸦片，但这些主张并未在宣南诗社中成为讨论的焦点。

然而，若将宣南诗社简单视为一个雅歌投壶、拈花弄月的风雅集会，恐怕也低估了陶澍的用意。消寒诗社，或者说宣南诗社，是在众目睽睽之下的公开集会。在政治环境相对严峻的时代，自然不便发表过于直白的政治言论。但正如雍正所言，无论结社的内容如何，结社本身就是一种态度。它代表了以陶澍为首的士大夫群体，有意识地凝聚力量，扩大其影响力的努力。

宣南诗社作为文学之士的集会，本身对激活当时的士人积极开展交游，从低调自省，不敢抛头露面，到积极发挥其在文学上的影响力，起到了开风气的作用。陶澍也因为主持宣南诗社，成为一代诗坛领袖，须知在科举制时代，文士即国士，文坛领袖，往往就等同于领袖群伦的大臣。诗文关乎国运，一代文人积极诗文唱和，本身就是一代士大夫开始积极发挥其政治影响力的先声。宣南诗社的存在，隐约地反映了清代中期文人群体的生存策略和政治抱负。表面上，它是一个纯粹的文学团体，但实际上，它为文人提供了一个交流思想、形成共识的平台。在诗词歌赋的吟咏中，在风花雪月的词章里，潜藏着对时局的关注和对国事的思考。这种以文会友、借雅集来拓展政治势力的做法，体现了陶澍的智慧。

评估宣南诗社的意义，仅看其公开吟咏的诗篇是远远不够的。真正值得关注的是陶澍、林则徐通过宣南诗社，团结了怎样一批俊彦。从仕途来看，宣南诗社成员可谓人才济济：卓秉恬位至大学士；吴椿、张祥河、朱士彦、李宗昉等人出任尚书；陈用光、程恩泽、潘锡恩、鲍桂星等跻身侍郎之列；而陶澍、林则徐、贺长龄、朱为弼几位更是封疆大吏，梁章钜和周之琦亦为一方巡抚。这些人物大多是嘉庆、道光年间政绩卓著的能臣干吏。宣南诗社的同人相互影响扶植，都逐渐走上了较高的官位，为嘉庆、道光年间的政局发展，发挥了举足轻重的作用。陶澍后来筹办海运、整顿盐政，皆得益于这帮文友的守望相助、砥砺志行。由此可见，宣南诗社本质上是以陶澍为首的一群实干官僚的结社。

这与后世常见的校友会颇有相似之处。表面上，校友会不过是同窗旧友的集会，日常活动也仅限于普通联谊。然而，一些名校的校友会，其在政治、经济、文化领域的影响力却不容小觑。陶澍创立诗社时，诗社活动中虽不直接讨论军国要务，但在遴选、邀请会员时，却精心寻访志同道合的经世致用之才。因此，宣南诗社实际上是一群怀抱经世之志者的聚集地。诗社的公开活动或许不涉经世之学，但经世致用的实践，却在诗社公开活动之外悄然进行。

随着清朝社会积弊日深，朝廷愈发难以应对繁剧的政务，嘉庆、道光二帝都迫切希望以更为宽松的政策，鼓励士大夫振作精神，为清朝的治理发挥更积极主动的作用。尤其在嘉庆末年和道光初年，朝廷屡次下诏鼓励士大夫上书言事，推动朝廷有所兴革，解决乾隆末期遗留下来的种种积弊。在这样的背景下，宣南诗社的活动，也开始逐渐触及经世之学。在平庸的年代嘲风弄月，屈身守分，以待天时；在振作的年代奋袂挥戈，济时匡弊，以应世变，陶澍可谓用舍行藏，圣之时者也。

胡承珙就曾记载，自嘉庆十九年冬起，诗社的活动变得愈发频繁，不再局限于冬日消寒，或春秋佳日，或长夏无事，皆会陶咏终夕。在樽酒流连之时，他们常常商榷古今上下的大事，很多议论都切合时弊，足以“袪疑蔽而泯异同”。陈用光在送别梁章钜的序文里也说，切磋文字，只是“艺”，而他们的交游，由“艺”而窥见“道”，体、用之学都已齐备。他预言，后世考证诗社历史的人，大概会说他们这群人的交游，并不只局限于切磋“艺”。朱绶更是明确地指出，宣南诗社诸君，“以风雅之才，求康济之学”，“坐言而起行之，兴利除害，为国家万年有道之福，则不仅仅以区区文字夸交际而已”。[13]

在中国古代的哲学体系中，“体”指事物之本质属性，“用”则为其表象。若将其运用到政治领域，体就是国家的根本制度、正统思想，用就是一些技术上的事务。哲学范畴中的道，对应体，术与艺，对应用。陈用光说宣南诸君的交游，已超越艺而近乎道，体用齐备，实则暗示其议题已涉及国家根本学说与制度。而朱绶所言的康济之学，也即安民济世之学，他们不光是坐而论道，甚至已经起而行之，是在实践的层面，实现其经世致用的理想。

诚如学者魏泉所言，从消寒诗社到宣南诗社的嬗变，“反映了京师汉族士大夫在嘉道之交，随着国事的日衰和汉族官宦政治地位的提升而获得的一种对自身政治地位的集体认同。诗社的活动形式本身并不具有政治目的很强的团体因素，但是艺术趣味上的一致，却使志趣相同的士人结成了松散的政治联盟”[14]。

宣南诗社，虽不能说是一个以反帝爱国为宗旨的爱国文人结社，但它在陶澍、林则徐、梁章钜等人的影响下，实际上是一个以诗酒唱和为纽带，团结经世致用的文人，以安民济世为己任的士大夫群体。陶澍发动、团结这群士大夫，在十九世纪初灰暗的阴霾下，为下一个大争之世的到来，积蓄着力量。

【注释】

①《陶澍全集》第 6 册第 400 页，岳麓书社 2017 年版。

②③ 见王焕镳《陶文毅公年谱》，载《湖南人物年谱》第 2 册第 2—12 页，湖南人民出版社 2013 年版。

④⑥《陶澍全集》第 7 册第 1、52 页，岳麓书社 2017 年版。

⑤《清代名人轶事辑览》第 3 册第 1125 页，中国社会科学出版社 2005 年版。

⑦《陶澍全集》第 6 册第 298、299 页，岳麓书社 2017 年版。

⑧《清高宗实录》第10册第1024页，中华书局1986年版。

⑨《清世宗实录》第1册第213页，中华书局1986年版。

⑩《清稗类钞》第3册第1290页，中华书局1984年版。

⑪ 陶用舒《陶澍传》第319、320页，湖南人民出版社2018年版。

⑫ 张德昌《清季一个京官的生活》第61页，三联书店2021年版。

⑬ 转引自罗检秋《嘉道年间京师士人修禊雅集与经世意识的觉醒》，载《西方思想在近代中国》第300页，社会科学文献出版社2005年版。

⑭ 见魏泉《“交游”与“纪念”：“宣南诗社”之“题图诗卷”读解》，载《文艺研究》2015年第9期第121页。

二、蜀中之行

陶澍的证道之旅

陶澍被外派做四川乡试副考官这年，正好三十三岁，已经在京师奋斗了八个年头。这八年的光阴，他都在翰林院度过。

翰林院是读书人提升儒学修养和行政经验的清望之所，它也确实培养了很多大学者、大政治家。在传统政治逻辑里，这两者应该是一体的，儒家影响下的士大夫，既是执政者，又是教化者，既是治民理政的官僚，又是掌握国家思想意识的宗师。无论明以前的宰相，抑或明清的大学士、军机大臣，不仅是协助皇帝决策军国大事的臂助，更是论道经邦、燮理阴阳之师者。

然而，陶澍并不满足于此。他在翰林院所学，皆为高居庙堂之上的决策者、议政者掌握的“屠龙术”，这些学问多属务虚，鲜有涉及到具体的行政实践。作为实干家的陶澍，在京师观察多年，发现清王朝的问题，首在吏治。由于行政系统腐化，庙堂之上的决策，大多难以落实。尤为重要的是，清王朝面临诸多古代王朝未曾遭遇的新问题，这些新问题倘若不亲赴基层具体执行，那么既不能被发现，亦难在解决过程中，寻得新的出路。京官们传承数百年的政治规范，已与嘉庆年间的实际情况脱节。

康熙、雍正之世，国家正在从明末清初的战乱中恢复元气，从明朝继承而来的治术，对这种传统的社会形态，对这种规模的人口、经济，依然有用。故而，中央政府依靠传统政治经验为全国事务提供决策，地方官员只需严格执行上级命令，天下就能太平无事。

乾隆盛世过后，中国社会已经发展到了前所未有的水平，然而，繁华背后，隐藏着深层次的社会矛盾。步入嘉庆年间，传统王朝承平日久之后，文恬武嬉的弊端日益显现。与此同时，人丁滋生，商业发展又带来新的问题，新旧问题交织，如暗流涌动，蓄势待发。漕运堵塞犹如王朝血脉中的瘀块，阻碍着物资的流通；盐政废弛如同溃烂的堤坝，难以抵御腐败的洪流；钱粮亏空更如同华服上的破洞，虽极力掩饰，却难掩败落之象。嘉庆年间地方秩序混乱，中央政府对地方的流弊不知其所以然，高高在上的决策已难以应对错综复杂的地方问题。

清朝传统的官制，中央决策，地方执行，军机大臣的权势远胜地方督抚。岂料到了嘉庆末年，朝廷不得不简派亲信大臣下赴地方，深入基层，因地制宜地整顿、改良地方治理。众多德高望重的大臣如蒋攸铦、阮元等常驻地方，被授予临时机宜的权限，地方督抚之权位，已渐追及军机处。自蒋攸铦、阮元开始，清代有名的政治家，其重要的政治业绩，大多在地方完成。

心思细腻的陶澍看到了这种情形，就更迫切地想得到出京的机会，期望能走遍天下，四处实地考察。而到四川主持乡试，从京师畿辅走到蜀中天府，正是他实践经世致用之学的机会。

嘉庆七年（1802）五月廿九日午刻，陶澍从京师启程，走陆路向成都而去。此前京师连日大雨淋漓，临近出发时却见天色豁然开朗。陶澍出城后回头眺望北京西山，但见山色空蒙，苍翠欲浮，宛如一幅水墨丹青，路旁如画的垂柳，亦为这初夏时节增添了几分诗意。

行经一日，陶澍夜宿良乡县。夜幕时分，万籁俱寂，忽闻天际雷声隆隆，须臾间，大雨倾盆而至，犹如天河倒挂，声势浩大。面对这突如其来的风雨，陶澍心中波澜不惊，他提笔蘸墨，开始书写《蜀輶日记》。就这样，一段跨越四千余里的壮阔旅程徐徐展开。一部足以传世的经世之作，也在这风雨交作的夜晚迎来初生。[①]

《蜀輶日记》之"輶"，指轻便小车。所谓"蜀輶"，是陶澍自谓名士风流，轻车简从，飘然入蜀，有陆游"细雨骑驴入剑门"的潇洒。其实，这风流自赏的标题背后，却是一段艰辛卓绝的跋涉之旅。

陶澍西行入蜀，取道陆路，跨越河北、山西、陕西，历时六十三天，途经七十七个驿站，行程四千六百余里。蜀道艰险，许多地方不但轻车难过，连驴子也难以攀越，陶澍常常需要傍崖攀索，穿梭于险峻山川之间。很多山间道路没有衙门、驿站，只能借宿山村古寺，或者山中力役栖身的草棚。从成都回京城，陶澍改走水路，从蜀中乘船自岷江而下，在宜宾汇入长江，沿江东下至湖北荆州，水行五千里。到了荆州再乘车穿过河南、河北，抵达京城，同样用时六十三天。这一路归程，江水奔腾，山峡险峻，舟楫在惊涛骇浪中穿梭，陶澍目睹了大江南北的壮丽山河，耳闻目染，见识大开。

陶澍在旅途中每到一处，必定细察当地地理形势，追溯古今政区沿革，考证历史大事，探访风土民情，观察军事要隘，思索国家治理之道。凡一山、一水、一祠宇、一桥梁，他都孜孜以求，考证其名目，探究其传承。他既翻阅传世文献，又广泛访问土著，力求"凡山川之经纬，形势之险易，建置之沿革，郡邑之利弊，古今之事迹，无不当讲明而切究之"。[②]

陶澍曾言，儒者必须了解山川形胜，这是经纶济世的根基。唯有洞悉地形脉络，明晰军事要地的险易，掌握水利状况和风土人情，方为真正的士大夫。他强调，士大夫平生所学，必须结合亲身经历，然后才能在政治、教化上付诸实践，有益于实用之道。至于登高赋诗，不过是小道罢了。这部洋洋洒洒六万余字的《蜀辖日记》，正是陶澍经世致用之学的集大成者，堪称数百年来最见功力，也最为博大精深的经世之书。

后人研究清代士人的经世之学，往往以其奏折题本为依据。可惜这些奏折题本，都是有一事，议一事，固然有很多切于实事的见解，却难免局限于具体事务，就事论事不能随意阐发，其内容偏于专，未必见得到大学问家胸中的博大。陶澍的《蜀辖日记》，则如同一幅展开的历史长卷，结合具体的地理，或讨论古代历史大事的成败，或考订古今地名之变化，或议论战略要地之险易，甚至不时抒发怀古幽思，描绘山川之壮美。全书撑胸万卷，逸气磅礴，实乃穷极七略源流，洞悉三干脉络的鸿篇巨制。

陶澍不像他的晚辈曾、胡、左，有机会上战场，统帅万军、游戏自如。但在这部《蜀辖日记》中，他结合行经的战略要地，对古代的战例进行了深刻的点评，显示出了卓越的战略才能和独特的军事洞察力。

《蜀辖日记》是一部融合了历史、政治、军事、文化的百科全书式的著作，通过陶澍的眼睛，后人看到的不仅是山川形胜，更是一个王朝面临的挑战和机遇，是理解清代中期中国的一把重要钥匙。

经世学问的核心

在《蜀辖日记》中，陶澍途经的每一处山川险要，在他笔下都化作了一幅幅动态的历史战略图。经过大散关时，面对这个历代兵家必争之地，他如数家珍地回顾：曹操讨伐张鲁，从陈仓出大散关，诸葛亮北伐中原，出大散关围攻陈仓，都经过了这里。大散关旁的和尚原，是中原与巴蜀的分界，亦是南宋名将吴玠击败金兵的战场。陶澍在日记中先勾勒出当地地形："地势高平，西迤东险，与二里关声势相连，天然隘守也。"继而，他又根据附近地理，推测和尚原，可能是河上原之讹，因为嘉陵江恰好径流于和尚原之下。

他的目光不止于局部地形，更从大战略的高度，指出大散关、和尚原的重要性：西通阶州、文州，南出褒城、沔县，构成了保卫成都平原的天然屏障。吴玠扼守和尚原，金军就会担心后方受袭而不敢越过进攻巴蜀。可惜后来宋朝将和尚原割让给金国，蜀地便失去了屏障。写到这里，陶澍不禁发出怒斥，谴责了主张割让土地的秦桧，又感慨治国者必须明察地利。

数日后，陶澍来到武休关，再次提及吴玠在此击败金军，以及元兵如何通过武休关向南进军，潜行经宋朝境内，最终渡过汉江打赢了三峰山之战。通过这些历史事例，陶澍论证了此处是关中第一战守要害之地。[③]

作为舆地大家，每到一处，陶澍都仔细考量当地地形对战守的利弊，尤其注意地势对军事的影响。他指出汉中阳平关一带，是中原军队进入蜀中的要害，五代郭崇韬伐蜀，在此地击败王衍，北宋王全斌伐蜀，在此击败蜀主孟昶的招讨使韩保正，南宋刘子羽亦与吴玠合兵，在此地击败金军。他在重庆涪陵时，又追溯秦将司马错由涪陵附近的黔江攻取楚国黔中的历史，论证涪陵是三省之咽喉之地，堪称小重庆。

陶澍的战略探讨，如同一面多棱镜，折射出了地理、历史与人事的复杂交织。他从不囿于地利的桎梏，而是以更宏阔的视野审视军事战略。他并未一味强调地利对军事的作用，他在宜昌指出，此地是三峡之口，是楚地、蜀地之咽喉，为历代兵家所必争的形胜之地，世代皆有军镇建立在此。但秦国的白起、西晋的王濬、隋朝的杨素、唐朝的李孝恭，皆从上游以居高临下之势，攻击此地获得大胜。即便如刘备这样的英雄，连营七百里，亦不免被小儿所欺，狼狈西走，可见险要的地形固然重要，主政的人如何运用智慧却更为关键。

陶澍的战略思想，是以攻为守，先发制人。在宜昌，陶澍举例说，三国的鲁肃认为荆州沃野千里，外有长江和汉水的环绕，内部有山岭的险阻，有着固若金汤的城防。诸葛亮亦称荆州是用武之地，到了六朝时，江东地区的安危，都仰仗此地扼守上游之势。然而，萧绎以荆州险要为都城，他的命运却掌握在他人手中；其他如萧铣、高赖子等人，也都是旋起旋灭。这是为什么呢？陶澍认为，荆州的地形，确实可以俯瞰东南，乘上游之势，但它受制于西北的威胁。一旦荆州的襄阳发生战事，荆州就会陷入混乱。由此可见，荆州是适合进取的地方，但不适合守成。[4]

在襄阳时，陶澍又进一步展开论述，说襄阳占据东南的上游，卡住了南北咽喉，历代都是军事重镇，但很多军事家不能深刻理解襄阳的作用，他举例批评了宋代军事家的观点。宋人认为，如果要守住江东地区，则守襄阳不如守建业；如果要恢复中原，则占据建业不如占据襄阳。陶澍认为这是错的，他说，回顾历史，如东晋桓宣、庾翼，南宋的孟珙虽然尽力守卫襄阳，却都没有取得显著的进展，只有关羽水淹樊城，一时间威震许都，但最终还是失败了。为什么呢？因为襄阳虽然坚固，却深处荆州和郢州的腹地。如果北方政权得到它，就足以凭借此处进攻东南地区；而南方政权得到它，也只能是勉强自保而已。因此，在春秋时期，楚国的军队主要驻扎宛、叶（南阳），从来没有听说过他们守卫襄阳。楚国的强大，在于它能向南控制南方各族，向北又能够深入中原地区，楚人的战略谋划不是后世之人所能比拟的。[5]

在这里，陶澍提出了积极防御的观点，要把自己的防御点推到外线去。他之所以不赞成守御襄阳，是因为襄阳在荆州的腹地，太过危险。他主张把防御的前沿推到南阳，因为南阳已经进入了中原，把自己的力量推到了外线，不是防守的姿态而是进取的姿态。就算暂时被迫防御，也是一种弹性的积极防御。陶澍还提到，襄阳是东南的大门，不守襄阳而守南阳，是问鼎中原的进取之势，与诸葛亮守御蜀中，却屡屡屯兵汉中，率众出祁山一样，都是以攻代守的战略。

孟子云，天时不如地利，地利不如人和，陶澍显然也持有相同的看法。所以他每到一处，便会结合当地的水土、气候等地理状况分析当地的民情民风，了解当地百姓的群体特征，以此为据，思考理政治民、战备攻守之道。

陶澍路经山西，考察之后总结山西的民情，说山西砺带河山，聚集了天地灵气。但从地形上看，山西地势南北绵长，东西狭窄，地势高峻，气候苦寒，可以耕种的田地很少。山西百姓需要仰仗直隶、陕西、河南等地输入物资，但又不通舟船，经常忧心粮食不足。物资的贫乏，让山西人养成了坚忍节俭的习惯，甚至因为过于节俭而不符合礼仪。他们依赖商业贸易来维持生计，这主要是因为地理条件所限，而并非完全受风气影响。山西在先秦的时候，平阳以南地势开阔，本来是个好地方，但自魏晋南北朝以来，这一地区受到的祸害很深，水利设施遭到破坏，人口也多有变更。庆幸的是，当地人仍保持了质朴正直、坚强不屈、急公好义的品质。

陶澍分析四川的地理民情，称四川地势险峻，山峦巍峨耸立，道路极难通行。幸运的是，肥沃的土地蜿蜒其间，巴蜀大地上散落着诸多富饶的盆地。这些地区财货十分丰富，尤以稻米高产著称。四川地势高耸，足以俯瞰并掌控东南之地，同时可作为关中和陇西的天然屏障。历史上，秦国得四川而削弱楚国，晋国据此而吞并吴国，蒙古亦凭此灭亡宋朝。此外，成周与刘汉之兴起，皆以四川为前沿基地。但是，趁乱割据四川的势力，虽能一时偏安，却往往迅速消亡，足见四川之地势虽险，却非长久之依靠。四川山水清秀雄奇，民众聪慧无比，却常缺乏坚韧不拔之志，容易治理，也容易叛乱。四川的为政者要注意恩威并施，善加教化。[6]

陶澍对各省民情的分析，未必都完全符合事实，中国一省之大，足抵欧洲一国，民情自然不能一概而论。但这种实地考察而得来的民情报告，确实比在庙堂之上获取的信息要准确。陶澍的民情考察，为当政者因地制宜实施治理提供了借鉴。他将地理、人情与世道治乱紧密相系，阐发了一种顺应民情、因地制宜的政治观。

作为一个政治家，陶澍根据自己对历史的理解，对历史上的很多事件作出了全新的评价，其中寄寓了他对历史的深刻思考，也包含了他的很多感怀，继承了孔子著《春秋》遗留下来的传统。

陶澍在嵇康之子嵇绍的祠堂，谈论起西晋往事。八王之乱时，晋惠帝的军队在丹阴被司马颖击败，嵇绍为了保护晋惠帝，被人杀死，鲜血飞溅到了晋惠帝的衣服上。战后，左右让惠帝脱下血衣来洗，惠帝却说，这是嵇侍中的血，忠臣的血，不能洗。晋惠帝在历史上常被看作是一个智力有问题的人，他最有名的典故就是官蛙和肉糜。官蛙是说他听到青蛙的叫声，就问左右侍从，青蛙是为了国家的事叫呢，还是为了私人的事叫？有人告诉他百姓没有饭吃，他却惊讶说，没有饭吃，为何不吃肉粥。陶澍评价说，晋惠帝不忍忠臣之血被洗，哪里像是无知的蠢货呢？那些编排他的故事，看来不可尽信。至于嵇康被司马家杀害，而他的儿子嵇绍却为司马家效死，陶澍评价这是“人间读史各君臣”[7]。

陶澍还对一些史事发生的地点进行了全新的考订，如历史上著名的刺客豫让刺杀赵襄子，按《吕氏春秋》的说法，当时赵襄子在一个大的园林中骑马游玩，走到桥边，因为马不肯前进，就让他的护卫青荓去查探桥下有无刺客。青荓发现好友豫让躲在桥下，知道他要刺杀赵襄子，对豫让说，我知道你现在要行大事，我若出卖你，就失了交友之道，可是如果放纵你刺杀君主，就失了为臣之义。左右为难，我只好一死了之。说完便自杀。古人认为青荓的行为是一种义，在很多地方修建了纪念他的桥梁。山西赵城有国士桥，曲沃有义士桥，陶澍认为，赵城国士桥离城太近，不应该有园林，因为贵族的园林，都讲究有山林，有地势起伏。曲沃义士桥附近颇有丘壑，显然事件发生在曲沃。⑧

长江三峡流传着巫山神女的神话，楚人宋玉在《高唐赋》和《神女赋》中，讲述了楚怀王游高唐，在梦里和巫山神女相遇的故事。“妾在巫山之阳，高丘之阻。旦为朝云，暮为行雨，朝朝暮暮，阳台之下。”因为宋玉这两篇赋实在太好，充满浪漫色彩，巫山神女的形象因此大量出现在后世诗文中，“云雨”一词也成了男女之事的委婉代称。

受故乡神秘的梅山文化熏陶，陶澍对各种神怪故事怀有浓厚的兴趣。当他的船只驶入巫峡一带时，他就开始了对巫山神女身份的考证。根据宋朝陶穀所写的《神女庙记》，陶澍指出，巫山神女即是传说中西王母第二十三女云华夫人，曾助大禹治水。陶澍一时兴起，还比较考证了《禹穴纪异》与《集仙录》这些神怪志异之书，梳理了巫山神女的故事。据他整理，大禹治水曾至瞿塘，这地方实为上古鬼神龙蟒的住宅，风沙遮天蔽日，大禹迷失了道路。俄而有天女降下，传授大禹道法，以符箓召唤天地之力，自此大禹能够呼吸风雷，役使鬼神，开山疏水，无所不能。大禹询问博学的助手童律，童律回答说这名天女是西王母的女儿，住在巫山。大禹到巫山下，亲自去拜见了神女，见到神人变化无穷，有时变成彩云，有时变成细雨，有时变成游龙，有时变成飞翔的鹤；有时又变成石头，有时又变成人。千变万化，说也说不完。

陶澍根据这些记载，修正了“云雨”的含义，他认为巫山神女的形态变化多端，“云雨”只是指她变化的一种形态。后人把“云雨”当作男女情爱的象征，当是魏晋时期，人们在放荡不羁的风气影响下，对巫山神女的戏谑而已。

他同时提出了一个疑问，宋玉写巫山神女的两篇赋，载于南朝萧统的《昭明文选》，却不见于东汉王逸的《楚辞章句》。王逸在萧统之前，理应见到更多更全的楚辞，他没有辑录这两篇宋玉作品，因此这两篇赋极可能是东汉以后的伪作。[9]

陶澍主治理学，属于宋学一派，但受乾嘉汉学考据之风的影响，尤其是他的座师汉学大家纪昀的影响，他做学问时也常运用考证的功夫，讲究对史料来源详加条列，精当考据。在《蜀輶日记》中，他多次运用考据之法，对古籍中山川地势的说法进行考订。宋玉《高唐》《神女》两篇不见于东汉的《楚辞章句》，反而见于南朝的《文选》，则可能是伪作，这就是汉学常见的辨伪手法。陶澍这种学术态度，不仅体现了他个人的学识渊博，更是清代学术风气的一个缩影。他将理学的义理探讨与汉学的考据方法相结合，展现了一种全面而深入的学术视角。

但陶澍整理的巫山神女故事，并不完全符合考据原则。因为不能用唐代杜光庭的《集仙录》与宋代的《神女庙记》，去研究大禹时代的传说。而且在这个故事里，神女所传大禹的神通，是用道教的符箓役使鬼神，可是道教的符箓一派，要到东汉末年才诞生。这个故事完全不符历史考证的原理，陶澍不可能不知道。显而易见，这是他忽发少年意趣，想半真半假，讲个有趣的神怪故事，这也是受巫傩文化影响的楚地书生特有的兴趣。

既然已经到了巫峡，他当然会考证一番三峡的地名。地理学家郦道元也曾游览三峡，却未能详究三峡是哪三峡。川江上的地名以峡为名者很多，陶澍因而认定三峡应当界定在荆州境内。至于荆州境内，根据他自己的实地考察，虽然一路都是层岩叠嶂，但山峡既阻且长，延绵六七百里的，只有夔峡、巫峡、西陵峡三处。这三处山峡，江面两岸山崖相连，数百里没有间断。对比各家说法之后，陶澍认为应当以盛宏的《荆州记》为准，将重庆奉节到湖北宜昌这一段称大三峡。[10]

《禹贡》中“九江”究竟指何地，历来是一笔糊涂账。汉代的刘歆认为九江是彭蠡即鄱阳湖，郑康成沿袭了这种说法。孔安国认为九江是江西的浔阳江，孔颖达、应劭也从此说。陶澍研究后指出，无论是彭蠡还是浔阳，都是秦汉的九江，而非《禹贡》所说的九江。因为《禹贡》分天下为九州，其中三次提到九江，都在荆州境内，彭蠡和浔阳在《禹贡》里一般划入扬州，不可能是《禹贡》中的九江。他推测可能因为这些儒者都是北方人，不熟悉南方的地理，所以错误地理解了《禹贡》。

《禹贡》虽托名大禹，实则成书于战国，陶澍在论证时，尽量采用了与《禹贡》时代接近的古籍。他举例《山海经》说，“洞庭之山……是在九江之间”，证明战国时的九江即是洞庭。这些考证手法，都是极有逻辑，也极富近代色彩的思维方式。

《蜀輶日记》还考证了青衣江、大渡河的名称及源流，论证了《禹贡》上的“三黑水”说，在地理学上的创见很多。当然，陶澍最关心的，还是当地的水利和民生。他在路途中，考察了山西解州的盐池，对四川境内盐场的经营情况进行了概括。在湖北，他考察了江陵附近荆江的水利设施，提出在江陵凿开“穴口”，用来疏泄洪水。这些研究都极富真知灼见。

陶澍还注意到了沿途生态环境遭到破坏的问题。他在山西晋中的灵石县，注意到当地人多在山地穴居，造成对山体的破坏，导致山无完肤。在陕西境内登临岐山，他又记录岐山已被滥砍滥伐破坏，山头没有草木，光秃秃的，昔日的灵气已经泄光了。在三国史上著名的魏延子午谷奇谋的子午谷，他发现自乾隆三十三年（1768）以来，大量流民潜入山中，砍伐树木搭建窝棚，种植玉米度日。后来又经历了川陕之乱，山林遭到焚烧，“焚林斩木，一望荡然”。战乱之后，流民再度聚集，大量开垦梯田，水土流失严重，陶澍估计数十年后，这里将不再是往昔肥沃富饶之地了。[11]

诗文国手

陶澍文集里收录的文章，常见的有三大类，一类是奏章题本，一类是在翰林院奉旨撰写的赋，还有一类是给朋友的题赠、序文。奏章题本都是政论文、应用文，重在议论而不重文采。他所应制而成的赋，如《东巡赋》《帝京赋》《春秋元气正天端赋》，都是为皇家歌功颂德的文章，虽然写得花团锦簇，却无真情实性。给朋友的题赠、序文，好多都只是写点言不由衷的客气话。这些文章，可以窥见他高超的写作技术，却不能当成一流的文学作品。倒是《蜀輶日记》中大量的风光描写，清新可人，是明清时期第一流的山水小品。

陶澍在山西临晋樊桥驿遇雨，雨中山景，就写得颇为清新秀逸，动静结合、虚实相生，颇有“蕉雨梧风”之韵：

先夜雨淋漓，比晓，路滑，仍与松轩骑行。东望中条，云气甚密，时露三两峰；西望亦有山矗立空际，殆峨嵋岭也。

他对地理的精准把握，又为这幅画增添了几分厚重感：

中条狭而长，居太行、华岳之中，故名。历山在其东南，沩、汭水出焉。午后雨霁，登驿楼四顾，觉元人词“四围山色中，一鞭残照里”，恰肖蒲中风景。

自古写华山的文士极多，而陶澍笔下的华山，又别开生面。他不拘泥于表象，而是善于捕捉景物的神韵，将地理知识与文学创作完美结合，创造出了一种独特的“地理美学”：

南望华山，帝座微茫，仿佛可通。其形壁立若囷，惟西北山脊，一线可脉而上，峭厉之气，令人肃然。

…………

望华山必以深秋澄霁，始得真面目；夏月云气弥漫，明窗秘钥，无由启扃。时或天龙一指，偶现元神，终非全谛。连日雨渍霾深，揩眼神山，杳如海上。

…………

少顷，抵山麓，浮埃尽扫，万里无纤翳矣。

陶澍写景擅用比喻，在描绘剑门之险时，文字如刀如剑，将险峻之势刻画得入木三分，令人如临其境：

山石磈垒，层积如三和土做成，庞然而大，岸然而高，如城，如壁，如屋，绵延数十里，万仞支空如欲坠，阁扼其隘，两山如门。

写长江两岸之山势：

两岸合沓，惟见青天一发。山顶如城、如阁、如囷、如花、如火、如华表、如人物鸟兽，争奇献诡，目不暇给。

在刻画景物时，他擅用动词来移步换景，笔墨极为洗练，如“发小江，入云阳境。过上崖寺、下崖寺。岩厂嵌空，上结佛龛，以铁炼縋而上。一名燕子岩”，短短数语，将读者的视线引向高处，以俯瞰之势营造出一种惊心动魄的视觉效果。

他写动感的场景尤为精彩，笔力雄浑，气势磅礴：

> 于时水势未落，崩洪沄沄，遂放船而下。三老长年，齐声奋楫。余方倚窗槛观山色，倏觉雪花飞起，浪大于屋，舟掷其中，飘如一叶，瞥目间，已迅泻十数里。始悟杜诗“身轻一鸟过”，殊肖此间情景。

这段文字笔酣墨饱，气势恢宏，在描绘马肝峡时，陶澍的笔触又转为细腻婉约：

> 过马肝峡，北岸绝壁，上有石如肝肺，累累下垂，故名。旁有狮子岩，翠草被之，如毛毵毵。南岸有小涧，从两崖间流出，望见其中碨硊兀碑，面目无一雷同。

清代官僚的文章，常因道学熏陶和文网严密，呈现出一种情感克制、自我隐匿的特征。这种文风，犹如一片肃穆的密林，虽然庄严挺拔，却少有春花秋月的婉转多姿。陶澍的多数文章亦不例外，只有《蜀輶日记》，因是私人日记，所以常有感怀露于笔端，真挚感人。

他在路途中，梦见了嫁给周氏做童养媳的妹妹陶姗英，于是在日记中写道，“梦哭周氏妹，失声凄怆。周氏妹卒于去秋，家人迟迟乃告。四月内余始得书，欲挽之以诗，哽咽不能成章”。旬日之后，他在昭化，又梦见和妻子一同给妹妹拂拭灵位，又写道，“夜梦同内子拂拭周氏妹灵位，不觉失声，因以二诗吊之”。陶澍是文章国手，述及亡妹时，却无一字铺陈，实乃悲痛至极，“不能成章”。文字虽然简朴，他对亡妹的深情，却字字入心，读之令人泫然欲泣。[12]

陶澍过钟阳，动了思乡之情，却仅淡淡地写了一笔，“秋起渐深，令人动乡关之情”。他在成都启程回京时，见到桐花满地，又在日记中写了一句，“此时，一叶已落，殊增秋思”。这些句子都在他记录舆地学的间隙，顺势一笔，却意蕴无穷。

《蜀輶日记》以实学为经，以地理为纬，织就了一幅融会地理、历史、军事、文学于一体的宏大画卷。陶澍以其“胸怀千秋”的胸襟，将严谨的舆地之学、细腻的民情观察与务实的治国方略结合，创造出一种独特的“经世地理学”。

《蜀輶日记》的核心价值在于其鲜明的经世致用思想。陶澍游历山川不仅是为了观景，更是为了知民情、察时务、思治道。他深入考察各地的地理民情，剖析地理环境对民众生活与地方治理的影响，展现了一个有志之士将知与行相结合的经世智慧。他将个人的历史情怀与对苍生的热爱相融合，在字里行间流露出一个儒家士大夫“以天下为己任”的抱负。

《蜀輶日记》既是一部地理考察的专著，又是一部体察民情、探讨治国之道的政论作品。《蜀輶日记》为游记文学、地理志和政治论著树立了一个崭新的标杆，可谓“应经世之实学，立文章之典范”。

除了每日写《蜀輶日记》，陶澍此行，还写了二百四十五首诗，编为《皇华草》三卷。

《皇华草》有不少缅怀历代名臣的诗，歌咏屈原、张良、诸葛亮、姜维、郭子仪、白居易、苏轼等人，抒发自己对这些先贤的倾慕和追随。如咏诸葛亮，“参天一径绕苍松，丞相祠堂此路逢。司马当年惟畏虎，先生少日已犹龙。音含徵角琴边石，影矗旌旗户外峰。恍惚风流存羽扇，宗臣气度自春容”。

咏张良，“一击空惊误副车，道旁人已断长蛇。功成忽忆赤松子，石隐来餐黄柏花。竟有前筹匡汉业，那无片土属韩家。王孙亦是先朝裔，悔杀当时蹑足差”。

也有怀古诗，凭吊前朝史迹，发表历史评论，如秦中怀古，“斩木西行起义师，拔山豪气上须眉。八千子弟纵横日，十二金人黯淡时。张楚何妨三户少，暴秦惟有一灰遗。沣川夜夜多情月，曾照阿房五丈旗”。

还有借景抒情的诗，“江天迢递暮云垂，小泊归舟落木时。客梦尚悬巴子国，乡歌初听楚人辞。雪霏燕树春前絮，烟绾园花别后枝。万里香溪今夜月，一家三处说相思”。

送别友人的诗，“几日船头话翠微，荆台临别尚依依。楚山秋冷堆红叶，巫峡云深隔夕晖。一笛风边人共远，片帆江上梦同归。知君到日应回首，十月潇湘雁北飞”[13]。

这二百余首诗，或雄浑壮阔，如长江大河奔涌；或豪宕不羁，似峻峭山峰耸立；有时又庄严深沉，如古寺晨钟，余音绕梁。陶澍将其深邃的历史情怀，融入高超的艺术表现，展现出了独特的魅力。《皇华草》很快就流传海内，为当时诗坛所瞩目。

陶澍回京后，做了两年无聊的词臣，他在入蜀路上悉心研究的经世之学，如珠玉蒙尘，并没有用武之地。陶澍心系桑梓，尤其关注湖南地方志的修撰。湖南原本与湖北同省，合为湖广行省，历史上亦称楚地，省区意识不强。陶澍所在的安化县，民众做生意都顺江而下，过洞庭去武汉，很少去长沙。康熙年间，湖广右布政使迁驻长沙，管辖湖南大部地区，隐有分省之势。迨至雍正二年（1724），湖北、湖南乡试分闱，湖南单独取士，湖南地方意识才渐渐萌芽。

雍正之后，湖南意识的形成，对湖南日后的崛起，起了很大作用。世人皆知湖南人团结，乡土意识浓厚，殊不知雍正之前，湖南只有和湖北合在一起的楚人意识，湖广意识。陶澍作为一个大政治家，自然深谙乡土意识之重要，故而他在外不但积极联络湖南同乡，更是非常关注他的安化同乡。

人群凝聚力的形成，源自共同的源流、共同的传承，唯有知其所以来，才能共祸福。唯有梳理出共同的历史、源流，才能更好地团结乡邦，是以陶澍格外重视地方志的编修。于他而言，地方志不仅是“慎终追远”的载体，更是经世致用的利器。他认为，地方志收录了本地的山川、风土、人物、学校、财赋等的历史，是地方官治理的重要参考文献。在编撰方志的过程中，编者在采集地方重要信息的过程中，也得以明了地方治理的经验，于学问大有裨益。

此外，陶澍希望通过方志旌扬本地著名的贤人、循吏、孝子、贞女，树立楷模，既可增加本地人的荣誉感，亦可借此推广伦理道德，达到知人论世、讽化民俗的效用。在翰林院期间，他孜孜不倦地推动湖南地方志的修订，虽然他此时尚无足够的威望领导湖南省志的修订，但是他仍在这几年时间，主导了家乡地区诸多方志的修纂，《沅江县志》《安化县志》皆于此时告成刊行。

陶澍在翰林院数年，后来升任詹事府詹事，这是翰林院内部的一种升迁。翰林们除了短暂地外放地方主持乡试、提督学政外，升迁常在翰林院内部，或者转入詹事府、国子监。詹事府原本是教导、辅佐太子的机构，康熙五十一年（1712）废除太子后，清代再无立太子之制，詹事府遂成翰林院升迁之地。故而詹事府一般被认为与翰林院一体共生，“翰詹一体，本无区别”，国子监亦可视为另一个翰林院，因而翰林院、詹事府、国子监是三位一体的机构。

翰林在翰林院、詹事府、国子监升无可升后，大多转任内阁学士，或者到六部担任官职，最常见的是经内阁学士升任六部侍郎。六部中的吏部、礼部侍郎，基本优先挑选翰林。翰林不入六部者，亦可出任太常寺卿、光禄寺卿、太仆寺卿、顺天府尹等职。若是翰林资历足够又不在中央任职，则出任知府、布政使。无论出任内阁学士、六部侍郎，或是外放知府、布政使，都意味着翰林结束了词臣生涯，正式进入高级官员行列，正式执掌国家大权。

活跃于嘉庆、道光年间的大臣曹振镛，由翰林院迁侍读学士，继而经少詹事、内阁学士，最后升任工部侍郎，在出任侍郎之前，一直都是位居清要的词臣。陶澍的座师纪昀，先从翰林院到国史馆，随后进入詹事府任左庶子，其升迁路径和曹振镛如出一辙。他曾经在乾隆三十三年（1768）被授贵州都匀知府，尚未赴任就被改为侍读学士，其间除了因罪流放新疆外，基本没有外放的经历。乾隆时的状元王杰，除了提督福建学政和督学浙江外，也一直是以词臣的身份升到侍郎。此类升迁路径，乃是让翰林们先熬满词臣的资历，而后直接执掌大权，这种翰林往往决策经验充足，而行政阅历不足。

其实翰林还有一种升迁路径，就是不待词臣的资历熬满，即赴都察院担任科道官员。都察院是监察部门，科指六科给事中，道是十五道监察御史。康熙时已有翰林出任科道官员，但习惯上，翰林是清要官，其品流在科道之上，翰林们一般不愿就任科道之职。清初常让刚散馆不留翰林院的人出任科道。然则科道之任，比一直待在翰林院的人，行政经验更丰富，让翰林们去科道见识历练一番，似乎也势在必行。

嘉庆意识到翰林们的行政能力不足，而且地方督抚也需要中央下派的人才，于是着手培养翰林的行政干才，开始让翰林们去科道历练。在嘉庆十八年（1813），陶澍被记名以御史用。这一年京师又发生了大动乱，天理教徒攻入了紫禁城，道光越发感到加强地方督察的重要性，遂于次年，令陶澍补江南道监察御史，走上与纪昀、曹振镛等人迥异的官场之路。

【注释】

①②③④⑤⑥⑦⑧⑨⑩⑪⑫《陶澍全集》第 8 册第 254、242、275、330、334、321、341、262、320、325、270、281 页，岳麓书社 2017 年版。

三、御史生涯

全新的历练

獬豸，是中国古代传说中的一种独角兽，相传獬豸体大者如牛，体小者如羊，身似麒麟，怒目圆睁。獬豸能辨是非曲直，识善恶忠奸，每当见到争斗，獬豸必以其锐角怒触无理的一方。古代执法者常在冠帽之上，饰以獬豸之形。陶澍成了御史，自然也戴起了獬豸冠，誓为国之獬豸。

御史一职，源远流长，作为监察官员，御史主要负责监督、弹劾百官。从东汉至元朝，御史多隶御史台。在御史之外，历代朝廷另设谏官，专司向皇帝进谏，劝谏天子的过失。御史督察百官，谏官规谏天子，两者各司其职，泾渭分明。然而，随着时代变迁，这道界限逐渐模糊。

自宋代开始，皇权日益强大，谏官的角色悄然发生变化。他们不再专注于规谏天子，而是转向了纠绳宰相的过失，进而弹劾百官，越俎代庖，担起了御史的职责。宋真宗时期，谏官正式获授监督百官的权力，自此之后，御史和谏官逐渐合流，史称“台谏合一”。

明代废御史台，改设都察院，监察御史改隶都察院。因为明朝另设六科给事中，监察六部，自此监察官分为两类，御史监察地方官，六科给事中监察中央官。给事中分为六科，每科对应六部中的一部，监察御史监察地方官，分为十三道（清代为十五道），是故御史和给事中合称为“科道”。清代雍正时将六科并入都察院，但都察院下，还是分设科、道，达成一种微妙的平衡。

明清时期，御史的主要职责是向天子揭发和弹劾百官的过失，但理论上他们保留了批评皇帝过失的权力。科道官员，亦被称为言官。明代言官经常猛烈抨击皇帝，令天子异常难堪。言官被视为天子耳目，有“风闻奏事”之权，这意味着他们可以根据传闻上奏，无需确凿的证据。尽管明清时期的皇帝经常打压言官，以打击党争的名义禁止随意上奏弹劾，因为儒家士大夫的风骨，“风闻奏事”的作风长期得以保留。

为了保证监察体系的活力，历代王朝统治者皆采用了一种巧妙的策略——“以小制大”。监察官员虽然可以弹劾高级官员，但他们自身的品级却相对较低。譬如明代，六科给事中和监察御史皆为七品官员。

皇帝的用心在于，如果用高级官员担任监察官员，他们在官场经营多年，利益关系错综复杂，与诸多大臣都有往来。在行使监察权时，难免“粘皮带骨”，甚至可能出现官官相护的情况。监察官员理应“风闻奏事”，哪怕是民间的流言也应当上奏朝廷，保证皇帝信息通畅。这种事让低级官员来做倒还无妨，若让高级官员随意汇报传闻，就会伤害他们的大臣体面。

更为关键的是，弹劾大员毕竟是震动朝野的大事。一旦弹劾失误，言官们也难免遭到贬谪甚至报复。高级官员历经千辛万苦才登上高位，自然不愿轻易冒险。而且，高级官员之间相互弹劾，无论哪一方获胜，都必然导致重量级官员倒台，容易加剧朝堂党争。

相比之下，低级官员则没有这些顾虑。他们官职低微，即便被罢免，损失也不大。反之，若冒险弹劾大员成功，就能一举成名，从默默无闻的小官僚摇身一变，成为声震朝野的“青天大老爷”。受到这种激励，使得他们弹劾大员的积极性极高。

随着历史发展，都察院不仅拥有监察权，还逐渐掌握了执法权、议政权。康熙曾说，御史是“柱下一星，列曜太紫”，其职责是“淬厉风裁，检齐霜纪，下饬官方，上参国是”。这句话源自中国传统的占星术，紫微星代表皇帝，而在紫微星宫附近的柱下史星，则象征着人间记录历史、纠正过失的御史。[1]

清代遇到大案，尤其是可能判处极刑的案件，通常会举行三法司即都察院、大理寺、刑部会审。这种制度设计，既体现了慎刑的理念，也显示了对监察权的重视。此外，都察院还可以参与议政，列席大学士六部九卿会议。这一变化，使得都察院长官不再是位卑权重的监察官，于行使检察权之外，还跻身国家最高级别的决策圈。随着职权的扩大，都察院官员的品级也水涨船高。清代都察院的实际主官左都御史为从一品，左副都御史为正三品。右都御史及右副都御使都作为虚衔，通常由总督兼任右都御史，巡抚兼任右副都御史，这一安排巧妙地赋予了督抚监察地方官的权力，同时也强化了中央对地方的控制。

都察院长官品流提升，十五道监察御史和六科给事中的地位也应随之提高，但为了保证“以小制大”，保证监察御史和六科给事中仍是“位卑权重”的言官，他们的品级提升并不多，给事中为正五品，监察御史为从五品。如此一来，科道仍是“风闻奏事”的天子耳目，仅仅是言官，而都察院的左都御史和左副都御使，不仅是言官的上级，还是司法官员和议政九卿，成了国家心腹股肱之臣。为了保证言官的纯粹，左都御史和左副都御史按例不能由下属的言官升任，应由六部侍郎转迁。为了回避亲属关系，三品以上京官及地方督抚的子弟，不得担任科道官员。[②]

陶澍在这样一个复杂的制度环境中开始了他的御史生涯。监察御史虽然不如在翰林院、詹事府的官员清要，但与皇帝的关系更加密切，更贴近实务。御史专纠劾百司，辨明冤枉，提督名道，为天子耳目风纪之司。凡大臣奸邪，小人构党，作威福乱政者，劾，实权不小。正常情况下，正四品以上官员才能上奏折言事，而监察御史是从五品就可以向皇帝上奏，容易得到皇帝关注。

陶澍从翰林院出来，改任有监察之职的御史，并于嘉庆十九年(1814)，补任江南道监察御史。此后除了担任乡试的考官，他历任陕西道监察御史，户科给事中，巡漕御史，吏科掌印给事中。他的差遣，要么是监察六部的官员给事中，要么是负责监察地方、漕务的监察御史。作为监察官员，要承担监督、参劾官员的责任，势必要对自己所监督部门的政务流程，官吏的政治规则，尤其是藏在水面之下的陋规进行调研。在监察的过程中，不但能为朝廷整肃吏治，更熟悉了具体的行政事务流程，了解了基层行政的游戏规则。从翰林到科道官员，这种履历使陶澍不但熟悉国家决策，更对具体的政务执行有丰富的经验。显而易见，嘉庆帝在晚年，在努力培养具有行政专长，能够代表朝廷整顿地方政务的青壮派官员。

身处这样一个复杂的制度环境中，既要承担起獬豸般明辨是非的重任，又要在错综复杂的官场中谨慎行事。这次出任御史，对陶澍而言既是难得的机遇，也是严峻的挑战。它不仅考验着陶澍的政治智慧，更是对他多年来潜心研究的经世致用之学的一次实践检验。无论如何，御史之职将成为他政治生涯中的一个重要转折点。

如何当好言官

嘉庆十九年，对于那些刚直不阿、不畏强权的“海瑞”式官员来说，是一个相对安全的时期，这与嘉庆皇帝的个性和经历密切相关。嘉庆还是皇子时，目睹了父亲乾隆在政治斗争中的狠辣手段，这段经历给他留下了深刻的印象，以致在亲政后，仍然心有余悸。

与其父祖不同，嘉庆并不热衷权力斗争。康熙、乾隆善于权力斗争，雍正则勇于权力斗争。相比之下，嘉庆更倾向于“守文为政”，是个相对宽仁的皇帝，他知道清王朝在乾隆后期国势大跌，不复往日的荣光。面对父亲留下的烂摊子，政治天赋有限的嘉庆，只能小心翼翼地扮演一个守成之君。在亲政初期，他倾向于重用那些勤勉但略显迂阔的积年老吏，生怕激进的大臣生事，把大清这个烂摊子给折腾散架了。

嘉庆的《守成论》清晰地表达了他的政治理念。他认为，后来的君王，才具往往不如开创之主，既然英明的祖宗已经制定了完备的典章制度，后来者就不要随意变更祖宗家法。他告诫那些激进的大臣，不要搞无益的创新，国家的法度不变就不会坏，频繁更改只会徒招祸患。在他看来，许多亡国之君就是因为不懂得守成而失败。

度过了青涩的执政初期，嘉庆一度也想有所作为。然而，他没有意识到，在中年之后，他早年所努力营造的一团和气的氛围，反而成了朝臣们变得颟顸琐屑的缘由。他的守成，实际上变成了故步自封。对于那些嘉庆初年已掌握大权的重臣而言，既然要一团和气，自然就要把那些不肯和气，想要做大事的人淘汰出去，如此方能天下太平无事。

嘉庆以为，他对大臣宽仁以待，朝堂上一团和气，正直清廉、持政公平的大臣就能脱颖而出，却不知若是想要有所作为，朝堂就绝不可能一团和气，国家有所兴作之际，必然有改革派与守成派的剧烈冲突，这就是所谓改革的阵痛。一团和气的局面，最终只能导致一潭死水。

嘉庆朝手握权力的大臣，有一个共同特点是吏务精熟，在定制的章程下，能兢兢业业地按既定流程完成本职工作，他们戏称这种工作作风为“依样葫芦”。但凡要触动他人利益，承担一定责任的事务，他们都会敬而远之，恕不奉陪。不负责任，不担风险，不做出头鸟，多一事不如少一事，是他们尊奉的原则。在一团和气之下，官员最关心的事务是捞钱，“三敬”“谢仪”“陋规”“耗羡”“浮收”，他们收得不亦乐乎，和气生财，是嘉庆朝吏治最好的概括。

对于那些不肯与他们“和光同尘”的官员，那些想办大事的“刺头”，他们自然会默默地将其排挤掉。但这是一群颟顸而懦弱的老滑头，他们在碌碌无为的政治氛围中游刃有余，自然不想，也不敢破坏这样的大环境。所以他们排挤他人，也只能用一些见不得人的鬼蜮伎俩，把他人调走或架空，却不敢像其他时期的权臣那样，杀个人头滚滚——他们都是懦弱无刚，没有血性的人。

州县的官员经过上级的调教，也大致如此，面对懦弱如羊的民众，他们自然是大肆收取“浮收勒折”，中饱私囊。而一旦遇上强有力的民间豪侠，敢纠合民众，暴力抗税，同这些官员“血溅五步”，他们也不敢镇压。反而因为害怕地方有了民变，导致自己有失察渎职的嫌疑，他们会刻意为这些抗税的人隐瞒包庇。贩卖私盐，走私鸦片都是嘉庆严厉打击的重罪，但只要你能武装上百人的走私团伙，敢和缉私的兵丁武装冲突，州县和军队就只能让你来去自如、视而不见。嘉庆一朝钱粮亏空极多，一个重要原因是“浮收勒折”太过，民众交不上税，就只好抗税。而既然已经抗税，就干脆一点都不交。若在雍正朝，地方官一定会使用武力勒逼这些抗税民众，而在嘉庆朝，地方官只能独自承担压力，向上级报备亏空，甚至有些懦弱的官员，会自掏腰包，填补府库的空虚。

正因如此，嘉庆一朝的政治，是一群圆滑的老官僚把持朝堂，竭力维持那一潭死水。新进大臣只要稍微有点激进，就会被他们赶走。倘若真出了一个不怕事的大臣，不是稍微激进而是极其激进，敢和他们展开既决高下，亦分生死的斗争，他们就会退缩，哪怕这个大臣推行的变革，损害了他们的利益，他们也只能忍气吞声，因为他们本就是胆小懦弱之人。在一个连党争都不见血的平庸年代，智者通常是落寞的，但勇者却是无敌的。

随着执政经验增加，嘉庆的思想也有所改变。他知道钱粮亏空的朝廷，需要整顿吏治，适当地局部变革。既然要整顿吏治，局部更革，就得放松对大臣的控制，让有风骨的大臣敢站出来。乾隆后期，为了堵塞言论，权奸和珅推荐的御史都是精力衰退、老迈平庸之人，以便他们在都察院缄默不言。为了开通言路，嘉庆规定御史不能任用过于年迈之人，即年龄不能超过六十五岁，这正是陶澍在监察御史的岗位上有所作为的机遇。

陶澍正是一个敢于斗争，善于斗争的人，作为理学的信徒，他的意志无比坚定。他的目标何其远大，只要给一点机会，他就会拼命推动他改变天下的主张。陶澍不但想办大事，而且善于办大事，他擅长调和人事，虽刚强却不鲁莽。他生平最擅长团结自己人，争取中间派，恐吓反对派，集结一切力量冲击懦弱的守成者。以宣南诗社团结同人也好，抑或提携培养湖湘晚辈也好，他都在默默地积蓄自己的力量。

陶澍也非常会观察时势，直到借助时势以成大事。嘉庆初年，国势尚可支持，嘉庆也无意更化，他的消寒诗社，就只聊点风花雪月。嘉庆执政十八九年后，国事渐不可为，天子也有意振作精神，有所兴作，陶澍的宣南诗社，就开始积极讨论经世之学。王焕錪在《陶文毅公年谱》中说，陶澍“虬髯山立，洪音瑰辩，遇事勤敢，不避嫌怨，廉而不刿，严而不苛”，他的诸多品质，决定了他是数百年难得一见的改革家。

陶澍对朝堂之上的情形洞若观火，他知道虽然从表面上看，任何敢出头的官员都会遭到排挤，但只要他足够激烈，那些压制贤人的权奸反而会退缩，于是在御史任上，他狠狠地参劾了好几件大事。

陶澍参劾的第一个人是个小官，新近补官的刑部安徽司员外郎张师泌，江苏巡抚张师诚后母所生的兄弟。陶澍为什么要拿张师泌率先发难？因为张氏兄弟的父亲张春苞，张师泌之母、张师诚的后母王氏都已年逾八十。王氏卧病在床，很多年不能行动，张师诚曾上奏称其后母“神气昏散，危在呼吸”，向朝廷请假回家侍奉后母。王氏是张师诚后母，张师诚尚且能尽孝道，而张师泌作为王氏所出，关切之情却不如兄长。生母病重，他反而在京师悠游自得，安心坐等补官。尤其在嘉庆十七年（1812），嘉庆下谕让张师诚回家为父母贺寿，张师泌却安坐京师，当时已引起物议纷纷。陶澍上任后立即弹劾张师泌不孝，“张师泌并非朝廷不可少之人，其官亦非不可离之官”，应立即回家侍奉生母，以正伦理，光大教化。[3]

陶澍弹劾张师泌，作为他就任御史的开门利市，显然是富于策略的。御史的第一封弹章非常重要，既要起到震动天下的作用，又不能初次弹劾就失手，还要借这次弹劾立住人设。儒家以孝为教化之首，国家以孝为治天下之本，张师泌的行为，虽不是贪赃枉法，然而违背孝道比违背国法更严重。陶澍作为御史的首次亮相，不是弹劾违法之事，而是弹劾失礼之事，充分体现了他不仅仅是一个官僚，更是以天下教化为己任的儒者。治天下首在治人心，按照传统政治理论，人伦教化是一切根本。吏治是一时之功，教化为百世之业，陶澍先谈教化而不谈吏治，彰显了他作为圣人门徒的自觉，不仅仅是一个治世的官僚，更是一个人伦师、天下师。经此一战，陶澍的立意和境界，就远远高出了其他胡乱攀咬大臣的言官。

张师泌不是高级官员，但他却是封疆大吏张师诚的同父异母兄弟，因他兄长的地位而为天下所知。陶澍通过弹劾封疆大吏的兄弟，起到了震动天下的作用。陶澍在弹章中既帮张师诚教训了不孝的兄弟，又宣扬了张师诚侍奉后母的孝义，将他的孝行宣扬天下。张师诚不但不会因此憎恨陶澍，反而对他心怀感激。后来陶澍奉旨巡漕，在江南大包大揽，几有越权的嫌疑，张师诚却投桃报李，坚决配合。陶澍在一些政见上与张师诚不和，比如陶澍支持海运，而张师诚坚持河运。在陶澍主持海运前，张师诚拼命给海运派捣乱，可是陶澍到任后张师诚就立即敛手，皆是这封弹章种下的因果。

大臣的基本修养

通过弹劾张师泌，陶澍立稳了人设，有了底气，就可以弹劾大员了。接下来，他将矛头指向了一个更加棘手的问题：河工滥冒。河工，指清朝负责维护黄河、运河水利的重大工程。作为一名精通水利的专家，陶澍在前往四川主持乡试的途中，就对河工问题进行了深入细致的调查。此次出手，自然直指河工之弊。

他在奏折中怒斥主持河工的官员，昏庸无能，徇私舞弊，肆意浪费国家的公帑。他指出，近岁河务废弛，每年糜耗国帑盈千累万，但河道的状况却毫无改善。而造成这种局面的根本原因，在于那些负责督办河工的官员玩忽职守。

这些官员事前“颟顸入奏”，夸夸其谈，吹嘘自己是河务专家，精擅水利。实际上，他们这样做只是通过大兴土木，为自己的升官虚造政绩。一旦上任，他们随意保荐私人，敷衍塞责，“虚应故事”。许多在有事时安坐不动之人，事后居然一个个出现在为河工出力的升迁名单之中。更有甚者，一些官员到任后就大肆收取陋规，贪墨国帑。

陶澍在奏折中痛心地写道，河工事关重大，不仅关系到国家的漕运，更关系到亿万百姓的土地、家园乃至性命，怎能如此轻视？他沉痛地指出，“国家数千百万有数之钱粮，岁填无底之河”，这样的流弊，什么时候才是尽头？

弹劾张师泌是一种策略，弹劾河工滥冒，则需要很大的勇气。陶澍在奏折里明确点了河道总督吴璥和河北道张裕庆的大名，河道总督为二品大员，河北道也是四品官，尽管御史可以“风闻奏事”，但河工牵涉的利益太多，积弊太深，陶澍此举无疑冒着巨大的风险。

清代每年用于河工的费用是一笔惊人的天文数字。在乾隆时期就已经达到三百多万两，到嘉庆年间更是高达四五百万两，然而用于河道维修的费用十不存一。乾隆时期，河道官员家产超过百万两的不在少数[④]。嘉道年间，按照冯桂芬的说法，河道费用每年真正开支不到一成，河道官员不到抢险时不拨款。[⑤]

在陶澍之前，已有不少官员指出了河工中存在的种种弊端，他们的批评，集中在两点。一是虚冒工程，在不需要修水利工程的地方冒开工程，或者根本就不开工，只是借此捞钱。二是偷工减料，用劣质物料维修河工，“止知扣克土方价值肥己，草率完工”。[⑥]不但如此，在采办建材物料的过程中，河道官员趁机勒索百姓，很多人因此倾家荡产，以至于死于勒索的百姓，比死于洪水的还多。[⑦]

清代的腐败，主要见于河工、盐务、漕运三大政，陶澍的参劾，也体现了他的政治眼光。他的弹章，除了按惯例批判河工贪腐，还指出了一种新型的腐败现象。嘉庆朝有一类官员，典型的如曹振镛，他们或者畏惧国法，不敢放胆贪腐。或者因为家境殷实不缺钱财，无须贪钱，他们只贪权。他们热衷河工，不是为了直接获取金钱利益，而是通过兴办河工虚造政绩，以此为升迁的依据。这些对水利一窍不通的庸官，假冒河工专家的身份，积极参与河务。在河工结束后，他们的收益不是金钱，而是让自己和一些与河工毫无关系的私人得到升迁。大兴河工，俨然成了他们结党营私的机会。[8]

可是要解决河工流弊，无异于对很多衙门剜心剔骨，又谈何容易。陶澍的奏折没能立马推动对河工的全面审查，但它成功地引起了天子重视，展现了陶澍的政治勇气和决心。

在接下来的一系列奏折中，陶澍展现了他作为一个成熟政治家的素养。首先，他向朝廷奏报了家乡湖南因旱灾歉收的情况，请求朝廷采取措施平抑物价，解决百姓的吃饭问题。这不仅体现了他以民为本的思想，也显示了他对桑梓的热爱。此外，他多次要求朝廷采取行动打击匪患，平靖地方秩序。这也是大多数循吏的作风。接下来，他又以一篇《参奏吏部重签之弊折子》，展现了他卓绝的政治才能。

明清两代，有资格当官的人远远多于实际的官职数量。这就导致了一个现象：衙门一个实缺，往往有好几个人在候补。那么，谁来补这个缺，或者说谁优先选择岗位呢？除了少数由皇帝亲自点名的官员，一般就交给吏部处理。

一开始，吏部的做法是对候补官员进行一次面试，根据他们的言谈、举止进行评估，挑选才德优秀者优先补缺。但这种铨选非常主观，吏部官员可以借机任用私人，甚至卖官鬻爵。万历年间，文选员外郎倪斯蕙创议“掣签法”，经吏部尚书孙丕扬奏准实行。“掣签法”，就是为了平息争议，干脆让候补官员抽签。抽到序号在前的，优先补缺，抽到序号在后的，就等下一次有了实缺再说。清代也沿用了这种制度。

清代有很多言官批评“掣签法”，他们认为抽签过程中仍存在人为操纵的可能，比如在竹签做记号，或者制作长短不一的签，让自己人根据暗号抽到靠前的序号，言官们调查到的作弊方法五花八门。然而陶澍没有抨击“掣签法”本身，这恰恰显示了他政治上成熟。因为他知道，任何制度都不可能十全十美，不可能杜绝所有弊病。言官不负责任，批评“掣签法”很容易，但哪里又有比这更公平的办法呢？他所抨击的，是“重签”制度。

“重签”是从嘉庆十年（1805）开始实行的一种做法。由于吏部是定期“掣签”，抽中的官员上任，未抽中的就等下一班一起抽。但总有一些官员因为各种原因在路途耽误，没能赶上原定的那一班“掣签”，只能等下一班。吏部借口给这些因不可抗拒因素而迟到的官员一次机会，或者借口上一班“掣签”出了事故抽错了，于是举行“重签”。“重签”的意思，就是不等下一班，这一班迟到的官员，以及之前“掣签”落选的人，合起来再重新抽一次签。

“重签”的问题在于，它打破了原有的公平性。正式“掣签”抽出的官员，按序号分为“签一”“签二”“签三”，“重签”的官员，则按序号分为“重签一”“重签二”“重签三”。抽完之后，“重签”的序号插入正式签的序列中，“签一”之后是“重签一”，“签二”之后是“重签二”。这样一来，“重签一”实际变成第二名，排在了正式抽中的“签二”之前。同理，“重签二”实际变成第四名，压过了“签三”，以此类推。

陶澍认为，既然有了“掣签”制度，就应该照章严格执行，不应给吏部任何灵活变通的机会。一次抽签，各安天命，不能借口抽签出错，或者有人迟到安排重签。若是允许重签，吏部想要暗中照顾的人，第一次签没有抽中，就可以借口有人迟到，或者第一次抽签出了问题，安排一次“重签”，这样该人就获得了两次抽签机会，甚至还可以给他安排多次“重签”。只要抽中“重签一”，他就凌驾于正式抽签的第二名之上，这是极不公平的。

陶澍提出，参与“掣签”迟到的人，安排到下一班即可，朝廷不查办他怠慢玩忽就算开恩了，为什么还要让他“重签”？抽签如果出错，那么要问责的是吏部主持抽签的人，怎能让他随便安排“重签”？这种做法不但不公平，而且留下了舞弊的空间。陶澍在奏折中申明了一个重要的政治原则，“立法期于画一。法不一，则弊窦丛生”。在陶澍看来，国家立法、执法，必须持正公平，不能随意开缺口，循私例，不管原有的法度有多不近人情，都不能给执法者随意变通的机会。重法度的执行，重程序正义，是陶澍的法制思想的高明之处。⑨

除了对“重签”的批评，陶澍还就地方吏治问题提出了一系列建议。他上过一篇奏折，题为《请端吏治之源折子》，又题《陈奏州县积弊折子》，对当时的地方吏治贡献了不少改进措施，颇为切中时弊，是认真审核地方吏治得出的心得。除了众所周知的官员贪腐、摊派、铺张，官员的亲随、胥吏、家人受贿等问题外，他另外指出了一些新问题。

比如，陶澍提议，新旧官员交替时，必须让前任解决了地方财政的亏空才能调离。当时钱粮亏空比较普遍，朝廷提拔官员时，并没有规定他们必须填补亏空后才能调任。这就导致新任官员一到任，就面临前任留下来的烂摊子，大量的钱粮亏空填补不上。如果他据实上奏，不但前任官员会受惩罚，上级衙门亦将背上失察的责任，甚至保举前任升迁的相关人员亦将受到连带处分。在这种情况下，上级衙门一般会逼迫新任官员，把前任的亏空认领下来，如若不然，就会设法将其弹劾罢官或者调离。这种做法会导致一个恶性循环，新任官员一旦认下了前任的亏空，自己就背上了巨大的债务，只能拼命勒索百姓来还债。即便他原本是清廉的官员，也会变成勒索百姓的赃官。所以陶澍建议，地方官在离任前，必须清空欠款才能调任。

陶澍奏报的第二项官场时弊，是“压荐幕友”及“滥送长随”，这两条其实是一回事。官员赴地方州县上任，为了处理政务，通常会雇佣一些钱粮、刑名师爷，佐理自己办公，称为幕僚、幕友。同时他们还会收一些“长随”，即仆役，一边伺候自己，一边负责日常杂务。

清代官场形成了一种惯例，州官县令到省城报到时，督抚、布政使都会给他推荐幕友、长随，既表现对属下的关怀，亦为自己亲友谋取职位，还能在地方上安插亲信。上级推荐的幕友、长随，下级官员一般不敢拒收，可是推荐的人太多，以至于州县官员还未离开省城上任，幕友、长随已逾百人。庞大的幕友、长随团队，既机构臃肿、人浮于事，又极难供养。州官县令为了养活这样庞大的私人团队，不得不大肆收取陋规，众多的幕僚、随从良莠不齐，很多又会趁机勒索地方，敲诈商民，诸多弊政皆由此而生。因此陶澍建议，应由朝廷下诏，禁止官员强行给下属推荐幕僚和长随。[10]

除了揭露官场弊病，悉心体察各个衙门的运行规则外，陶澍在这几年里还做了不少慈善事业。他在京师朝阳门外，与友人共同建立了“悦生堂”，专门收养老病残疾的人。每年冬天，悦生堂都收容百余人，为他们提供衣食和庇护。

陶澍的才学和品德得到了嘉庆的赏识，因而在嘉庆十九年（1814）被任命为甲戌科会试的同考官。此前他在四川，只是负责主持乡试，为地方选拔举人，而会试却是朝廷选拔贡士、进士的关键考试，责任极为重大。

陶澍当年为了参加科举，流落在京，备尝辛劳，所以对来京举子十分怜悯。他说这些举子，跋涉来都，餐风饮露，辛苦万端，然而很多阅卷的官员却一点也不认真。为了不辜负天下举子，他看卷子时都会认真细读好几遍，绝不轻易放过一份卷子。因为看卷子太过用心，他累出了病，得到友人唐鉴照顾才康复。

总体而言，嘉庆皇帝对御史陶澍的品德和才识都十分赞赏，但若是让他按照陶澍的建议去革除弊政，这个守成之君又疑虑重重。陶澍在监察御史的任上，真正发挥的政治作用不多，只能说已“简在帝心”。他做了几年御史后，又转任户科给事中，由从五品升任正五品。作为一个积极有为、以天下为己任的政治家，陶澍对他这段时间的言官生涯，恐怕并不满意。然而，在给事中任上，他终于赢得了一次大展拳脚的机会，以巡漕御史的身份，巡视江南漕务。

【注释】

①《钦定台规·第二种》第 13 页，海南出版社 2010 年版。

② 刘社建《清代监察史》第 72 页，上海人民出版社 2019 年版。

③⑧⑨《陶澍全集》第 1 册第 9、10、14 页，岳麓书社 2017 年版。

④ 欧阳兆熊、金安清《水窗春呓》第 42 页，中华书局 1984 年版。

⑤ 冯桂芬《校邠庐抗议》第 77 页，中州古籍出版社 1998 年版。

⑥ 田文镜《抚豫宣化录》第 259 页，中州古籍出版社 1995 年版。

⑦ 吕星垣《复张观察论工料书》，见《魏源全集》第 18 册第 532 页，岳麓书社 2004 年版。

⑩《陶澍全集》第 1 册第 20、21 页，岳麓书社 2017 年版。

四、巡视南漕

漕运之弊到了非改不可的时候

根据《说文解字》，“漕”，其字义为“水转谷也”，即利用水道转运粮食。在中国古代，漕运主要指朝廷将征收的粮食，水运至京师或特定地区，以供养皇室、贵族、朝官、边军乃至京师黎民。

零星的漕运由来已久，大规模的漕运则始自秦汉。秦汉时期，朝廷主要将在河南征收的粮食水运到首都所在的关中，漕运多在北方地区内部周转。魏晋之后，中原人口大量南迁，长江流域尤其是东南地区的经济得到开发，南方的物产已逐渐追及中原。隋朝开凿京杭大运河，将东南的粮食转运到西北，开南粮北运之先河。

晚唐德宗时，关中饥馑，连保卫京师的禁军都断了粮饷。禁军士兵蜂拥街头，摘下头巾高呼：“将我们关在军营里又不给饭吃，难道我们是罪犯吗?”眼看兵变在即，唐德宗吓得魂飞魄散。幸好在浙江的镇海节度使韩滉将三万斛米运抵关中，德宗抱着太子喜极而泣，说“米已至陕，吾父子得生矣”。

及至北宋，经济重心逐渐南移，南方农业发展水平已远超北方，但政治中心京师仍在北地开封。由于京师重地供养了庞大的皇室、官僚机构和中央军，朝廷的运转日益仰仗南方的粮食和物产。通过运河将南方物产北运，既可减轻北方地区财政压力，维系中央政府运转，亦可沟通南北，在经济上防止南北分裂。

宋朝经运河运往北方的漕粮，宋真宗时已臻七百万石，到了宋仁宗登基，更高达八百万石之巨。元朝官僚机构简单，制尚简朴，加之北方驻军寥寥，河运规模骤减。而且元朝航海规模较大，南方的物产多循海道运抵大都，经运河输送的漕粮不多。明朝肇始之际，京师位于南方，取食于本地，南粮北运的规模亦不甚大。成祖迁都北京后，漕运规模渐次扩张，后来逐渐稳定到每年四百万石。清朝漕运规模与明相当，岁抵京师的漕粮约四百万石。

漕粮主要来自向农民征收的赋税。历代田赋多以实物税即粮食为主，明朝张居正变法后，赋役折银，田赋以征收货币税——银钱为主。朝廷征得货币税后，需要粮食，再用银钱到市场上向商人购买粮食，或以盐、茶的专卖资格同商人兑换粮食。为防紧急情况下，仅靠民间市场无法供养充足的粮食，明清两代在征收白银之余，仍保留部分粮食征收。

清朝自雍正实行摊丁入亩之后，将丁银取消，分摊到地税中，统一征收地丁银，这是清朝财政中货币收入的大宗。但同时，清朝征收部分实物税，如米、麦、豆、丝、药材等，其主体为粮食。理论上各省俱有征粮，然而因为很多省份粮产量不足，所征粮食就留在本省，供本省支用。只有八个省份要将漕粮转运到京师，这八个省是山东、河南、江苏、浙江、安徽、江西、湖北、湖南，承担漕粮的主体是南方诸省。八省的漕粮运抵通州后，一部分存放于通州仓库，称为改兑米，一部分继续北上，运往京师仓库，称为正兑米。

漕粮是明清中央政府手中最大的一笔实物收入，亦是维系京师正常运转的物资。在清代，漕粮的主要作用是供养旗人和官员，其中八旗子弟的甲米占了最大份额。一般情况下，宗室贵族及其荫袭的官员每岁支取禄米一百万石，八旗中的官员支取禄米十二万石，普通八旗士兵支取甲米一百七十五万石，加上供养旗人中的鳏寡孤独，总共消耗漕粮三百万石。此外在京的汉人官员每年支取俸米一万七千九百七十七石。剩余的漕粮，存储于仓库中，紧急时刻用于赈灾和平抑京师粮价。运抵京师的粮食，除了普通米粮，尚有九万九千石“白粮”。“白粮”即糯米和白粳，在苏州、常州、嘉兴、湖州、松江五府征收，专供皇室使用。[①]

一千多年来，无数的粮食、丝绸、陶瓷在龙脊之上川流不息。大运河不仅是国家的经济动脉，更南起钱塘江，北至通惠河，将中华大地上的山川湖海相连。它不仅沟通了中国地理上的分界，更在民族心灵深处，渗透着南北一统的国家认同。运河滔滔，水道延绵，大运河从隋朝流淌到清朝，从淮左风月流淌到燕北苍茫，然而，玉走金飞，物转星移，到了明清时期，这条曾滋养华夏生命的巨龙，亦难逃颓败之劫。运河被黄河倒入的泥沙淤堵，沿岸水利几近废弛，那延绵千载之河运风华，如同迟暮的美人，芳华褪尽，空余沧桑。

迨至嘉庆年间，尤其是陶澍生活的道光年间，清朝漕运制度已经弊病丛生，难于为继。由于大量官员、胥吏、兵丁的贪腐，陋规盛行，致使漕运效率每况愈下，开支与日俱增，百姓承受的负担日益加重，京师每年收兑的漕粮渐趋减少，漕运制度到了不得不改革的时候了。

漕运的腐败，首先表现在漕粮运送过程中，负责管理的官员、胥吏会对漕船及押送漕粮的运丁肆意敲诈勒索。运丁在运送漕粮时，首先受到领运官和押运官的盘剥。领运官，顾名思义，乃是率领运丁运送漕粮的官员，亦即运丁的直接上级，通常是守备或千总这类武官。领运官平日会克扣官府发给运丁的薪水和津贴，即漕项和津运。

漕运行业的敲诈勒索颇为讲究，领运官一般先假装给予运丁一点好处、利市，然后让运丁以回礼的形式上缴财物。漕粮起运前，领运官会大办酒席宴请运丁，甚至还请来戏班子唱戏助兴，继而在宴会上向运丁索取“分金”。有的领运官甚至会唆使手下仆役买烟散给运丁，随后再勒索回礼。漕船行至水浅处，为了防止搁浅，需要起拨。起拨就是将漕船上的货物用小船转运到岸上，以减轻漕船吃水，待漕船通过水浅的河段，再将岸上货物装回。遇到起拨，领运官会向运丁索取拨规礼，甚至运河水势充足无须起拨，他们也会为了敛财强行起拨。此外他们还会巧立名目，设立饭米银、篷税银、沿途贴印花银、装带土宜银等项目敲诈运丁。漕船起运一次，领运官可以在一个船帮的数十条船上敲诈到数百两银子。[②]

押运官是州县派出押运漕船的文官，一般为各府同知或者通判，称为总运。押运官比领运官操守稍好一点，押运一次只敲诈运丁一百两银子左右。除了领运官、押运官，他们的家丁书役，船上的小头目如丁头、伍长都会对运丁进行盘剥。

运河之上，清廷设有众多关卡、闸坝查验漕船，这些负责在沿途盘查催攒的漕务官员，亦设下诸多陋规。比如水浅处，往往有官员监督起拨，收取“起拨费”；遇到暴风雨或者黑夜需要停船，监督的漕委必定收取漕船的“收帮费”；漕船无法通过的路段，需要雇佣纤夫拉纤，除了付给纤夫报酬，尚需向漕委支付“闸坝费”。从江南至山东济宁，共需通过二十处闸坝，每条漕船需要支付费用四五万文铜钱，而从清江闸到杨家庄，仅仅三闸五坝，竟然需要支付铜钱八万乃至九万文。[③]

清朝的地方制度承袭明代，理论上地方最高行政长官是一省的布政使和按察使，称为藩司和臬司。总督与巡抚，在明初时是代替朝廷巡视地方的大员，多是因军事或庶务、重大事件而临时差遣，事毕即撤销，属于京官而非地方官。然而日积月累之后，督抚长驻地方，不再撤销，成为常设官职，且权力凌驾于布政使、按察使之上，成了真正的地方最高长官。

尽管清代的督抚已是实际上的地方最高官员，但因其起源是朝廷外派巡视官员，故而形式上仍不被视为地方官。亦因督抚理论上是临时差遣，所以没有正式的官印。正式的官印是方形，而督抚的钤印是长条形，不称印而称关防。同时，既然督抚是巡视地方的京官，理论上不需要负责地方具体行政，所以在地方上没有下属官员，州县官员是布政使的下级而非督抚的下级。

理论虽然如此，但实际上清代的督抚就是事实上的地方最高长官，需要负责具体事务，必须有下属官员佐理其行使权力。既需要下属，又没有官方指派的属官，清代的督抚只能自行聘请幕僚协助办公。这是清代幕府非常发达的缘由，亦因此很多督抚的幕僚，虽然并非正式职官，权力却凌驾于州县官员之上。最著名的莫过于陶澍的亲家，名臣左宗棠，他在湖南担任巡抚骆秉章幕僚时期，对湖南的州县官员和武将呼来唤去，如同使唤下属。

淮安漕督衙门，同样如此，由于其长官是漕运总督，总督没有下属官员，所以在漕督衙门佐理其办公的，皆为临时聘请的幕僚、书役、胥吏。官员在政治上有前途，很多为了博取好名声，不一定贪墨钱财。而书吏之流，因为没有升官的可能，只能以发财为追求，相比正式官员尤为贪婪。长江流域的所有漕船北上，都需要经过漕运总督驻扎的淮安，淮安漕督衙门书吏的勒索，是每条漕船都无法避免的。

乾隆年间，过淮安接受盘查，每个船帮需要缴纳陋规百余两，到了嘉庆年间，陋规浮费已攀升至五百两。[④]漕船通过层层盘剥抵达通州交粮，负责查验的通州仓场衙门和坐粮厅的胥吏差役，以及负责验收的经纪，都会收取大量的陋规如科房、漕房等，每条船至少要孝敬一百两银子。

运丁面对各级漕务官员以及他们的胥吏书役自然是弱势群体，只能乖乖掏钱。但他们转过身来，就会把这笔庞大的陋规费用作为帮费转嫁给地方，地方再转嫁给农民。时人评价这些运丁说，他们到了淮安漕督衙门，立刻老虎变成老鼠，“首尾帖然”，返回江南后，“则玩易官府，欺凌民船，霸道横行，莫敢正视”。

自乾隆后期开始，地方为运丁补贴帮费逐渐成为官方许可的行为，帮费的数目也逐年增加，到了道光年间，每艘漕船需要补贴的帮费已经高达八百两。除了正常的运费，运丁的薪酬、津贴之外，平均运送一石漕粮，还需额外补贴白银一两三钱以上，按东南的米价，已经可以再买一石米。

漕粮除了在转运中因腐败而产生大量的成本外，本身在征收中也存在诸多弊端。地方官在征收漕粮时，常以损耗的名义加征农民的粮食，更设立了一大堆用来补贴地方财政亏空乃至用于官绅自肥的附加税。州县官员，每年向知府和粮道输送的“漕规银”，根据当地经济水平的差异，数目在数百两至一千两之间。除了朝廷正式职官，他们雇佣的胥吏也大量借征收漕粮敲诈粮户，侵吞漕粮，乾隆时期句容县的书吏，每年侵用漕粮八百石，而该县的漕粮总数才一万一千多石。陆世仪曾言，“朝廷岁漕江南四百万石，而江南则岁出一千四百万石。四百万石未必尽归朝廷，而一千万石常供官旗及诸色蠹恶之口腹”，即朝廷每年征收四百万石漕粮，江南民众实际缴纳了一千四百万石，其中一千万石被各级官员和胥吏、士绅吞没。[⑤]

因为衙门的胥吏较少，很多漕粮的征收不得不请地方的士绅代办“包揽”。这些地方士绅亦借机从中渔利，有良心的仅缴纳自家应该上缴漕粮的八成，其余二成分摊给普通粮户，至于缺德者则借机“浮收勒折”，中饱私囊。

优秀改革者的三个特质

嘉庆二十年九月，陶澍以户科给事中的身份巡视江南漕务，嘉庆给他下了一道谕旨："巡视淮安漕务，着陶澍去。"熟悉清代掌故的陈康祺记录说，陶澍巡漕之前，去向嘉庆请示，刚入宫殿侧门，嘉庆就对他说，让你去巡南漕，因为你尚有良心，肯说几句正经话。嘉庆对当时的朝政非常绝望，他任用陶澍，自然是看到了陶澍是臣子中少有的正直良心之士。陶澍亦作诗记录了这件事，"臣毋作伪心常凛，帝许能言梦转惊"[6]。

巡视江南漕务，首要职责是催促监督漕粮的运输，所谓催趱稽查、安流利运，其实就是代表皇帝巡视漕务，督促漕粮尽快尽多北运。按清代的制度，巡视漕务的官员是代替天子巡视的钦差天使，无论之前的官职大小，到了地方一律享受总督同级待遇。也就是说，尽管陶澍本身只是户部给事中，但他巡视漕务时，与河道总督、漕运总督地位相当。

是年十月，陶澍抵达淮安清江浦的河道总督衙门，与时任南河总督黎世序会见。淮安是漕运的中心，所以负责漕运的漕运总督衙门，以及负责运河河工的南河总督衙门皆设于此处。尽管陶澍只是正五品，南河总督是正二品，黎世序仍然以平级官员的礼节接待陶澍。虽然已有整顿漕务的腹案，陶澍却不慌不忙，先在淮安大宴宾客。他与黎世序，以及两江总督张百龄、漕运总督李奕畴觥筹交错，诗酒唱和，相处颇为融洽。

陶澍此行，意欲借巡漕之机大展拳脚，狠狠地整顿漕运之弊。虽说理论上巡漕御史代天子巡狩，履职期间与南河总督、漕运总督平级，但他一个临时下派的小小京官，若是得不到这些树大根深的地方实力派支持，是无法得逞其志的。陶澍在淮安的一番交游，在不违背道义和为官底线的前提下，协调了他与几位总督的关系。

黎世序是一身正气的治河名臣，非常欣赏陶澍这样有志向、有手腕的后辈。

张百龄是个贪官，他在赴任湖广总督的路上，放纵其妾弟任二向附近州县勒索财物，收了很多紫檀家具和玻璃器物，征发民夫二千人才搬走。张百龄遭到弹劾后，让任二扛下了全部罪责，因而逃脱死刑，被流放伊犁。因为是汉军正黄旗人，是皇帝的自家人，嘉庆后来免了张百龄的罪责。张百龄贪钱，却更贪功，是个能任事的贪官。他在两广总督任上，大力征剿海盗。当时广东洋面，有一个至今活跃在影视剧中的著名海盗张保仔。清政府多次派兵征剿均遭失败，虎门协副将林国良、总兵许廷桂阵亡，参将林发、水师提督孙传谋战败。张百龄到任后，改以封锁海面、断绝粮草，禁船出海、杜绝接济的办法，逼得张保仔非常窘迫。张保仔曾出三十万两白银贿赂张百龄，遭到拒绝。张百龄贪钱，但有机会做大事、立大功时却能忍住诱惑，绝不含糊。张保仔被逼到绝境后，张百龄乘坐一叶小舟，带着十来个仆从单刀赴会，深入海盗巢穴，说服了张保仔投降。

陶澍为了拉拢张百龄，称赞他是不动声色、稳如磐石的大臣，是如同东晋陶侃、宋代韩琦一般有英谋硕画的大贤。张百龄见陶澍为人颇为讨喜，又富有方略，就压住了贪腐的念头，襄赞陶澍办事立功。

李奕畴见他能代天子巡狩，将来必定前途远大，加上为人颇为识趣，也愿意配合催漕。江苏巡抚张师诚，此前因陶澍宣扬他的孝行，承了很大人情，亦愿意大力支持陶澍，勒令州县官员不得掣肘。陶澍在淮安宴饮数日，表面上看起来耽误了时间，然而他因此得到了几位重臣的支持或默许，接下来整顿漕运，反而更见其速。

陶澍严令，前一年运送漕粮到北方的漕船，收兑完漕粮后，务必在冬季黄河枯水期到来之前，全部回空返还江南，以保障新一轮漕运的运力，结果漕船基本在嘉庆二十年的冬月廿八以前抵达江南。陶澍又催促各处州县，加紧交兑、检验漕粮，尽早装船，以便漕船在来年黄河涨水前能够启程。在他的严厉督办下，江南漕船悉数于嘉庆二十一年六月廿八日以前渡河，抵达山东。

清代漕运的定额是每岁四百万石漕粮，然而由于漕务废弛，多数时候仅有三百多万石漕粮运抵京师交兑，甚至有的年份只有二百余万石能抵京。陶澍巡视漕务这年，总计向京师运送了五百多万石漕粮，为清朝历年之最，足见其行政能力之卓著。

他催趱漕运顺利，首先在于他敏锐的眼光，以及长期的调研，洞悉了漕运的主要问题。多数科举出身的官员，入仕前是读圣贤书的学者，擅长的都是务虚的学问，入仕后只负责大方略的拟定，具体的吏务交由幕僚、书吏处理，从不深究具体的行政技术，他们很难发现吏务中潜藏的流弊。陶澍是经世致用的书生，入仕前就对水利、盐务、河工、农桑、食货、刑名有深入的研究，入仕后又悉心观察政务的具体运作，对漕运中的各种陋规了如指掌。

巡漕时，陶澍发布的《巡漕告示》是一篇非常经典的“经世文章”，很难想象，一个科举出身的清要文官，可以将漕运中的各种陋规调查得如此全面深入。陶澍在《巡漕告示》中，详细列举了各级官僚、胥吏敛财的方法，并宣布将其一并革除。这些漏规的革除，不但减少了贪腐，降低了漕运费用，更提高了漕运的速度。[7]

《巡漕告示》指出，漕运的惯例，是在水浅处需要起拨，胥吏为了敛财，常常扣押载货的船只，不给钱不让他们起拨，导致漕船不能及时起拨，辗转耽延。陶澍查禁了这种“扰累剥船”的行为，漕船运输速度就加快了。

又如清代漕运的惯例，漕船远涉江河，沿途恐有事故损坏船只，所以准许漕船随船携带一些木料，用于临时维修，最常见的就是护木。因为这条规则的存在，携带木料成了运丁牟利的一种手段，他们往往将南方的大木料，以护木的名义，运载到北方贩卖。陶澍催漕时严查违规携带木料，对江浙的漕船监察尤为严格。木料既大且沉，严重拖累船速，更因大木料伸出船舱，容易造成漕船碰撞事故。减少木料的夹带，漕运的效率就提高了。

漕船的领运官和押运官，既为领运、押运，本当身先奉法，与运丁同甘共苦。漕船上为领运官和押运官设立了官座，然而这些领运官往往不肯随船领运，他们会在漕船之外，另外准备一艘舒适的花船乘坐。押运官更不愿意与武官同坐，时常准备一条风雅的座舟，随船带上厨师仆役，骄奢淫逸。运官这些奢侈享乐的经费，自然是靠盘剥运丁和吞没运费而来。更重要的是，这种行为，会极大地拖累船队的航行速度。陶澍催漕，不但取缔了运官随队的私船，自己也带头乘坐漕船，以身倡率，力敦简朴，行船速度和运输效率大增。

此外，陶澍还发现，运丁以酒色结交官长的家人、书役，是故漕船经常无故停泊在繁华的市镇，聚众赌博宿娼，这也是漕运缓慢的原因之一，他对此出重拳进行打击。此外，漕运过程中常见的陋规，陶澍将其总结为几类：催漕委员勒索使费，在漕船过闸和雇佣纤夫时需索费用；运丁的小头目克扣运丁粮饷、勒索运丁财物；领运官、押运官在向漕运衙门投文时，胥吏向投文的差役勒索贿赂等等。陶澍在获得漕督、河督的支持后，严禁各种陋规的索取，使漕运的风气大大好转，运转效率也得到提高。

在整顿漕运时，陶澍体现了比其他官员更知悉人心的高明之处。往常整顿漕务的官员，总是将漕务之弊归结于各级官僚、胥吏，将运丁视为受害者，将他们沿途敲诈勒索地方、惊扰过路商船，看作是为了上缴陋规而不得已的行为。陶澍却觉察到，运丁的各种敲诈勒索，固然有一部分是为了向上官缴纳贿赂，但很大部分也是借机为自己敛财，他们的敲诈勒索不完全是被动、被迫的。大鱼吃小鱼，小鱼吃虾米，一级敲诈一级，甚至越往下越凶狠，受害者面临更弱者，比欺凌他的人更凶残是当时社会的常态。陶澍深知于此，因此他在整顿吏治的同时，也狠狠地整肃了运丁的作风，取得的成效自然非前人可比。

陶澍能够在巡漕时大包大揽，大刀阔斧地整肃风纪，除了他勇于任事、廉洁自律之外，还在于他有高明的政治手段，能够游刃有余地协调各种人事关系，在整肃的同时，恩威并施，不至于激起大规模的反抗。

在拿走某个阶层一部分利益的同时，陶澍亦设法给予他们一部分合理合法的补偿，或者设法减少他们的一部分开销。实在没办法，不得不让一部分人失利的同时，他会设法让另一部分人获利，以一派支持者来对付另一派，这是改革者减少反抗的必然手段。陶澍整顿漕运时，尽量让某一个群体失去的利益，成为比他们低一个层次的群体新增的利益，如此上下传导，最后真正失去利益的只是一个很小的群体。

比如他禁止运丁敲诈商队、地方，禁止他们携带走私货物、停靠市镇，这使运丁的收入大减。但同时他又严令禁止运丁的上级，亦即粮头、伍长克扣运丁的粮饷、津贴，禁止押运官、领运官勒索运丁及放纵家奴作威作福，这大大减少了运丁的开销，部分抵消了运丁的损失，抚平了他们的怨气。运丁的上级不能敲诈勒索运丁，遭受了一定的损失，但陶澍又禁止了漕运总督衙门的胥吏书役勒索领运官、押运官，同样减少了他们的开支，相互抵消。到最后，有严重损失的只有漕运官员的家人、吏役。然而，这些人依附权力而生，只能蒙蔽上官获利，却无反抗上官的勇气，不像运丁、粮头在衣食无着时，被逼急了会聚众反抗。既然如此，损害这群人的利益就不会引发社会动荡，陶澍作为钦差，打击这一小撮人自然不在话下。

除了利益上的重新分配，陶澍熟知人性，对各阶层的人采取了不同的交流手段。对于底层的运丁，他严格管理的同时，又安抚体恤他们的辛劳；对于管理运丁的小头目，有几分奸猾的帮弁，他以权势、法度进行威慑，迫使他们收敛起自己的贪婪；对于州县官员，他赏罚分明，实行激励政策；对于督抚大员，则以情谊动之，以公义激之。他在给贺长龄的书信里总结自己的经验说，“于帮弁则威之，以戢其贪心。于舵丁则齐之，以恤其甘苦。于州县则奖其劳，而惩其玩。于大吏则开以诚，而示以公”。对不同人等分而治之，这是他的老辣之处。⑧

除此之外，他自己清廉自守，以身作则，也是他取得成功的原因。很多巡漕的御史，要么自己贪腐，要么无法约束自己的亲随、家人，最后搞得声名狼藉，只能与其他人同流合污，无法整顿漕运。陶澍不但自己不收取分毫陋规，还严厉地约束家人仆役，“家人吏役，一步不许擅离”，将他们都置于自己的视线内，无法与人私下勾结。很多狡猾的胥吏，经常以仰慕上官为名，求取官员的题字、赠诗、赠联，然后拿出去冒充官员的亲随招摇撞骗，借势从中渔利。为了防止有人用他的笔墨出去狐假虎威，除了正式公文，他“一笔不肯假人”。⑨

陶澍巡视南漕的成功，体现了他作为一个优秀改革者的几个特质。首先是洞察力：他能从一片混乱的漕运事务中，理出头绪，找到问题的利害所在。他不仅注意官吏的问题，也注意到了基层运丁的行为。他不被既有的观念所束缚，而是能考察实际情况后，再针对性地做出决策。其次是系统性思维：他不是单独解决漕运系统中某一个问题，而是从整个漕运系统的运转进行全面整顿，敢于打破常规，采取新的方法来解决问题。最后，“其身正，不令而行；其身不正，虽令不从”，陶澍能够以身作则：他不仅制定规则，还亲自示范，这种办事方式有效地树立了威信。

这次巡漕，陶澍在江南声名鹊起。张师诚称赞他“宅心磊落，办事和平”，张百龄赞扬他“通达政体，晓畅机宜”，他的湖南同乡唐仲冕更是惊叹，说你来巡漕不过才两个月，竟让大江南北，歌颂的声音交相迭起，这是有什么样的本领才能够如此啊？[10]嘉庆在漕粮抵京后，表彰陶澍此次办差，夸奖他办事得体，漕船速度很快，“又妥帖，又安静，办得甚好”。

陶澍是一个掌握了政客手腕的天才政治家，他的女婿胡林翼在这方面就继承了他的精髓，相反他的亲家左宗棠、湖湘晚辈曾国藩，在政治手腕方面，就要逊色得多。

在中国古代，想要有所作为的官员，不但要有卓绝的治理能力，还需要能够把握人心，引导舆论。陶澍精明过人，自然亦深谙此道。在督促漕运的过程中，一个看似偶然的事件，却成为他展示政治智慧的绝佳舞台。

嘉庆二十年农历十月，他督催送完漕粮的空船回江南，路过高邮湖、邵伯湖时，遇到了一股突然袭来的寒流，湖面封冻，船不得行。江南在农历十月还是秋季，按理不会有寒潮封冻，这其实是当年坦博拉火山爆发带来的寒潮。秋季天降霜雪阻挡漕船，在迷信天人感应的古人眼中，是上天因为人间的冤屈而震怒，是天神为阻挡失德官僚而设下的阻碍。如果处置不当，很可能会让陶澍丢官，甚至影响到嘉庆的风评。

精通农桑、水利的学者，一般也对气候规律有所认识，陶澍当然知道，即便遇到大的气候变迁，秋季气温持续走低，但冰点以下的寒潮，亦不可能持续太久。熟知人性的他，决定运用迷信的手段，来影响舆论，为自己和天子博取名声。

邵伯湖畔有一座露筋祠，供奉一个为保贞洁不见陌生人，夜晚不肯到村落投宿，露宿野外被蚊虫叮咬，结果露筋而死的烈女。康熙皇帝曾在康熙四十六（1707）年，为露筋祠御笔亲书“节媛芳躅”四字匾额，乾隆皇帝下江南亦两次亲往露筋祠拜谒。既是皇帝认可的贞烈祠，陶澍便备下三牲祭品，亲自到露筋祠向神女祈祷，恰在此时天气回暖，湖面解冻，陶澍就宣布这是他的精诚感动了天神，为此还绘制了《漕河祷冰图》，写了一组诗题为《漕河祷冰图八十韵》。

在古代社会，这样的“神迹”往往能够引爆士林和民间的议论，也是能让天子欣喜若狂的“祥瑞”。陶澍将他这段经历绘声绘色地写在了奏折上，呈给嘉庆皇帝，嘉庆果然龙颜大悦。按照中国古代天人感应的传说，只有贤明而正直的大臣，才能感动天地，沟通鬼神，只有圣明的君主在世，才会得到正神的庇佑。陶澍得到露筋神女相助，岂不证明了嘉庆是圣明的天子，而陶澍就是应命的贤臣？嘉庆看过奏折后，下旨赐封露筋祠为贞应祠，并拨款重修祠堂。在嘉庆的嘉奖下，陶澍感动神灵的故事传遍天下，再加上宣南诗社的友人并推波助澜，写诗唱和者多达数百人。这一段炒作，也是陶澍后来能够快速升职到督抚的一个原因。

陶澍能够想到以神灵幽冥之事来树立威望，取信皇帝，一方面是他出身于湖南安化，受当地神秘的梅山巫傩文化影响，对于各种装神弄鬼的手段耳濡目染。另一方面也在于他对嘉庆皇帝迷信的作风非常了解。陶澍巡漕前两年，天理教徒勾结紫禁城太监，攻入了大内禁宫，皇次子绵宁拿起火枪，击杀了翻墙越过的天理教徒，震慑了一干人等，坚守到了大军的驰援。嘉庆后来问儿子为什么在紧急关头如此沉着，而且枪法突然变得出神入化，绵宁假称是关圣帝君显灵，上了他的身，自然厉害。嘉庆为此将平定此次变乱的功劳归于关帝，还给关云长加上了“神勇”的封号。绵宁因为传说得到关圣帝君的青睐，从而巩固了皇储之位。陶澍知道这件事，自然会对嘉庆的迷信加以利用。

陶澍其实是一个不信鬼神的人，他的幕僚魏源就写过这样一件事，陶澍在任川东兵备道时，当地人传闻兵备道的道府风水不好，为鬼神惊扰，不利于官员，历来的官员都不住兵备道府。陶澍却不信这个邪，坚持住了进去。他在道府中独居很长时间，安居无恙，民间的传闻就停息了。[11]从魏源的记载看，陶澍平生为人，是不迷信的，但他巡漕时祭祀神女，又将此事写进了奏折，显然是对信鬼神的嘉庆的一种迎合。

陶澍这一举动，在现代看来是不值得效法的，但在当时复杂的政治环境下，却是一种高明的政治手腕，不仅解决了陶澍当时的困境，还为他赢得了皇帝的青睐和民间的支持。

陶澍熟知官场上的各种阴谋诡计，故在官场上游刃有余，无往不利。但和奸臣不同的地方在于，奸臣是用这些阴谋诡计谋私利，而陶澍运用“阴谋诡计”，却是为了更好地为朝廷、天下办大事，大臣和奸臣的区别，不在其手段，而在其本心。

成为朝鲜诗人的偶像

陶澍巡漕回京这年，是嘉庆二十一年，公元 1816 年，亦是北半球的无夏之年。

陶澍在江南的时候，觉得四季流转似与往常无异。江南闲花落尽、片片飞红，晚日低霞、晴山远画，正是初夏的好时光。

但在他六月回到京城时，却发现气候极为怪异，京城天气骤然变冷，寒风侵骨，冷气凛然，人们穿着厚衣服依然瑟瑟发抖。京城民众最初不以为意，以为这不过是倒春寒的余威，孰料到了六月仲夏，听京外回报，江西、安徽一带霜冻为患，云南竟然飘起了滂沱大雪。京师的人经常半夜在床上被冻醒，达官显贵开始穿起裘衣御寒。

夏季持续的寒冷耽误了粮食和木棉的种植，加上秋季的洪水，粮价在这年迎来一个高峰，一些地方引发了饥荒和动荡。

此情此景，陶澍不禁想起《诗经》中“北风其凉，雨雪其雱”的诗句。时令的反常，仿佛上天对人间的警示，漫天的乌云，仿佛预示着即将到来的更大挑战。陶澍心中不免忧虑重重，他深知，这非同寻常的天气变化，不仅影响百姓生计，更可能引发社会动荡，考验朝廷的治理能力。

陶澍离京巡漕之前，曾给嘉庆上过一个折子，为平靖地方的匪乱进言献策。这封辞藻雅正、情辞恳挚的奏折，提议皇帝改革保甲制度。据陶澍说，清朝平常施行的保甲制，在城市执行尚好，在农村则徒具虚文，甚至祸害民众。

农村保甲所立的保长，一保管辖数百户乃至上千户，加之农民居住较为分散，保长很难约束民户。若是保长管理能力不强，保甲联防的制度就流于形式。尤其很多地方充任保长的多系无赖，经常借端生事，甚至包庇盗贼，为害良民。陶澍建议，应当选择家资殷实、品行端方的人任保长，而且要适时给予奖励。倘若保长真能维护好地方秩序，保障乡里安宁，其功劳当远胜衙门里的书役胥吏。能兢兢业业当满五年保长的，可以考虑赐他们一个充任小吏的机会，平日的工作也应根据考核，发放花红奖金。

嘉庆帝阅览此奏，认为乡野愚民，岂能通晓行政事务，充任小吏？他不屑地批示道，该御史所奏，“迂阔不可行，原折着掷还”。[12]孰料过了一年，天灾来袭，嘉庆担心地方动荡，不安分的流民煽惑起事，又想起陶澍的提议，于是开始严立保甲。只不过陶澍的提议是让老实厚道的人来当保长，防止侵凌百姓，而嘉庆现在需要更严酷的保长，防止流民作乱。

英国阿美士德的使团在这年来到了中国。陶澍巡漕归来升了一级，从户科给事中升为吏科掌印给事中，也就是吏科的负责人。他的级别尚不足以参与接待阿美士德这种重大外交活动，后来屡次上奏举荐他的蒋攸铦倒是在使团被驱逐后，奉命安抚使团。

接下来的几年时间，陶澍在政治上都没有太大的建树，但在文坛上的声望却日益高涨，名声甚至传至海外。他在偶然的机会中，借助诗歌的力量，完成了一次重要的文化外交，促成了中外文化交往史上的一桩美事，还把自己的影响留在了朝鲜。

朝鲜是以儒家文化为纽带的东亚文化圈中的重要国家，素来慕华尚贤，其文化深受中华影响。朝鲜士子很多是朱子学的信徒，能吟咏华夏诗词。中国历代文士亦乐于结交朝鲜士子，积极把中国文化传播到半岛。中朝文士的交往在明朝尤为频繁，然而自清朝肇建之后，朝鲜文士长期不认清朝为正统，鄙薄清朝文教，以明朝正统文化的传承者自居。名义上，朝鲜常派使团到清朝朝贡，保持了正常的政治与经济往来，但在文化上却抱有轻蔑的态度，来华朝鲜文士只参与政治外交活动，很少与中国文士进行文化上的交流。即便偶有诗文唱和，对象也多是江南的隐逸之士。

迨至乾隆之世，清朝对朝鲜的影响渐深。百余年的复明运动终归失败，朝鲜文人也逐渐放下了对清朝的轻视。尤其在乾隆末年，中国的考据学、实学思潮影响到朝鲜，朝鲜亦出现带有实学色彩的“北学”一派。加之欧洲殖民者在亚洲的活动日趋频繁，西学渐次传播，朝鲜文人愈发愿意与文化上更接近的清朝文人联合，共同抵御西化之风。从这时候开始，朝鲜与清朝的外交关系日益密切，文化上交流也逐渐增加。当时朝鲜诗坛的四大家李德懋、朴齐家、柳得恭、李书九，皆出自朝鲜实学家朴趾源门下。他们先后来华，追溯实学的源流，与中国诗人唱和。

朝鲜文士在北京期间，喜欢游览北京的琉璃厂。琉璃厂是乾隆年间兴起的一个风雅之地，众多江南文人在这里经营图书古玩。乾隆五十五年（1790）朝鲜文士柳得恭、朴齐家出使中国，在琉璃厂五柳居书肆结识了江南文士海宁陈鳣、嘉定钱东垣，在陈、钱二人的热心引荐下，结识了大批中国士大夫。柳得恭在《燕台再游录》中，列出了与他交游的中国士大夫逾四十人，其中包括陶澍的座师、协办大学士纪昀，年仅三旬就登上总督之位的名臣阮元，被袁枚誉为天下奇才的孙星衍等。自此，琉璃厂成为朝鲜文士结交中国士大夫的重要场所。

嘉庆二十三年（1818），朝鲜文士权永佐（字晶山）与洪羲锡（字骆皋）、洪羲谨（字晚窝）奉命出使中国，在北京居住了一段时间。权晶山在琉璃厂看到了陶澍父子的诗集，心生钦慕，遂至陶澍的寓所求见。权晶山等人是朝鲜梅花诗社的成员，最钦佩陶渊明的诗词，又酷爱中国的梅花诗，故其诗社以梅花为名。得知陶澍是陶潜后人，他们更为惊喜，不禁感慨诗道传承，大国果然源远流长。洪羲谨写了一首诗赞叹陶澍家学渊源，“诗道须知源有自，古来靖节（陶渊明）最名家”[13]。

权晶山等人向陶澍请益诗词写作之道，陶澍身为“屈宋乡”的文士，陶渊明的后人，很有文化传承与传播的自觉。他认为传授诗词之学，也是光大圣教、推行四海同文的大事。他很热心地向他们传授自己对诗词的理解。可惜朝鲜文士虽多能用汉语写作，却不能说流利的汉语，双方交流比较困难，陶澍说“语音障隔，彼此相通以不律”。尽管如此，陶澍还是积极与这些朝鲜诗人唱和，他把自己的湖南同乡、嘉庆十年（1805）的状元彭浚，以及宣南诗社的同人贺熙龄、朱珔等诗词大家介绍给这些朝鲜文士。

清代诗坛求变求新之风盛行，陶澍的诗作却独树一帜，复古之风盎然。作为深谙经世致用之学的士大夫，他秉持儒家的仁爱精神，自觉肩负起传承杜甫“诗史”的重任。陶澍的诗，不汲汲于诗风之创新，亦不刻意追求字句之奇崛，反以写实为宗，长于叙事。他的诗作，详细记叙了嘉庆、道光年间的历史大事和百姓生活。

在朝鲜文士眼中，陶澍的诗词，宛如黄金时代的中国诗歌重现，熠熠生辉，他们因而把陶澍视为当时中国最杰出的诗人，嘉庆年间中国文坛的领袖。更重要的是，陶澍继承自杜甫的这种诗风，严整规范，易学易仿，加之陶澍身为学问大家，理论总结的能力非凡，能够将诗歌写作难以言传的体验转化为通俗的理论传授，是以朝鲜文士纷纷以师事之。他们以陶澍的《题印心石屋》诗为引，写了大量的拟作唱和。

陶澍很欣赏这些朝鲜诗人的志趣，称赞这些“东海士”磊落多英姿，他从诗歌的文辞、结构、意境、师法、情感等方面，悉心指点朝鲜友人的诗作。他也很珍惜这些朝鲜文士的作品，洪骆皋把朝鲜梅花诗社与陶澍的唱和编为《印心石屋谈瀛诗册》，陶澍也把朝鲜文士前后与他唱和的诗作搜集整理成册，编为《谈瀛后录》，以资纪念。

陶澍与这些朝鲜文士唱和的诗，存世的有十余首。洪骆皋把陶澍的诗带回朝鲜后，又掀起了朝鲜国内拟作陶诗，以陶澍诗为题为韵唱和的热潮，陶澍的诗学理念和文学思想因而传到了朝鲜，朝鲜还因此建立了以学习陶澍诗为名的“拟陶诗社”。朝鲜的驸马都尉丰山君，在朝鲜读过陶澍的诗后，非常仰慕，派人给陶澍送去了茧纸、人参、毛笔、折扇等礼物，还致信询问陶潜及朱熹的遗迹。陶澍给丰山君回信，详述了陶潜和朱子在国内的遗迹，还感慨中朝的友谊说，“虽山川间隔，天各一方，而性情通之，寤寐见之，风雨萧萧，鸡鸣嘐嘐”，“音问可通，千里如面，复何远迩之间耶”。[14]

朝鲜向来仰慕中国文化，但在朝鲜国内引起广泛的轰动，并成为中朝两国共同文化记忆的诗人，大多是已去世多年的古人。诚然，中国先贤的诗作与才华，穿越时空的界限，深深打动了朝鲜文士的心弦，但对于朝鲜文士来说，最为遗憾者莫过于未能亲见自己钦佩的中国大诗人，更遑论得到他们的指点。

在漫长的历史长河中，陶澍是一个特例，他是极少数在世时就对朝鲜文化产生了积极影响的中国诗人，不仅作品轰动朝鲜，更亲身指导了朝鲜诗人的创作。因而陶澍在中朝文化交流史上，具有重要地位。陶澍的这段经历，为后世树立了文化交流的典范，在这个意义上，陶澍的贡献远远超越了一个诗人的范畴。

【注释】

①②③④ 李文治、江太新《清代漕运》第 95、275、280、284 页，社会科学文献出版社 2023 年版。

⑤ 陆世仪《漕兑揭》，见《魏源全集》第 15 册第 472 页，岳麓书社 2004 年版。

⑥《陶澍全集》第 7 册第 204 页，岳麓书社 2017 年版。

⑦《陶澍全集》第 6 册第 462 页，岳麓书社 2017 年版。

⑧⑨《陶澍全集》第 6 册第 196 页，岳麓书社 2017 年版。

⑩《陶澍全集》第 6 册第 196、197 页，岳麓书社 2017 年版。

⑪ 魏源《文毅陶公行状》，见《陶澍全集》第 8 册第 356 页，岳麓书社 2017 年版。

⑫《陶澍全集》第 1 册第 28 页，岳麓书社 2017 年版。

⑬《晚晴簃诗汇》第 9193 页，中华书局 1990 年版。

⑭《陶澍全集》第 6 册第 406 页，岳麓书社 2017 年版。

五、实学初试

由京官转为地方官

嘉庆二十四年（1819）冬，朝廷任命陶澍为四川川东兵备道。时年四十二岁的陶澍，自此由京官转为地方官，开始了他后半生的地方官生涯。嘉庆七年进士出身后，陶澍历时十七载，始升至四品道员，作为一个翰林院出身的官员，他的升迁速度谈不上慢，但亦算不上快。他的湖湘晚辈曾国藩，三十七岁便跻身二品大员的行列。此中差异，可能在于，陶澍的座师纪昀、熊枚、戴均元、玉麟都不是权倾朝野的大臣，而曾国藩的座师穆彰阿却是权臣。陶澍又是湖南籍进士第一个崭露头角之人，筚路蓝缕，升官自然要艰辛得多。曾国藩出来做官时，已经有陶澍这样的前人证明了湖湘士子的能干，他升迁快，其实也沾了一点陶澍的光。

嘉庆对陶澍的才德非常认可，陶澍才是正五品的时候，他就派出陶澍巡漕，以五品之身，行督抚之事，足见他对陶澍的信赖。而且嘉庆让陶澍从翰林院、詹事府出来，担任科道官员，并在嘉庆二十四年让他担任地方官，也能够证明他在努力培养陶澍的基层行政能力，为日后坐镇地方，振作地方政务做准备。

只是嘉庆自命守成之主，他所任用的大臣，亦多为老成持重之人，所以他可能因此让陶澍多磨砺了几年，这估计也是陶澍升迁不够快的原因。可以类比的还有后来权倾一世的大学士曹振镛，他是乾隆四十六年中的进士，到了嘉庆三年出任正四品的少詹事，和陶澍一样等了十七年，因为乾隆晚年，也喜欢用老成之人。

清代一省的最高主官是巡抚，虽然总督的辖区一般比巡抚大，级别亦更高，但是总督按例只能督管军事，在日常政务上的权力未必超过巡抚。总督对日常庶务的影响力一般只在他驻节的省区，如驻节湖北的湖广总督，理论上辖区是湖南、湖北两省，然而他在湖北影响力较大，对湖南省就鞭长莫及。

四川的地方行政颇为奇特，因为清廷设立的四川总督，辖区只有四川一省，不像湖广总督、两广总督、两江总督那样有两三数省。正因如此，清廷在乾隆十四年后废除四川巡抚，以四川总督兼理巡抚事务。因为少了巡抚一级，四川道员承担的责任，掌握的权力，远比其他省份高。陶澍的川东兵备道，实际比全国大多数道员的权力和责任大。

川东兵备道，其驻地在重庆，辖区涵盖现在重庆市及四川达州大部分地区。川东道地域广袤，“远控近引，几五六千里”，重庆又是水陆交通汇集之所，是西南的商业中心，人口多且杂，百货囤集，万民辐辏，治理难度很大。[①]重庆附近形势极为复杂，山险水深，逼近少数民族聚集地，是很容易发生动荡的地方。乾隆末年，四川曾爆发白莲教起义，清廷调集了十六省军队，耗费军费二亿两，才在嘉庆五年平定起义。大乱之后，四川的治理成了大问题。

陶澍治理川东，首先整顿的是当地的诉讼案件。川东人多口杂，又是财富聚集之地，很容易产生各类诉讼。以往川东的诉讼，川东道的官员多不愿轻易沾手，通常将诉状转呈四川按察使审理，他们只做一个转送、移交的工作。问题是，四川按察使驻地在成都，川东的案件送往成都审理，路途遥远。清代的诉讼按例要在一个月内审结，然后呈报四川总督，很多证人根本赶不及诉讼。川东道不愿意审理，路费盘缠消耗很大，原告、被告及证人不愿意去成都，川东滞留的案件堆积如山。于是陶澍决定，在他的职务范围内，尽量将川东的诉讼审结，不再随意移交四川按察使。

陶澍坐堂审案，有诉讼立即审理，他思路缜密，又熟悉刑律，"剖决如流"，很快将积压了半年多的诉讼清空。他听讼断狱平情酌理，断狱不偏不私，案情剖析分明，量刑轻重有度，在川东民众那里获得了巨大的声望。

在给贺长龄的书信里，陶澍说，四川久经战乱，吏治败坏已久，官场竟然以"用兵为利"，"循良之意少"。[②]这则描述非常让人震惊，吏治败坏后，官吏不再奉公守法是历史常态，但以"用兵为利"就过于骇人听闻。通常情况下，地方官不管多么腐败无能，都不敢随意挑起、镇压民变，四川官员竟然以用兵为利，可见他们经常擅自对民众动用刀兵，以平叛为功劳升迁，是用鲜血来染红顶子。这种风气，大概是因为乾隆末年川楚白莲教起义后，地方长期失序，地方官因袭暴力屠戮的作风，并习以为常。

陶澍认为，自总督蒋攸铦到任后，丧乱之后的四川已有很大改变，但多数人只是革面而未革心，情势仍然还很严峻。他在川东道，决心以宽仁治理地方。川东道私盐横行，很多盐枭在重庆水路上公开贩私，视盐卡、税吏如无物。因为私盐泛滥，当地的盐课收不齐，历年亏欠很多。以往的川东道，都是设法掩饰弥缝，然后设法从其他地方挪用公帑弥补，一直拖到自己离任。见到陶澍英断果决，敢于承担责任，他手下属官见到暴力解决川东私盐的机会，纷纷劝他重拳出击，以武力解决川东的盐枭。

陶澍虽在关键时刻敢施辣手，却从不滥用武力。他在致布政使的函件里说，盐价平，则人心平，盐价高，则私盐贩子泛滥，地方易生动荡。当此百姓饥馑之时，如若一味用兵缉拿镇压，恐怕会激出大乱。

经过他的调查，川东私盐盛行的根源，还是官盐太贵，百姓只得冒险买卖私盐。只有解决官盐价格昂贵的问题，才能从源头治理私盐之患。于是他提出了“减价敌私”的方略，即设法降低官盐价格，让百姓吃得起官盐，私盐就没有了存在的空间。

官盐价高，首先在于，官盐运销过程中，各个查验关卡的胥吏书役勒索盐商，盐商被迫将盐价提高，以分摊成本。陶澍严厉打击盐政中的贪腐，减少不必要的关卡，将官盐价格降低了两成半。官盐价格下去了，川东民众都改食官盐，盐枭自是大为减少，官盐销量大增，盐课的亏空也弥补上了。

陶澍在川东，不仅仅是临时降低盐价，解决了一时之弊，更重要的是，他通过细致的调研后，替四川的盐政立下了规矩。

当时其他盐区，如长芦盐区，两淮盐区，官盐出盐场，皆有规定的官价，亦称例价，只有川盐没有固定的官价，售价混乱不堪。当年陶澍赴四川主持会试时，已做过调研，因为四川的产盐地较多，而且非常混乱，官盐的成色与成本不统一，所以有“巴盐”“花盐”“头盐”“渣盐”等诸多名目，不像其他地方的官盐成色一致，产地固定。而且四川的盐区划定混乱，有的州、县，居然同时配了好几个不同的盐区，有的州县本就是产盐地，却被划到了其他盐场，需要购买其他地区的官盐。更有甚者，四川商人是用白银向盐场购买官盐，销售时收上来的却是铜钱，这就需要考虑白银与铜钱兑换比价的涨跌，致使官府不敢规定例价，任由商人随行就市。在辗转贩卖的过程中，经手的人既多，加价又很随意，自然盐价很高。[3]

陶澍的应对办法，是经过详细调研，充分掌握四川各地的产盐成本、官盐成色、运输成本之后，定下统一的盐业标准，拟定官盐的指导价格，从而稳定官盐销售。陶澍此举，以现代的观点来看，就是加强官府对盐业秩序的调度，制定统一的市场标准，让盐价透明公开，从而收到利商利民的效用。

川东是商业繁华之地，但贫富差距也极大，洪水一至，遍地皆是灾民。为了促进商业发展，陶澍严格约束衙门的胥吏，禁止随意勒索商户。川东道的胥吏，经常借夜间巡视的机会，骚扰商户，敲诈勒索，陶澍对此进行了整顿，川东的营商环境大为改善。巴州、达州流民很多，经常聚集到衙门外乞食，聚众难散。陶澍晓以大义，又每人分发半月口粮，将流民遣散立尽。

陶澍在川东任职，其为政兼具宏观谋划与微观施政之才，既有雷厉风行的举措，亦有宽仁爱民的政风。一年多时间里，川东兵备道令行禁止，政务振作，当地人都期望他能常驻川东。四川总督蒋攸铦进京陛见皇帝，称赞陶澍的才干政绩冠绝四川，为官“清廉公正”，是总督之才，将来可以接替自己。蒋攸铦特别看重陶澍调研的能力，说其他人到任，要几个月才能熟悉本地情形，而陶澍一到任，就能“透澈无遗”。[④]

这年恰逢嘉庆皇帝驾崩，道光皇帝继位。新皇登基，擢升陶澍为山西按察使，陶澍因此离任。陶澍离开重庆时，去送他的绅民夹江两岸，绵延十余里不绝。当地有人作歌赞美陶澍，“来何暮，去何速，何日重来蜀民福”。

川东道之任，是陶澍仕途的转折点，他证明了自己有主政一方的能力，又得到了元老蒋攸铦的举荐，引起刚登基的道光皇帝关注。自此之后，他屡次破格升迁，很快就升为封疆大吏。

道光元年（1821），陶澍进京述职，道光接见了他三次，可见圣眷优渥。述职完毕，他赴山西上任，道光让他以按察使身份兼署布政使。清代巡抚以下，是分管民政的布政使和分管监察的按察使，陶澍以按察使兼布政使，是藩司、臬司合二为一，权力接近巡抚。这种任命，既体现了道光慧眼识珠之能，也预示着陶澍未来的光明仕途，郁郁十余载的陶澍，此刻终于"凤凰于飞，翙翙其羽"，能够大展宏图了。

三大钦案的治理逻辑

陶澍去山西时，道光给了他三个钦定的要案。其中一个案件，是御史梁中靖弹劾阳曲知县武告成，揭发他捏造病情，隐匿母亲丧事。阳曲县是山西"首邑"，位于山西省会太原城内。阳曲知县因为治所在省城内，职责重大，又因日常能够接近巡抚，升迁很快，是个重要的肥缺。梁中靖在弹章里说，武告成母亲去世，按例应该回家丁忧。丁忧期间，朝廷会另外任命知县，武告成便会失去阳曲知县这个美差，而且丁忧回来还需到吏部候补，等待铨选，不知道何时才能获得新的任命。为了保住美差，武告成巧施诡计，他先隐瞒丧事，以自己生病为由，向上级部门请长假，待病假获批后，再上报丧事请求丁忧。按照惯例，官员请长期病假，朝廷会让县丞或者其他官员暂时署理（代理）知县一职，等病假结束，再让原官复职。武告成先请病假，请求朝廷派人署理知县，由于先已署理了知县，暂代生效，他此后的丁忧时间，也可一并归入病假时间，知县的肥缺就保住了。

这是非常恶劣的控告，隐匿父母的丧事不报，既是欺瞒朝廷，亦违反了以孝治天下的根本原则，属于大逆不道。陶澍到了山西，首先调阅此案卷宗，研读完卷宗，明察秋毫的陶澍整理出了案件的时间线：武告成第一次申请病假，是在嘉庆二十一年的四月十二日，时任布政使姚祖同召见武告成后，发现他虽面色憔悴，但公务应对并无差错，不至于请长假，于是驳回了请求。经太原知府叶汝芝从中斡旋，布政使与按察使两司商议后，在五月初五日报请巡抚批准武告成开缺请假。此后武告成于五月十四日报告母丧，自请丁忧。这些流程均有详细备案，足以证明武告成请病假确实是在母丧之前。

陶澍仔细思量，会不会武告成的母亲在四月十二日以前就已去世，武告成故意拖延到五月十四日才上报呢？陶澍传问了武告成的家人李升，以及医生冯钊，阴阳生（替人办丧事的术士）周兴德，最后证实卷宗的记载无误，武告成没有故意瞒报母亲死亡日期。陶澍根据情理指出，武告成首次请假在四月十二日，而报告母丧在五月十四日，前后间隔一个多月的时间，夏天气温较高，遗体不可能搁置这么久，所以这些证词都应该可信。武告成又自辩道，他在嘉庆十九年地方官的三年考核中获得了卓异即优秀的考评，属于应“举”的官员，丁忧后到吏部报到，属于优先授官的人选，犯不着玩弄手段，陶澍采信了他的辩解，将上述情形写入了奏折。

陶澍还在奏折中指出，武告成病假和丁忧，都在嘉庆二十一年，梁中靖的弹劾，将时间误为嘉庆二十二年，应当是记忆出错。

此案微妙在于，陶澍在奏折上另外奏报了一件事情。武告成的母亲在五月初已经病危，武告成却相信民间的巫术“冲煞”，即设法冲走身上的晦气，于是让人抬上棺材到县衙内署，直入大堂“冲煞”。陶澍严厉地弹劾了这种行为，他说身为官员，在母亲病重之时，不尽心为母亲聘请名医，“尽心汤药”，反而“惑于流俗，抬棺冲煞”，在县衙内带头搞不合礼制的迷信活动，丢尽了朝廷官员的颜面，把官署搞得乌烟瘴气。虽说这种行为不算重罪，但也应当给予处分，建议降三级调用。

既已确定武告成的病假和丁忧在程序上都没有问题，陶澍为啥要借武告成搞迷信活动参他一本呢？须知清朝官员大多迷信，平日参加迷信活动的不在少数，陶澍虽然自己不信迷信，但有时也会借用迷信来办事。他与武告成素昧平生，为何要与他为难，这里就能看出陶澍为官的手段。

从程序上讲，武告成确实没有隐瞒母亲的丧期，也未在病假的事情上作假，但他的行为仍然是可疑的。因为年逾八十的老人家，身染重病就很难康复，以当时的医疗条件来说，见到长者病重，基本就可以准备后事了，无须等到母亲去世才去请病假。聪明的人完全可以在母亲病危之际，预先去向上级请假。母亲倘若在此后不久去世，他就顺理成章，在完全合乎程序的情况下，得以在丁忧前请到病假，从而留住自己的岗位。万一母亲此后康复，再以自己病愈为由去销假就是，没有任何坏处。

值得玩味的是，陶澍在奏折中提到了两件事。一件事是武告成第一次去向布政使姚祖同请假时，姚祖同召见他后，认为他完全有能力继续任职。武告成既然能面见姚祖同，说明他还未到病倒的程度，况且姚祖同与他会面后，认定他并无大恙。以上皆都说明，武告成请假时，没有很重的病以至于需要请长假，甚至可能就是装病。

李升、冯钊、周兴德等人的证词，又提到一点，武母病危是在五月初，冲煞也在五月初，为什么在这个时候要不顾体面冲煞呢？须知民间的术士，从来不敢自吹冲煞能让将死之人完全康复。因为冲煞是毫无医学依据的骗局，病人冲煞之后大概率还是会病死，一旦病人病死，术士的威信会受很大打击。多数情况下，他们自称冲煞的功效是延缓死亡，让病人来得及留遗言，或者让远方的亲人回来见最后一面——因为回光返照这种医学现象的存在，他们欺骗成功的概率一般在五成以上，值得一赌。所以武告成在五月初为母亲冲煞，就是在设法延缓母亲的死亡，因为当时他的病假还未批复下来。

如此一来，武告成在母亲病重时提前请假的可能性极大，御史的控告虽然不符合具体的事实，却很可能戳破了他的用心。陶澍人情练达，自然明白这一点，所以他必须给武告成一定的惩罚。只是陶澍一直提倡法度划一，尊重国家的法规和执法流程，他也不可能违背程序，以没有证据的事情问罪武告成。所以他只能按照武告成请病假符合流程，但搞迷信活动有伤体统，来给予他一定的处分。陶澍办这件案子，犹如“和羹调馔”，既尊重了程序，维护了法度的威严，却又人情练达，迂回地达到惩恶除弊的作用。

道光交予陶澍的第二件钦办大案，同样为御史梁中靖所奏。梁中靖弹劾介休县知县陆元镳，原本是捐纳出身，也即花钱买官的人，声名狼藉。当时因为河东盐区缺少承运的盐商，官府有意招募富人充任盐商。因为盐课很重，加之官盐长期滞销，充任盐商是赔钱乃至倾家荡产的买卖，所以富商都视贩盐为畏途。陆元镳借机召集数十家富商，给他们发文，谎称山西巡抚衙门要强令他们充任盐商。这些富商为了摆脱苦差，只好向陆元镳行贿通融，陆元镳前后得以收受贿赂七八万两银子。

陶澍接到案件后发现，此案查无实据。御史声称被勒索的富商多至数十家，却不能提供具体的姓名，此事已过去数年，没有办法查证。陶澍精熟吏务，他知道既然有人控告陆元镳有传唤富商之事，衙门定会有差票即现代所谓传唤证可供查验，负责传唤的衙役亦可传来查问。陶澍传唤了相关人等，又查阅了各级衙门的卷宗后发现，当时确有招募新盐商的事情，但那是由河东道直接行文点名商人充任，介休县没有招商一事。在陆元镳任期内，曾经有人举报，一个已被河东道点名充任盐商的富人侯生铼，未按期到盐场报到。但经过核验，侯生铼之所以未按时到河东盐场报到，是因为他年纪较大，儿子却又年幼，县里给了他一年多的时间安排家事，最后还是去了。此外县里并不存在本该去充任盐商，因为得到县令庇护而脱逃的商户。结合县里的档案，传唤衙役胡三、曹升以及富户李向南等人后，陶澍也确认陆元镳没有传唤富商勒索一事。

因为没有查实陆元镳勒逼受贿的实据，陶澍最终奏明其无罪。但陶澍认为，虽然这名县令并未受贿，但其人捐纳出身，没有办公能力，致使县里事务懈怠。加之此人已近花甲，年迈体衰，虽无大错，却也难堪重任，干脆下令让他退休算了。

第三个钦案，案情更为严重，平遥县闫尚珏、师万玉等上京控告平遥县衙，为了填补仓储亏空，逼迫粮户替县衙购买粮草，而且未能按市价付钱，导致粮户损失一二万两白银。嘉道时，州县府库亏空严重，地方官经常要设法填补亏空，"浮收勒折"在所难免。但在区区一个县内，让民众负担一二万两白银，就是空前的大案。陶澍经过调查发现，闫尚珏、师万玉都不是粮户，也不需要替官府采买，他顿时起了疑心。

当时有一类京控案件特别离奇，属于清朝嘉庆以来特有的现象。它敲诈的对象不是普通民众，而是州县官吏，甚至还形成了产业链。因为地丁银、漕粮、盐课的征收，经常发生州县衙门与民户的纠纷，民户忍无可忍之下，就会上京告御状，称为京控。虽说清朝吏治腐败，地方官常欺凌小民，但他们只能欺凌懦弱的百姓。一旦有组织力、行动力的民户告到京师，再有精通刑名的人写好状纸，只要证据确凿，地方官通常会被严办。

而地方上强有力的地头蛇、讼棍，由此看到了商机，他们利用地方官对京控的恐惧，组织一干人等上京告状。地方官为了息事宁人，不得不支付他们一笔诉讼费用。由于敲诈勒索的人太多，地方衙门还长期留有一笔应对敲诈的经费，称为"讼米"。

地方官"浮收勒折"是大量存在的，但被讼棍敲诈也同时存在。

陶澍精于事务，他发现，要区别是真的民户告状还是讼棍勒索，有一个简易的办法，就是查一下地方的名册，如果京控的原告在名册上，确实承担了地丁银、漕粮和各种采买，那大概率案子就是真的。如果原告没有一个在册，而且都是积年讼棍出身，那自然就是勒索。

他调阅名册之后发现，闫尚珏不是在册粮户。闫尚珏原本是县衙负责刑名的小吏，熟悉律条，符合讼棍的特征。闫尚珏在任小吏时，因为利用平遥县李大成与阴王氏通奸，致使王氏服毒自尽一案收受赃款，被革除职务，判处流放，嘉庆十九年遇到大赦才获释回家。这种前科，也让陶澍怀疑闫尚珏在敲诈地方官。

经过一系列的查证审讯，陶澍最终获得实情，乃是闫尚珏怂恿师万玉与他一同京控，以此勒索县衙。他判决没收二人勒索所得金银，将首犯闫尚珏充军流放。师万玉和其他从犯，从轻发落。[⑤]

陶澍这三件钦定大案办得十分漂亮，道光十分满意。这三件钦案，是道光对他的考验。武告成案，关乎朝廷的伦理教化；陆元镳案，牵涉到官府与商户的关系；闫尚珏，关系到钱粮亏空，处置不当更有可能诱发民变。三件钦案，涉及地方官必须面对的教化、政商、民政三件要务，又都与道光朝最受关注的吏治有关。能办好这三个案子，也就具备了封疆大吏的基本素质。从此之后，山西凡是遇到京控案件，道光都直接越过巡抚，发给陶澍审理，对于按察使来说，这是前所未有的恩遇。

陶澍道光元年三月抵达山西履职，八月就奉调福建按察使，在山西只任职了五个月。他尚未到福建任职，道光就改了任命，让他改任安徽布政使，负责清查安徽钱粮亏空的情况。在安徽布政使任上不及一年，他又再次升职，成为安徽巡抚，正式列入封疆大吏的行列，时年四十五岁。

道光对陶澍的恩遇，显然超过了他的父亲嘉庆，为何道光对陶澍如此赞赏呢？

刚柔并济的为官之道

道光与陶澍的知遇，有的史料说是在嘉庆十八年。这年天理教的数百教徒，勾结紫禁城太监，攻入了皇宫之中。还是皇子的道光指挥了养心殿外的战斗，并以鸟枪击中试图越墙的天理教徒，阻止了其对养心殿的进攻。道光因为在战斗中的沉着镇定，加上他自吹得了关圣帝君的庇佑，因而坐稳了皇储的位置。在一些稗官野史中，说陶澍参与了这次保卫大内的战斗，与道光帝并肩作战，因此被尚是皇子的道光所赏识。

这则传闻可能并不符合事实，倘若陶澍还在翰林院任职，倒是有机会到宫中值守。但嘉庆十八年时，陶澍是记名御史，御史不能入值禁宫，不可能参加宫内的战斗。另外，陶澍是文官不是侍卫，当时嘉庆皇帝在承德避暑山庄，文官纵然有机会随侍皇帝，也应当在承德伴驾。如果陶澍真的参加了这次震动朝野的战斗，他一定会在此后的诗文中屡屡提及，但目前并未见到这方面的史料。

陶澍虽然没有在嘉庆十八年的养心殿保卫战与道光并肩作战，但他长期任职翰林院，翰林院有为皇帝侍讲的职能，有很多机会见到皇帝和诸位皇子。清代虽然没有立太子的惯例，但道光的皇储身份，是朝野皆知的。精明如陶澍，肯定会在道光还是皇子时巧施手段，加深自己在他心中的印象。

道光的见识不及嘉庆，但同为守成之主，他要比嘉庆有魄力得多。嘉庆压抑有意振作的大臣，不让他们有机会变更祖制。道光就积极有为得多，无论是清查亏空、整顿吏治，还是改革漕运、更革盐政，表现得都比他父亲有魄力。他所重用的朝臣，曹振镛是庸官，穆彰阿好弄权，但其余如英和、蒋攸铦等人，都是有所作为的政治家。

昔日唐人哀叹贾谊的命运，有诗云："可怜夜半虚前席，不问苍生问鬼神。"既然汉文帝是明君，贾谊亦是贤臣，为何得不到汉文帝的重用？因为文帝治国的理念是道家的无为之治，而贾谊是积极有为的儒家。陶澍这样积极有为的政治家，在嘉庆朝，虽然得到了很多政务上的历练，却始终不得大用。嘉庆虽然评价他是少有的良心之臣，但对他巡漕的政绩，评价最着力的地方，还是办得"安静"，没惹出乱子。可见嘉庆虽欣赏陶澍，却始终不敢大用，道光登基后，想振作精神，自然会信任陶澍这样年富力强，又积极有为的贤臣。此番君臣相得，实乃时势使然。

道光重用陶澍的第二个原因，可能是因为他们的性格比较投契。道光是个朴实的君王，日常用度极为节俭，龙袍上还打了补丁，于是曹振镛等人也迎合上意，在华贵的衣服上凿出破洞，再缝上补丁示人。道光并不是傻子，这些迎合他的大臣是真节俭还是假节俭，他自然是看得出来的。他之所以不戳破，以至于看起来像是被骗了，其实也有他的用心。既然无法让大臣都廉洁奉公，那么他们能假惺惺地穿旧衣服，迎合简朴的风气，总比公开着锦衣绣袍，公开宣扬奢侈好。这是无可奈何之下的君王御下之道，是一种不得已的政治智慧。

与曹振镛不同，陶澍的简朴，是表里如一的。他任官多年，除了正常的公费外，一文不取。他严格约束家人，绝不允许家人假借他的名义外出招摇撞骗。连他的晚辈曾国藩这样以廉洁自守著称的大臣，有时候也难免托不下人情，给亲友故旧题写对联、扇面，被人拿去狐假虎威，谋取私利。陶澍为了防止被人利用，日常不以任何文字假人。

陶澍的女婿胡林翼，曾在给他的岳母，陶澍夫人黄德芬的墓志铭中追忆，两淮的商人因为受益于陶澍的改革，想供奉四万两白银给他，但又恐惧于他的威严，徘徊于门外不敢进献。商人们后来托陶澍的门人陈銮送礼给黄夫人，黄夫人问陈銮，平日老师收你们的银子吗？左右都回答说没有。黄夫人说，所以我也不敢收你们的钱，玷污你们老师名声。

陶澍这个级别的官员，每年的养廉银就是两万两，但他死后左宗棠为他整理家产，陶家全部财产包括房屋、土地，只有五万两。“服官数十年，起居如寒素”的陶澍，他的廉洁自守，道光是能一眼看出来的，所以他很欣赏陶澍。

陶澍遇知于道光，正如前文所述，也可能与他是理学家有关。在道光眼中，陶澍这个湖南农家出身的官员，因为信奉理学，所以有改易人心、以诚化人、整顿风气的可能。因为笃实力行，又能以强大的政务执行力，解决道光朝的钱粮亏空和各种弊政问题。在当时看来，没有比陶澍更符合道光需要的大臣了。

陶澍虽然受知于道光，奈何仕宦之路，惊心动魄、处处杀机，他在安徽任上，就引发了道光的猜忌，差点万劫不复。

道光为了振作政风，有意提拔理学家，以道德之士替换朝中耄耋迂腐之臣。但接受过良好帝王教育的道光，亦深知世上有许多道学家，明面上尊奉理学，满嘴仁义道德，暗地里却是奸佞小人——虚伪本来就是理学末流的特点。道光肯定读过《辨奸论》，知道很多臣子会“卖直取忠、以直邀宠”，表演忠诚耿直过火，以至于不近人情的臣子，往往是大奸似忠的小人。陶澍早年，政治手腕尚显青涩，言行多有过火之处。他平日好议论臧否人物，说话唯恐言辞不尽不全，即便与皇帝廷对时也是如此。所以道光对陶澍这个清廉、忠诚、正直得有点过火的大臣，心存疑虑。

陶澍晋升安徽布政使后，于觐见道光时，痛陈天下流弊，怒斥某些官员溺职贪劣，“声色俱厉，须髯翕张”。道光见他言行过于夸张，因而怀疑他是惺惺作态、以直邀宠，遂命安徽巡抚孙尔准暗中调查。孙尔准平生以扶植忠良之士为己任，经过明察暗访，确认陶澍实为正直廉勤之士，在安徽多有善政，遂回奏举荐陶澍。

然而，道光疑心甚重，在奏折上御笔朱批说，“卿不可为其所愚”。

孙尔准再上奏折，力证陶澍之贤明。恰逢两江总督、元老重臣孙玉庭亦在奏折中密陈，陶澍“尤为才识优长，持论公正，皆有根底，洵堪委任之员”。在两位大员的保证下，陶澍才度过了他出仕以来的最大危机，重新得到道光的信任。[6]

陶澍因祸得福，这场危难，反而加深了道光对他的信任。假如一个人忠良正直得不近人情，或有虚伪造作之嫌，但经过反复检验，确认其言行出于本心，他自然就是最纯良的大臣。纯良得不近人情的大臣，君王岂有不喜之理？

经此一劫之后，陶澍痛定思痛，为官的技术日渐炉火纯青，成为一个既擅长做事，又擅长做官的人，忠义血性是他的性格，而擅长博取君王信任，是他的手段。

汉唐的大臣，尤其是宰相，能够坐稳高位，主要靠自己在官僚中养成的威望，在仕途中积累的资历，并不依赖与君王的私人感情。汉唐大臣，只需要在君王处证明自己的品格和能力，便可长期行使权力。与皇帝有深厚的私人感情固然好，没有亲密的个人关系亦不妨碍，只消做到公事公办就行，毕竟邀宠只是弄臣的专长。

清代君权极重，君臣之别，凛若天渊，若不能与君王建立良好的私人关系，就很难“得君行道”，难以施展才干。是故清代的大臣，除了曾国藩、左宗棠这种有军功在身的以外，皆需设法获取君王的恩宠，陶澍就堪称其中翘楚。用现代的话说，他能在不失大臣体统的情况下，为君王提供情绪价值。

因为陶澍的日记失传，他与道光的交往，留下的史料不多，所幸的是，陶澍后来写了一篇《御书印心石屋恭纪》，他教科书般的为官手段，从中可以窥见一斑。

道光十五年（1835）冬，时任两江总督的陶澍自江南入京述职，一路上，他目睹了江南的芦花如雪渐次转为北国的玉花飘零，恍如跨越了两个世界，不禁作了好几首诗。

十一月廿九日，朔风凛冽，天寒彻骨，陶澍被宣至养心殿西暖阁。殿内，檀香袅袅，驱散了严冬的凛冽。道光帝端坐于雕龙描凤的御案之后，与他交谈了不少江南事务，对陶澍办的差事颇有嘉许。次日清晨，内使捧着道光帝亲笔书写的“福”“寿”二字，连同一份鹿肉，送至陶澍住处。内使还对他强调，这是“年赏”的第一份，语气中难掩艳羡之意。

陶澍收到的“年赏”，源自清宫旧例“开笔书福”，亦称“嘉平书福”，乃清宫一大盛典。每逢岁末嘉平月朔日即农历十二月初一日，天子便会开笔书写“福”字，赐予皇子、宗室、朝臣、侍卫及各省封疆大吏。“嘉平书福”始于康熙，是康熙皇帝为其病重的祖母孝庄文皇后祈福而作，所用之笔刻有“赐福苍生”四字。雍正延续了这一传统，更定下规矩，以后皇帝书“福”，皆需使用康熙留下的“赐福苍生”笔。⑦

及至乾隆时期，“嘉平书福”上升为国家典礼，自乾隆二年开始，每年十二月初一日，皇帝会往阐福寺拈香拜佛，求取佛祖的保佑，然后回到宫中用“赐福苍生”笔书写“福”字。第一幅按例悬挂于乾清宫正殿，其余的再分赏王公大臣。远在外省的封疆大吏，亦能收到驿站快马加鞭送来的“福”字与鹿肉，寓意福禄双全。清帝书福所用笺纸，是绘有金色云龙图案的特制纸张，以示隆重与吉祥。

按常例，先拿到“嘉平书福”的，应该是诸皇子，或者大学士、军机大臣，陶澍却拿到了道光十五年的第一份“年赏”，此外道光还多给他写了一个“寿”字，可见他在道光心中地位之亲近。一般来说，皇帝赐给在京大臣“福”字，领“福”之人要在养心殿外恭候，轮到自己时到案前谢恩跪领，再将“福”字捧在手上出宫宣示，以示恩遇。而陶澍所得的“年赏”，由内使直接送至住处，他只需事后入宫叩谢，可见道光对这位年长他四岁的大臣，不仅亲近，更带几分敬重。

过了数日，陶澍再次觐见，向道光请假回乡修墓。闲谈间，道光问及陶澍的学问渊源与家乡情况。这本是例行公事，皇帝并非真的想了解臣子家乡的状况，只是例行发问，表达自己对臣子的关心而已。按照大学士曹振镛的为官之道，在君王面前要多磕头，少说话，因为话说多了容易失仪，更容易因为言语的差池，引来君王的猜忌。所以要是曹振镛来替陶澍奏对，大概只需要简明地回答，幼学于父，家在湖南安化即可。

陶澍的回答看起来似乎也差不多，他说自己幼年从父亲学习，家住安化县，长大于资水之滨。他这番回答的奥秘，就在于最后四个字，资水之滨。因为道光皇帝没有巡幸过南方，他所受的帝王教育里也不会有详细的湖南地理，有很大概率不知道资水是什么河流。陶澍用这四个字勾起道光的好奇，就能把话题引向自己家乡的山川地理。

果不出陶澍所料，道光对资水非常好奇，他眉头一皱，发问道：“湖南有资水吗?”

陶澍心中暗喜，知道自己的话术奏效，连忙答道：资水在洞庭湖西南，介于沅水和湘水之间。安化因不在交通要道，所以鲜为人知，不过一山乡僻壤耳。

这段回答，要害也在最后四个字，山乡僻壤。依常理，水运比陆运方便，只要有大江，就必然有商船过往，会形成商业市镇。安化既然在大江之畔，就应该商船往来如织，不可能是穷乡僻壤，除非资水根本不能行船。

道光帝若有所思，发问道："既有大江，何以称僻？资水究竟如何？可有舟楫之利？"

道光详细询问资水到底有多宽多长，是不是春夏有水，秋冬无水，不能行船。陶澍仿佛等待这一刻已久，立刻滔滔不绝地描述起资水的流经之地，谈到了湖南的整个地理风貌，最后答道：陛下明鉴，资水长一千八百里，江面宽一二里不等，四季皆有水，能够通舟船。

这下道光就更加困惑，开口说：既是如此，资水也堪称大江。卿家住在大江之滨，四通八达，何以称乡僻之地？

陶澍眼中闪过一丝亮光，立刻来了精神，向道光解释道："陛下明察秋毫。资水原是《禹贡》里说的荆州九江之一，也即郦道元在《水经注》中所说的茱萸江。然而，臣所居的小淹，因资水迸流山峡，正在山峡处，不在陆上交通大道处，本地读书人通经典的也少，所以称为僻壤。

陶澍是非常擅长观察人心的大师，正常的君臣奏对，都是谈军国大事或者治学经典，偶有闲谈，也不过嘘寒问暖，他却将话题引向了他家乡的山水地形。他知道，皇帝久居宫中，对天下山川地理十分陌生，偶尔出宫，也不过见识一番北国风景，对南方的山川自然十分好奇。借此机会，他巧妙地将话题引向了安化的山水风光，使得君臣奏对变成了轻松的闲谈。

在闲谈中，他的言谈极大满足了道光对南方风物的好奇。他知道虽然天下万里河山都在皇帝掌控之中，然而千年的礼教、百年的宫墙，却深深地锁住了皇帝，这天下的锦绣河山，帝王多数是无从得见的。他理解皇帝心中对天下奇景那种隐隐约约，自己都未必察觉到的向往。不经意间，他成了向皇帝打开通往南方世界大门的引路人，通过这一系列的铺垫，他在冰冷的君臣关系中，悄然植入了几分朋友之义。

在道光的不断追问下，陶澍继续向皇帝介绍安化附近的山水形势，声音中带着几分思乡之情：陛下，臣家小淹附近，资水注入后，两岸石壁夹逼，水流回旋转折，形成一处数十丈深的深潭。潭水清澄见底，潭中有一块巨石露出江心，方方正正，宛如官印，乡人称之为印心石。

道光帝听得入神，心中反复揣摩想象，感怀万千。这等奇景，他从未听闻过。无论是奏对的大臣，还是宫中的侍卫、太监，甚至是日讲经筵的师傅，都未曾向他描绘过南方的如此风光。沉思良久，道光帝突然问道："尔居此石上否?"

这个问题让陶澍愣了一下，心中不禁一动。在湍急的江流漩涡中，有一块方正的巨石，少年书生，在巨石上读书生活。这完全脱离生活经验的想象，却又有《山海经》故事般的奇幻瑰丽。他感到这位五十四岁的帝王，虽然帝王心术已然大成，在面对未知的世界时，却显露出如此天真的一面。

然而面对道光的想象，陶澍只能老实回答道：臣少年时住在印心石上游三里多处，与父亲建有书屋读书，称为印心石屋。

由于各地官员多说乡音，和皇帝沟通存在困难，所以清朝一直要求官员学说北京官话。雍正帝特别头疼听福建和广东人说话，怕福建、广东籍官员转任他省后无法与人沟通，特意下旨在福建、广东设立正音书院，招秀才、举人学习官话，由当地驻防的旗人任教。陶澍的湖南口音虽然比广东话、福建话好懂，然而道光帝也只听懂了个大概。他特意问道：你说的印心石，这个"印"，是否为官印之"印"?"心"又是哪个"心"?

本来印心石的"心"，是指这块大石在江心、潭心，陶澍心中灵机一闪：回陛下，这“心”乃心心相印之“心”，寓意臣与陛下心心相印。

道光帝指着自己的心口问：是这个“心”吗？

陶澍立即答道：正是圣心之“心”。

道光帝思索良久，又问：你家那个书屋，是叫印心诗屋吗？

陶澍解释道：是石屋，乃是臣心如石的“石”。因印心石在江心，书屋又在其附近，故名印心石屋。

道光帝又问：资水的“资”是哪个“资”？

陶澍答道：是资深的“资”。

道光帝似乎还是没有完全理解，又问是不是资格的“资”。

陶澍这次奏对非常成功，他带着皇帝在想象中，游览了安化的壮丽河山，让道光帝对印心石留下了深刻的印象。但他初次冒险与皇帝闲聊，也不知是福是祸。

翌日清晨，军机处传来紧急召见。陶澍心中忐忑，不知是喜是忧。待他抵达时，只见潘世恩、穆彰阿、王鼎、赛尚阿四位军机大臣肃立堂前，手捧一幅墨迹未干的字帖，上面是道光亲笔书写的“印心石屋”四个大字。朝中大臣闻讯而来，无不表示“钦仰高深”，赞叹之声此起彼伏。

回到府中，陶澍细细思量此番恩遇实在离奇。他事后考证，宋朝太平兴国年间，太宗皇帝给苏易简写了四个字“玉堂之署”，至今传为佳话。然而这四个字不是为苏易简的私宅而题，而是挂在翰林院的公署，而道光所赐，却是为他私宅的书房而作。康熙年间，皇帝给王士正写了“带经堂”，给宋荦之写了“清德堂”，都是先赐了字，才依字修建的书房，不像陶澍这次，是先有书房，再蒙皇帝赐字。在满朝大臣眼里，陶澍实在是获得了“旷代之荣”。

这次奏对的妙处还未完全显现，陶澍在谈话中特意提及《禹贡》

九江和《水经注》，留了一个钩子。赐字之后，被勾起了地理兴趣的道光帝，于十二月初四日，再次召见了陶澍。道光帝兴致勃勃地询问《禹贡》所载九江源流及洞庭湖形胜。陶澍如数家珍，娓娓道来，道光听得入神，不时点头赞叹。这些奇趣的知识，远比枯燥的政务有趣，道光和陶澍谈了良久，直至日头西斜，殿内烛火初上，君臣二人仍沉浸在地理的奇妙世界中。道光帝如痴如醉，全然忘了皇帝的威仪，一时竟舍不得让他离去。

十二月初七日，陶澍再次被宣入宫。道光目光灼灼，开口便问：陶卿，朕赐你的“印心石屋”四字，可是打算挂在印心石屋？

陶澍恭敬答道：臣幼年读书的书屋不过茅棚草房。如今离家十七载，恐已不复存在。臣欲在原址重建石屋，方敢悬挂御笔宝墨。眼下，只能先刻于石头上。

道光帝立即兴奋起来，追问道：刻在石头上？你不是说家乡附近有屹立江岸的石壁吗？何不刻于其上？那石壁究竟多高？你曾言石壁上有门，又是何人所造作的呢？

陶澍闻言大喜，连忙答道：臣家石潭南北两面皆是山，山脚横截江面，对峙如一扇门。此乃天工造化，非人力所为。两岸悬崖石壁高低不一，最高处约有七八丈。

道光听罢，仿佛置身那江流中截江对峙的倚天绝壁间。他沉吟片刻，突然道：既然石壁如此高大，当做成摩崖石刻。朕前日所书四字恐怕太小，应再写几个大字。

说到这里，道光不禁自矜起来：朕写大字比小字更佳。小字需均匀搭配，大字却可纵横自如，不拘一格。

陶澍见状，立即恭维道：陛下天纵之笔，意到神随之处，无非星日光芒。

道光闻言大悦，竟起身走下座位，用双手在空中比划出一个圈，问道：如这般大小如何？

陶澍心想不如要个最大的，于是恭敬答道：越大越好。

道光帝又张开双手，画了一个更大的圈，笑问：那这般大小，可算妥当？

陶澍连连称是：如此甚好，如此甚好。

初九日，晨光熹微。军机大臣们面带恭谨，捧着一幅大字步入陶澍的寓所。这幅字迹，每字约一尺六寸见方，字幅长达九尺有余，气势磅礴。陶澍接过字帖，只觉双手微颤，心中涌起无限感激。

道光帝两次为他题写书屋，如此厚爱，实乃皇恩浩荡。陶澍叩谢皇帝时，那番恭维之词，如行云流水般脱口而出："陛下御笔，元气内含，宝光外焕，精神流照，极龙飞凤翥之观，规矩方圆，端坤倪之妙。"他顿了顿，又道：这幅大字，使山川生色，草木增光，其精神更是弥满乾坤，超绝今古。

这番称赞，言辞珠串玉联，辞藻锦簇花团，不愧是出自翰林院的文章国手之口。寻常书生，纵是绞尽脑汁，怕是十数日也难以构思出如此精妙之言。

陶澍此番入京，短短十七日，竟蒙道光帝召见十四次之多。如此频繁的召对，对一个地方大员而言，在整个清朝历史上都是绝无仅有的。这些召见中，陶澍不仅就两江的用人行政、国计民生诸事请示圣裁，更难得的是与皇帝畅谈了四五天的地理。

作为一位经世致用的能臣，陶澍在舆地、水利之学上造诣颇深。他讲授地理知识时，如同一位饱学之士在为求知若渴的学生授课，言辞优雅，见解独到，自然博得龙颜大悦。更为可贵的是，陶澍取信于皇帝的方式，与寻常奸佞之臣迥然不同。他不用声色犬马等庸俗之事，而是以《禹贡》《水经注》等经典学问为媒介，既曲折地达到了亲近君王的目的，又不失大臣体统。这种进退有度的分寸感，可谓炉火纯青。

尤其值得一提的是，道光帝素以俭朴自律著称，对物质享受兴趣寥寥，使用传统谄事君王的手段可能会适得其反。陶澍洞悉君王心理，以地理知识勾起皇帝兴趣，再借求字之名，巧妙恭维了皇帝的艺术造诣。他尤其将印心石之“印”，由官印之“印”巧妙转化为心心相印之“印”，将石之印升华为心之印，这种为官艺术，堪称一代宗师。⑧

【注释】

① 王焕錪《陶文毅公年谱》，载《湖南人物年谱》第 2 册第 44 页，湖南人民出版社 2013 年版。

②④《陶澍全集》第 6 册第 421—422 页，岳麓书社 2017 年版。

③《陶澍全集》第 6 册第 420 页，岳麓书社 2017 年版。

⑤ 三案始末，见《陶澍全集》第 1 册第 53—61 页，岳麓书社 2017 年版。

⑥《清稗类钞》第 3 册第 1403 页，中华书局 1984 年版。

⑦《清稗类钞》第 1 册第 312—313 页，中华书局 1984 年版。

⑧《御书印心石屋恭纪》见《陶澍全集》第 6 册第 479—482 页，岳麓书社 2017 年版。

六、主政安徽

清理累积了多年的亏空

安徽的钱粮亏空特别严重，在陶澍之前，嘉庆已经五次派出人员清理，始终理不出头绪。嘉庆九年，安徽未能按时上缴的钱粮为一百八十九万两，其中知道拖欠者，有着落的一百三十四万两，毫无着落的五十五万两。经过两年的清查，无着落的五十五万两，由现任官吏设法补偿了二十万两，有着落的只填补了十分之一。

迨至嘉庆二十四年，未能按时上缴的银钱已多达四百六十万两，粮食为四十六万石。加上历年的积欠，按陶澍的奏报，官亏为五百余万两，民亏为四百余万两，安徽五十四个州县，承担一千万两的亏空，实在负担沉重。安徽的账目非常混乱，官吏更换频繁，导致账目很难清理，堆积的卷册，俨然山岳。在清理亏空时，没有查过的必须查，查过的又需要重查，一笔算错，全盘尽错。陶澍亦感到非常头疼，说这项工作是在牛毛茧丝之中寻找线索，千头万绪，难以厘清。[①]

寻常儒生出身的官员，很少做钱粮会计的具体工作，拿着账本就像在看天书。精通钱粮事务的师爷、幕僚，又缺乏制度设计的宏观思维，没有解决亏空的办法。作为经世致用的学者，陶澍潜心研究过行政技术，于财会十分精通。他躬身力行，亲自带着属下翻看、清查账目，经过两个月的时间，终于有了眉目，于繁杂的数字迷魂阵中，理出了头绪。

前几任督办安徽亏欠的大员，都是直接采用州县的账簿对账，而州县所开的账簿报数，因为官员升迁更迭频繁，时常会有遗漏。更为致命的是，州县在报账时，为了推卸责任，私下做了很多花账，数据多有不尽不实之处，光靠州县的账簿势难查清账目。

其实这些账目，在布政使司衙门都有档案可稽，陶澍别出机杼，用布政使司的存档，与各州县的账簿逐一比对，州县的亏欠数目立见分明。对于州县为摊派、捐纳、挪借而私自设立的项目，布政使司没有存档，他便调阅州县的原始底单、议单、欠据，层层核查，最终条分缕析、彻底查明。这是一项繁剧的工作，陶澍率领属下“日夜栗栗伏案钩稽，如老诸生目耕之不遑”，终于将久未厘清的亏欠账目查明。

理出头绪后，陶澍将安徽的钱粮账目进行分类，他按地、年、人、项目，把所有的数据分类归档，然后进行比对、审核、验算。原本一团乱麻的账簿，经此整理，终于形成了清晰的数据归集。

清理出具体的亏欠数字和责任人后，陶澍再次对账目进行了分类。他先具体到人，查清亏欠造成的原因，再根据清朝的制度，对这些亏欠进行分类。有一部分亏欠，属于事出有因，或者经朝廷恩准减免，就列入应豁；确实存在亏空，但责任不大的，勒令追缴，列入应偿；数额巨大，涉嫌贪腐的，就上奏参劾，列入应劾。

亏欠在一千两以下的，属于应偿，涉事人员不背处分，但应在一年内补完。对于应劾的亏欠，陶澍按照人员身份的不同及亏欠数量，分别给予不同的处理：亏欠一千两至三千两者，降一级留任，限期二年偿还；亏欠三千两至五千两者，降二级留任，限期三年偿还；亏欠五千两以上者，革职留任，限期四年归还。在期限内不能完全抵偿的，革职问罪，抄家抵债，家产不足抵债的，限期一年补齐免罪。一年到期仍不能偿还的，除本人抵罪外，按比例让其上司赔偿。

除了上述规定，陶澍还追加了更详细的条款，亏欠人员如果已经升官的，偿还期缩短一半，如果亏欠人员是在候补、试用、丁忧、告病、降职、革职期间，偿还期延长一倍。丁忧、病故、革职人员，如果子孙是现任县令以上的官员，不能延期，子孙是候补官员或者知县以下官员，可以延期，但延期时间比子孙没有官职的减少一半。

属下亏空，上司负有领导责任的，亦要按比例分担赔偿，数量在五千两以下者，限期三年偿还；数量在五千两以上者，限期四年偿还；一万两以上者，限期五年偿还。逾期不能照数赔偿的，奏明皇帝问罪。[②]

以上是对官员的追责，而胥吏书役挪借钱粮、物资者，无论数额大小，一律限期两年赔偿。逾期不能赔偿的，先捉拿本人问罪，然后抄家抵债。若是抄家所得财物不够赔偿，当初批准、放纵他挪借的官吏负责剩余欠款的六成，追责不力的官员负责另外四成。

虽然厘清了历年的亏空，但仍需防微杜渐，不让新的亏空出现。陶澍分析亏空根源，约有四端：一是衙门为维持排场开销太多，官员时常挪用钱粮；二是州县摊派勒捐太多，农民不堪重负，干脆抗税不交，农民抗税，官员怕激起民变，又不得不应付上级考核，只能挪用其他公款来填补，新款、旧款乱成一团；三是安徽常常发生水旱灾害，朝廷常恩准豁免、缓征，又造成了账目的混乱；四是官吏的贪污。

针对这种情况，陶澍大力裁减安徽州县衙门的办公费用，将纯粹排场、应酬的开支裁掉，又将不需要的人员裁撤。如此一来，既提高了行政效率，整顿了吏治，还减少了不必要的开支、摊派。摊派和勒捐减少后，百姓也没有必要冒险抗税，一些常年抗税不交的村落，很快把钱粮补交上来了。

为防止官吏继续侵盗和挪用钱粮，陶澍严立提款制度，禁止随意在国库提款，他增加了库房的账目管理，责任层层落实，每一道程序都有人负责，实行“严交代”。同时他再次严审，亏空既已查明，州县已无拖欠，以后禁止州县开设议单对民户摊派，也不允许用欠票拖欠款项。

厘清钱粮亏空之前，安徽州县官员大部分精力都用来敷衍上级的考成，每天都在焦虑如何解决亏空。亏空责任厘清，官民各自分头补偿，几十年的积弊为之一清，官员不再忙于勒捐赔偿，就可以把精力投入民生问题的解决了，“严交代，裁捐款，禁流摊，俾官得自立，以专其力于民，而吏治以起”[③]。

安徽民生最大的问题，是水旱灾害的频繁，这也是导致钱粮亏空的重要原因。安徽之地，南临长江、北负淮河，复有黄河侵扰，春夏之际，水灾延绵不绝。从那个无夏之年起，阴阳失衡，四时无序，旱灾水患，年年不息。这是整个地球气候变化的结果，非人力能够完全解决，然而陶澍也在力尽人事。他在安徽主持了大量的水利工程，以期减少水旱灾害的影响。

淮河之水被黄河倒灌，泥沙淤积，日甚一日。陶澍登上涂山、八公山，俯瞰淮河形势，将数百里长河的支流和港汊尽数了然于胸。在八公山上，他勾勒出安徽水利的宏图，以淮河与洪泽湖治理为中心，挑浚河湖，蓄水攻沙。他一面组织人力挑深河床、湖床，清除淤堵，增加蓄水深度，一面在淮河沿岸筑高堤坝，借此抵御洪水漫灌，同时以高堤大坝束住水流，与蔓延的黄河水隔离，阻挡黄河带入的泥沙，为洪泽湖注入清水。[④]

治理淮河与洪泽湖之余，陶澍雇募夫役，挖深凤阳县的花源湖、寿州的城西湖、凤台县的焦岗湖，然后开挖沟渠，引湖水入淮河，增加淮河流量，提高洪泽湖的水位。为了筹措经费人力，他实行了计亩摊派的办法，田多者多出钱，田少者少出钱，无田者出劳动力。经过他的整顿，到陶澍调离安徽时，安徽已从"暴涨连番浸大田"变成了"恰喜嘉禾满大田"。

陶澍心中亦明白，这些水利工程，让安徽短时间减少了水旱之灾，但也只能解一时一地之急。气候变化，国势衰颓，"道光萧条"的趋势，岂是一己之力可以扭转？他常立于高处，望着脚下饱经沧桑的土地，心中屡屡生出悲悯与苍凉。身负千钧重担，他最后只能叹息一声，吟咏几首歌诗，聊以解忧。

仓储制度的一大创新

道光三年，夏秋两季灾害频发，安徽铜陵、无为、桐城等二十四个州县遭受水旱侵袭，灾情十分惨重。陶澍即刻上书朝廷，提议对受灾区域实施分类缓征税收与分期救济之策。要救济灾民，就得手中有粮食。中国历代皆有救灾的仓储，用于紧急时刻救灾，朝廷创办的称为常平仓，民间兴办的称为社仓。清代的仓储制度原本非常完善，乾隆时期，用于救灾的仓储粮食高达四千八百多万石，可惜随着嘉道时期的钱粮亏空，很多仓储都已放空，嘉庆十四年（1809），全国仓储粮食仅有二千六百万石，只有乾隆时期一半。[5]

尽管陶澍已经清查了安徽的钱粮亏空，但仓储的粮食还未来得及补齐，现存的粮食，远远不敷其用。他只得发动各地乡绅慷慨解囊，共襄义举，因为陶澍在安徽官声极佳，而且作风果断，很快就筹集到大量募捐。仅潜山县募捐银两便达两万两，宣城县（今宣城市）更是高达九万两。对于踊跃捐资的乡绅，陶澍都为他们请功嘉奖。

天下之大，灾荒如此之频繁，又怎能都靠临时募捐呢？可是传统的仓储制度确实难以维系，陶澍为此四处走访调研，思考改革之道。

由国家控制的常平仓，创始于西汉。常平仓里的粮食，来源有两端，一部分由政府的财政拨给，一部分由社会募捐。清代甚至规定，士绅可以向朝廷捐赠财物，以换取监生的资格，监生与秀才享受同等待遇，可以直接参与乡试。士绅为了获取监生资格捐纳的钱粮，归入常平仓管理。

大量粮食存放于仓库，州县地方势必派出官吏管理，从而产生数目不小的管理费用。粮食长期在库，亦会因为霉变、虫害、火灾的影响产生损耗。清代制定的仓储损耗标准较为严苛，每年的损耗率不能超过百分之四。然而即使到了近代，储粮的损耗率也远远超出这个标准，通常在百分之五至百分之十之间。因此，超出朝廷规定之外的损耗，就得由地方官和常平仓管理者来设法填补。

西汉创设常平仓时，曾设想过一个令常平仓经营获利的办法。常平仓可以在粮价走低时购入粮食，在粮价高涨时卖出粮食，在一买一卖之间获取利润。按照西汉官员的设想，常平仓在粮价低时，以略高于市价的标准购入粮食，不但能以较低的价格填补仓储，更能拉高粮价，打击压价的粮商，防止谷贱伤农。常平仓在粮价高时，以略低于市价的标准卖出粮食，既能获取利润，还能拉低粮价，防止商人操纵市场，囤积居奇。如此一来，政府不仅赚取了维护常平仓的利润，还平衡了市场，维护了民生，倒霉的只有投机商人。

按照这种设想，常平仓低籴高粜，不但能获取利润弥补损耗，还能通过出售仓储陈粮，购入新粮填仓，使仓储粮食维持在保质期内，是一个近乎完美的仓储管理制度。

可惜到了清朝，这个设想已经全部落空。随着商业的发展，统一的全国市场建立，粮价的波动受全国粮食市场影响。全国市场建立后，影响粮食价格的因素太多，已经不能简单地将粮价的涨跌归结于本地收成好坏，常平仓的管理者很难根据当地粮食收成，把握全国粮价的涨跌。

明代以降，商业日见发达，交通亦日趋便利，商人、民户亦懂得在低价时大量收粮，高价时大量售粮，常平仓的管理者不得不与海量的市场参与者竞争，很难保证低价收粮和高价出粮。往往粮价刚一跌落，比官员对市场反应更灵敏的商人就已大量吃进粮食，待官方反应过来时，粮价已经回升。粮价稍有上升，全国各地的粮商立即从外地把粮食运到，令常平仓出粜的陈粮毫无竞争力。民间的商人除了嗅觉更为灵敏，反应更为迅速，他们下乡收粮，远距离运输粮食的效率也更高。

如此一来，别说以略高于市价的标准收粮，以略低于市价的标准放粮，常平仓甚至按市价收粮、放粮都会亏本，仓储的陈粮根本卖不出去——至少在清代，官府做生意的效率，远远比不过商业组织。靠低籴高粜、推陈出新无法维持常平仓运转，加上管理者的监守自盗，常平仓也就日益亏空。

民间集资兴办的社仓，其储粮量来自士绅、商人的自发募捐，但日常运营亦需接受官方的监督。为了弥补损耗，社仓也采用了与常平仓近似的做法。相比常平仓，社仓更靠近农村，他们通常会在青黄不接的时候向农民出借粮食，以收取一定利息。既然社仓是公益机构，自然不能当成高利贷经营，雍正曾规定，社仓出借粮食，每石收取利息二斗，遇到小灾年利息减半，遇到大灾年利息全免。雍正认为，尽管社仓借贷的利息不高，但即使是每石二斗的利息，运营十年后，社仓存储的粮食已能翻倍。可在实际运营中，因为天灾频仍，农户多破产，社仓出借粮食后，很多根本收不回成本，何论利息。

陶澍在各地进行了考察调研，又走访了善于经营的商户，最后得出一个结论：常平仓和社仓之所以大量亏空，是因为官府将它作为一个经营主体，期望通过市场经营获取利润，以维系仓储的运转。但实际上，由于市场条件复杂，仓储不仅无法通过市场盈利，甚至会因粮食价格的剧烈波动，导致大量亏损。既然如此，不如干脆剥离它的经营资格，使其完全转化为一个公益实体。

有鉴于此，陶澍规定，在安徽新建的仓储，不再叫常平仓，而改名“丰备义仓”。在丰收之年，号召地方士绅为“丰备义仓”捐赠粮食，待到灾荒之年再开仓放粮。“丰备义仓”平时只积累、储备粮食，不再参与借贷与销售，自然也不用再考核损耗率。[6]

只储备，不经营，不靠经营利润来填补储粮损耗。“丰备义仓”的损耗，由士绅的捐赠来弥补，从此之后，“丰备义仓”储粮多少，只取决于地方士绅捐赠的活跃度，与粮价的涨跌完全无关。乍一看，相比常平仓和社仓，“丰备义仓”没有经营收入，仅靠捐赠维系似乎有点不靠谱。但实际上，与市场绑定，就必须承担市场带来的风险。常平仓参与市场经营的时候，经常会因为一次交易失手，导致大量储粮亏损，社仓也经常会借出粮食无法收回本金。因交易带来的亏损，往往会把多年交易获得的利润抹平，造成的损失之大，远超朝廷规定的百分之四。陶澍不让“丰备义仓”交易和放贷，减少了管理的困难，把损耗维持在自然损耗的水平。自然损耗，其实比因市场交易失败带来的损耗更容易弥补。

更重要的是，既然市场交易有极大风险带来损失，贪腐的官吏就可以利用这一点，来套取公共财富。他们可以将新米当作陈粮出售，再购入陈米填补仓储，达到损公肥私的目的。有的官吏甚至与粮商勾结，故意将上等储粮折价出售，或者高价收购劣质陈粮，从中收取回扣，然后报备因为市价波动导致亏损。禁止常平仓交易，自然堵住了官员以权谋私的门路。如果不能禁止一个部门贪腐，就干脆绕开这个部门，或者停止这个部门的权限，这是陶澍独特的思维方式，此后他会在漕运、盐务改革中，大量运用这种方法，通过裁撤部门、减少办公环节，来降低官员的贪腐，从而降低运作的成本。

“丰备义仓”的设置，“打破了利用仓储直接从市场交易中获得利润的简单想法，即断绝仓储直接参与粮食市场交易的可能。尽管陶澍的基本出发点是仓储管理的困难，但实质上却改变了原来仓储固有的运营思路。仓储不再单纯地被假想为参与市场的经营机器，而开始定位为储备粮食、应对危机的社会公共组织。这种社会职能定位的改变对于传统仓储突破自我困境起到关键作用”⑦。

从另一方面来讲，既然常平仓和社仓都由民间自由捐赠，也不需要考核其损耗率，那为什么一定要官方来管理呢？陶澍的又一项改革是，官方只需要鼓励民间为“丰备义仓”捐赠，给予积极捐赠的士绅以奖赏，却无须参与“丰备义仓”的管理。常平仓完全官办，社仓官督民办，“丰备义仓”则回归了社会，实现民捐民办。常平仓大量集中于州县治所附近，靠近城市而远离农村，很难近距离赈济村民。陶澍将“丰备义仓”下放，实现本村办本仓，本仓赈本村。

很多士绅不愿意向常平仓、社仓捐赠粮食，是因为这些仓储都由官员管理，他们担忧自己的捐赠很难落到实处，被官府贪墨和挪用。而且到了赈灾时，农民往往只记住拨放赈灾粮食的青天大老爷，却不知道这批粮食出自谁的捐赠，对士绅积累名声不利，不利于激发他们捐赠的积极性。“丰备义仓”下放到地方后，由士绅自己管理，以本地的义仓赈济本地，受赈的灾民知道粮食从何而出，必然对士绅感恩戴德。这种激励机制，有利于士绅进一步巩固地方领袖的地位，因而更加乐意捐赠。

况且地方士绅自行管理“丰备义仓”后，自己捐赠的粮食，自己管理，士绅之间相互监督，虽说不能完全禁止腐败，但侵盗储粮的现象比从前大为减少。“虽曰藏之公，实与藏之私无异”。

在近代高效的政府组织建立以前，衙门的管理效率是非常低下的。既然暂时无法创立高效率的近代政府，那就不如借助民间的力量。发动民间组织，调动民间力量，是陶澍在地方行政上的一大开创，他后来实施海运，也采取了政府出资雇佣沙船商人的办法，而不是直接创办官营船队。他没有权限，也暂时没有能力赤地立新，创建高效廉洁的政府机关，就采取官民合作的办法来提高效率。这套做法，对他的湖湘晚辈影响特别大，曾国藩、胡林翼、左宗棠等后来就是采用这种办法，利用民间力量来招募军队，筹措粮饷。这种做法的弊端，是容易导致地方势力坐大，因而不足为百年之训。然而在晚清时期，仍不失为一个在短期内革除时弊的妙招。

学者吴四伍评价说，陶澍“将仓储的收益和管理直接挂钩，通过对地方社会的负责，来激励绅士参与管理。通过落实仓储的地方收益和责任，动员和激励地方经营的参与，吸收地方社会的丰富资源，从而使得丰备义仓发展获得强大的生命力。对于地方士民，特别是地方绅士来说，创办民间义仓成为一种可能。一方面他们能够作为地方社会精英代表，名副其实地成为地方仓储的管理者，动员地方力量开展仓储建设。……另一方面，这也是绅士获得地方社会威望等社会资本的可行途径。绅士们不仅乐于参与仓储，更要求将情况公之于众，接受大众的监督。因此他们刊刻大量的仓储征信录等发给当地民众，或者张贴于仓门之前，将每年仓储的管理情况定期向民众公布。这种仓储管理的公开也成为丰备义仓的一个特点。它不仅能够促使绅士认真管理，同时也能够有力地证明绅士管理的清廉，承认他们付出的大量辛苦劳动，自然也受到社会的尊重”⑧。

陶澍的“丰备义仓”，是中国仓储制度的一大创新，也是中国仓储制度走向近代化的开端。在陶澍的倡导下，林则徐、贺长龄等人持续推广“丰备义仓”，极大地改善了清代中国的灾荒赈济体系，也让各地州县衙门甩掉了常平仓这个巨大包袱。美中不足的是，陶澍的“丰备义仓”虽然简化了管理程序，增加了仓储，但还是未能为新的仓储机制提供新的营运机制，只能靠士绅的自发捐赠维系。到了近代以后，在“丰备义仓”的基础上，江南地区推行了积谷仓，采取按亩劝捐的方式维系仓储，基本上等于全面征税，以税收来维系仓储，中国的仓储赈济体系，才完全实现近代化。

除了“丰备义仓”，陶澍在安徽赈灾的时候，拟定了许多章程，既总结了历代救灾的经验，亦有很多他自己的创新。他首先注意到赈灾时，必须稳定民众的情绪，防止灾荒年代因为人群恐慌，造成严重的动荡，引发比灾害本身更严重的祸乱。陶澍最喜欢用一个词，“晓谕”，在他看来，之所以会发生动荡，是因为官府和民众的沟通不畅，导致民众不能及时掌握信息。是故他遇到灾荒后，第一件事就是派人四处张贴告示，宣讲官府的赈灾政策，安抚民众情绪，树立官府的威信。

历代赈灾都会有官方和士绅组织施粥，发放钱粮，陶澍却注意到，集中施粥导致人群聚集，容易发生骚乱。因此他规定，施粥必须多设地点，安排好人手维持秩序，防止人满为患发生冲突。在饥荒中，常有人趁机抢劫和奸淫，陶澍就立下规矩，赈灾时必须派员拟定花名册，令流民按名册领取竹签，以供身份查验。赈灾时期，住在一起的灾民要男女分开，防止出现奸淫现象。

除了施粥，他规定，赈灾期间要安排医生，备好医药，准备好寒衣发放。饥荒期间常有卖儿鬻女的行为，也有抛弃婴儿的现象。陶澍多次上奏朝廷，建议加大对灾荒期间人口买卖的打击力度，同时大量设立育婴堂，收养父母实在无法养活的婴幼儿童。暹罗使者在安徽境内私买幼童八人，陶澍发现后，将儿童截下，送往留养局抚养，又让地方官查访其原籍，着亲属领回团聚。[9]

灾荒期间，他特别留意民间社团和地下宗教组织，屡出重拳打击迷信活动，防止他们趁机蛊惑人心。虽然陶澍也时常利用迷信提高自己的威信，但他本人完全不迷信。他对迷信的态度很有意思，面对上层人士，如皇帝、士大夫这种对迷信将信将疑的人，他时常搞一些神秘主义的事情，以提高自己的声望。当面对愚昧无知、沉迷其中的小民，他又严厉打击迷信活动。

在川东时，他就住进据说诡异不祥的馆舍，以证明世间没有邪祟。在江苏疏浚河道时，他欲治理猪婆滩。猪婆滩下边堆积了很深的泥沙，民间都传说下边有猪龙神怪潜伏，不能动工治理。陶澍却力排众议，最终挖掉了猪婆滩，还在事后四处公告，告诉大家百年的传闻最终破除，猪婆滩根本没有鬼神邪祟。[10]

在赈灾、治河、整顿吏治的同时，陶澍非常重视安徽文脉的培养，筹集资金大修书院。他后来巡抚江苏，总督两江，更是在江苏大兴书院，江阴的暨阳书院、金坛的金沙书院、海州的敦善书院都是由他主持新修或重建。金陵惜阴书院，更是由他带头捐资白银一万两修建，对江南文化影响很大，汪士铎、张謇都是惜阴书院培养出来的文化名人。惜阴书院后来被改造成中国近代第一家公共图书馆。

【注释】

①《陶澍全集》第 6 册第 424 页，岳麓书社 2017 年版。

②《陶澍全集》第 1 册第 88、89 页，岳麓书社 2017 年版。

③《陶澍全集》第 1 册第 3 页，岳麓书社 2017 年版。

④《陶澍全集》第 1 册第 232 页，岳麓书社 2017 年版。

⑤《清仁宗实录》第 3 册第 973 页，中华书局 1986 年版。

⑥《陶澍全集》第 1 册第 242—247 页，岳麓书社 2017 年版。

⑦ 吴四伍《清代仓储的制度困境与救灾实践》第 130—131 页，社会科学文献出版社 2018 年版。

⑧ 吴四伍《清代仓储的制度困境与救灾实践》第 133—134 页，社会科学文献出版社 2018 年版。

⑨《陶澍全集》第 1 册第 94 页，岳麓书社 2017 年版。

⑩《陶澍全集》第 7 册第 98 页，岳麓书社 2017 年版。

七、兴办海运

道光君臣的两难抉择

东流入海的黄河，与运河交汇于淮安之地。黄河万里滚滚而来，在淮安与运河交汇后，将大量泥沙倾入运河。运河水道不堪黄沙浊流日复一日地倒灌，河床日高，水道日窄，至苏北流域已形成严重的沙淤，漕船如陷泥淖，艰险难行。为了减少运河的淤堵，清廷于洪泽湖蓄水，通过筑高堤坝的方法，提升洪泽湖水位，待到丰水季节开坝放水，借洪泽湖里的清水冲刷黄河淤积的泥沙，称为“借清刷黄”，以保持河道畅通。

欲维系洪泽湖“刷黄”的效能，必须保持洪泽湖水位高出黄河一丈以上。然而由于清朝河工懈怠，治黄款项多遭贪墨，黄河常年失于修缮，泥沙淤积，河床日高，竟致使黄河水位反超洪泽湖，非但不能借洪泽湖“刷黄”，洪泽湖反被黄河倒灌。嘉庆年间，黄河倒灌洪泽湖，致使洪泽湖湖底渐升，水位高回去了，然而混满泥沙的湖水，已不能“刷黄”，反而造成了一个新的祸患：一旦洪泽湖溃堤，滔天湖水外溢，将会冲垮运河岸堤，导致运河中的水被放干。无奈之下，清廷只得在洪泽湖东岸加筑明代潘季驯所筑的高家堰，以阻止湖水冲击运河。

道光四年（1824），高家堰终究没有挡住洪泽湖水，顷刻间运道尽毁，河水四溢，大运河水道干枯，舟楫难行。

南方漕粮无法北上，朝廷惶恐万分，在此危急关头，顾不得长远考虑，只得“饮鸩止渴”，采纳大学士孙玉庭、两江总督魏元煜的建议，实施“借黄济运”。孙玉庭、魏元煜的建议，是开挖沟渠，将黄河水引入运河，以解燃眉之急。运河倾入黄河之水，立刻可以行船。然而，此举与长期以来严防黄河水入运河的政策背道而驰。因为黄河水泥沙太多，进入运河会导致航道更加淤堵，可是此时事态紧急，亦无暇多顾。[①]

“借黄济运”之策，虽然能纾解一时之困，完成当年漕运，却埋下了隐患。黄河水进入运河后，在两年的时间里，将运河的河床抬升了十五尺，至道光六年，漕船已经无法在运河行舟。

清朝的水利工程师们面对这一难题束手无策，既找不到新的清水冲刷泥沙，又无充裕的人力挖深运河的河床。道光和他的大臣们陷入两难：道光六年的漕运该如何进行？

运河淤堵不仅每年耗费朝廷数百万两白银的河工费，还造成巨大的农业经济损失，每年的代价不下五百万两。加上漕运开支、各种陋规和灰色成本，为保四百万石漕粮，民众可能承担了上千万两白银的重负。然而，当时清政府的年度财政收入仅有四千万两左右。

从现代的角度来看，解决漕运问题的最佳方法是折色。朝廷不再向江南粮户征收实物漕粮，转而将其折为银两征收。相较于运送四百万石沉重的漕粮，将四百万两漕银运回京师，要轻松得多。倘若更进一步，朝廷还可利用钱庄的汇兑工具，在南方钱庄存入银两，然后在京师的分号取出银两，实现快捷汇兑。

一旦实行折色，朝廷对宗室、旗人、官员的供给亦可改为发放银饷，让他们去市场自己购买粮食。如此一来，南粮北运的重任就转移给了商人，通过市场机制来解决问题。

自从明代张居正推行一条鞭法，明清两代的赋税多已折银征收，清代赋税的主体是地丁银，唯独保留了四百万石漕粮的实物，作为保障朝廷粮食储备的托底之策。这样做的初衷是避免完全受制于市场，可是如今看来，为了确保这四百万石漕粮，朝廷付出的代价实在太高。更何况全国粮食市场已经成熟，实行折色征收的条件已经具备。

明代曾行开中法，由商人负责北方驻军的粮草供应。商人可自行选择交兑粮食的办法，或者从南方运粮北上，或者在北方就地收购、屯田，只要按时向边军交付粮草，即可获得朝廷支付的报酬，通常为盐业经营许可即盐引。此乃将北方粮草开销转交商人办理的实例。北方大饥荒时，朝廷无粮可发，导致边军丧失战斗力，甚至大规模向闯王李自成投降。这一惨痛的历史教训，使得作为明朝继任者的清廷不愿完全放弃实物赋税。他们宁可付出巨大代价，也要确保朝廷掌握一定的粮食储备。在这种情况下，将南方漕粮改为折色征收的方案难以在朝议中获得通过。

事实上，清朝中期的市场发展水平已远超明末，完全有能力承担北方粮食供应的重任。令人啼笑皆非的是，南方运往北方的漕粮是米，而北京的旗人子弟更习惯食用面粉。旗人在领到漕粮后，大多将漕粮卖给北方的粮商，再从商人手中购买面粉食用。这意味着，京师旗人的日常口粮供应实际上早已依赖粮食商人。既然朝廷费尽心力运至北方的漕粮最终还是被转卖，何不直接发放银两，让旗人自行购粮呢？

太平天国战争爆发后，漕运被阻断，清廷被迫将南方漕粮改为白银折色征收。令人意外的是，即便没有南方漕粮供应，京师也从未断粮。太平天国战争后，南方督抚以各种理由推脱漕粮北运的责任，尽量改用漕银代替，京师粮食供应仍然未受影响。这一事实清楚地表明，漕粮改折的条件早已成熟。

漕运的兴起，是因为北方粮食匮乏，无力供应京师，朝廷不得不令南粮北运。可是经过长期发展，尽管南方经济总量仍远超北方，北方农业却已发展到能够自给自足的程度。甚至有商人将北方粮食运到南方，供应因发展经济作物而减少粮产的南方省份。更具讽刺意味的是，在陶澍去世二十余年后，一些精明的运丁为图省事，竟然不再将南方漕粮北运。他们收到漕粮后就地出售，换成银钱空船北上，在山东购买小麦运至天津发卖，再用所得购买大米送至通州仓交付。这种做法不仅省力，还能获利。[②]

可惜的是，将京师粮食供应完全交由商人负责，实行漕粮改折，对清朝官僚的传统观念而言实在过于颠覆。千百年来，手中必须握有实物粮食作为保障的思维根深蒂固，加之传统文化对商人的歧视和不信任，即便像陶澍这样的开明之士，也不敢在此时提议漕粮折色。因此，清朝只剩下一个选择：通过更现代化的运输方式，即海运漕粮，来规避内河漕运中的诸多弊端，绕过淤堵的运河，以提高运输效率。

清代江南的商队将南方物产海运北上销售，已有多年的经验，根据当时海运的条件，最常用的运输工具是沙船。沙船是中国古已有之的一种海船，与福船、广船、鸟船并称为中国四大古船。它在宋代被称为防沙平底船，到了元代，人们简称它为平底船。明代以后，沙船这个名称才开始广泛使用。沙船的设计独具特色，与常见的远洋船只有着显著区别。航行于大洋的海船，多采用尖底设计，如此则吃水深，易于抗拒风浪，能够破浪而行。然则江苏北部是黄河入海口，泥沙淤积，暗礁潜伏，深吃水的船只很容易搁浅。相比之下，沙船采用平底设计，吃水浅，能坐滩，即使搁浅也不会造成严重损害。这种设计特别适合在这一带海域“沙行”。正因如此，清代中国从江南北上，走北洋航线的船队，多用沙船。至于南洋海域，由于水深浪高，则需要使用更适合深海航行的尖底船。

沙船根据大小可分为三类，但无论大小，每艘船上都装有五个桅帆，可借助风力前进。根据陶澍的记载，大沙船可载米一千四五百石，中沙船可装米八九百石，小沙船则仅可装米四五百石。当时在上海附近活跃的沙船，大概有三千多艘，其中大半是小船。

用沙船海运物资，不但技术上已完全成熟可靠，而且成本极低。众所周知，海运是所有运输方式中成本最低的。正常情况下，海运优于河运，河运又优于陆运。倘若改走海路运送南方漕粮，不仅能大幅降低运费，还能避开内河沿途衙门的勒索，从而减少陋规。当现有监督体系难以完全杜绝贪腐时，改变运转机制，减少中间环节，便成为减少陋规的最佳途径。实施海运后，可能存在陋规的环节仅剩起运和交仓两处，由于环节大为减少，大大降低了监督成本，朝廷能够集中力量在这两个环节严加把控，从而有效遏制贪腐行为。

尤其重要的是，一旦官方开始大规模将南方粮草海运至京师，就等于向全国发出一个明确信号：官方支持海洋运输。这一举措将极大地鼓舞民间商业向海洋发展，突破数百年海禁所造成的思想禁锢。官办海运的开启，势必带动民间海上运输和贸易的蓬勃发展。随之而来的，是国人海洋权益意识的逐渐觉醒。这种意识的形成，必将推动清朝重视维护国家海疆，争取海洋权益。如此一来，清朝或将比原定历史提前五十年开始海防建设，避免在后来的一系列战争中手足无措，被动挨打。

海运与河运之争

在陶澍之前，清廷已多次探讨过海运的可行性。康熙十年

(1671)，左副都御史姚文然曾奏请开海禁，组织海运以赈济饥荒。因为其时康熙正实施海禁政策，姚文然的建议未能付诸实施。康熙二十三年，随着天下一统，康熙下令解除沿海省份的海禁，朝野之间，很多有识之士积极倡导海运。康熙三十九年（1700），因运河淤堵，康熙曾下令商讨海运之策，但因运河最终疏浚成功，海运之议暂时搁置。

雍正年间，广州知府蓝鼎元的提议更具前瞻性。他主张停止靡费国帑的漕运，改由海上运输漕粮。为了防止海盗劫掠，他更建议水师筹备海上分部，在上海设立海运总督，合并江浙、山东水师，提升海洋作战能力，保护海上运粮船队，控制海上交通枢纽。[3]举荐蓝鼎元的恩主，著名的经世大家、大学士朱轼还招募水利专家陈仪，在江南治理海塘，甚至试图在天津开凿河道直通大海，以便利海运，可惜因耗资太大作罢。[4]

嘉庆九年，由于洪泽湖无法发挥"刷黄"作用，河口淤塞，各省漕船滞留运河无法前行。素来反对海运的浙江巡抚阮元也不得不考虑在江南雇用商船试行海运。后来因河道恢复，勉强能够通航，阮元停止了海运的筹备。这一系列的历史事件表明，尽管海运漕粮的方案此前多次被提出和讨论，但始终因各种原因未能成为清廷的主流选择。

嘉庆十五、十六年，因为洪泽湖水泄漏，导致黄河水位比清水高出五六尺，面对这一情况，嘉庆两次下诏，谕令江南督抚试行海运。金匮（今江苏无锡）知县齐彦槐向江苏巡抚章煦力陈海运章程，经世派代表人物，陶澍的好友包世臣，亦在此时向江南各督抚进言实施海运，并撰成《海运南漕议》一文。然而，由于沙船不能安装排气筒，章煦疑心沙船海运时会导致漕粮霉变，因此抵制海运的提议。两江总督勒保更是向朝廷上书，列举海运不可实行的十二条理由，在这些反对声音的影响下，海运的提议最终未被清廷采纳。

道光四年，高家堰溃堤事件再次引发了河运与海运之争。道光简派大学士汪廷珍赴江南考察运河状况。汪廷珍是齐彦槐的业师，一心推行海运的齐彦槐冒着大雪前去参谒恩师，力言借黄济运之不可行。齐彦槐言辞犀利地指出，即便妇孺也能明白这种方法毫无益处。

齐彦槐向汪廷珍呈递了《海运南漕议》一文，旗帜鲜明地反驳了反对海运者的三个谬论。反对海运的人，主要有三种观点："洋氛方警，适资盗粮"；"重洋阻深，漂没不时"；"粮艘须别造，柁水须另招，事非旦夕，费更不赀"。简单来说，便是海盗猖獗可能劫掠粮船；海上航行风险大可能导致粮船沉没；朝廷此前只有在内河通航的漕船，倘若要行海运，则需另外建造海船，招募能够海上航行的水手，花费十分巨大。

《海运南漕议》深入剖析了海运之利，文中指出，中国海疆肆虐的海盗，向来在南洋航线出没，而漕船北上，走的是北洋航线。清朝以江苏的吴淞为界，将中国沿海地区划分为南北两洋，长江以南的江苏、浙江、福建及广东各省沿海，统称南洋；江苏以北的山东、河北、辽宁各省沿海，则称为北洋。南洋水深，海盗多装备吃水较深的鸟船，北洋海水较浅，沿途多礁石，商船皆用吃水浅的平底沙船。海盗的鸟船到了北洋，一碰礁石就会船毁人亡，因此不大可能越过吴淞来抢漕粮。⑤

许多官员对海洋航行缺乏了解，误以为海运风险极高。实际上，清代由于开发出了新的安全航道，北洋海运比元、明两代更为安全。经常往来的商队对这条航线非常熟悉，"水线风信，熟如指掌"。上海商人常常把走陆路到南京视为远路，然而让他们走海路到辽东，即便一年往返四五个来回亦不以为苦，"关东、天津之信由海船寄者，至无虚日"。

齐彦槐曾向沙船会馆的董事咨询，得知每年沉没的沙船，仅占总数的百分之一，其漂没的概率远低于河运。他进一步指出，朝廷若采用海运漕粮，无须新造海船，亦不用重新招募、培养海员，只需雇佣江南的沙船即可。这些沙船的主人都是殷实的富商，从未有过欺骗行为。民间沙船管理十分严格，朝廷可以放心雇佣，且费用远比漕运低廉。

关于海运时间过长可能导致漕粮霉变的担忧，齐彦槐引用了蓝鼎元在雍正朝的观点予以反驳。蓝鼎元指出，海船从福建厦门出发，顺风时十余日即可抵达天津；从上海崇明出发，若是顺风，则只需八九日即可到达。齐彦槐认为，沙船抵达天津不过旬日之间，断无霉变之虞。

汪廷珍读完《海运南漕议》后如获至宝，他将书稿带至京师，交由道光与军机大臣参阅，这对坚定道光试行海运的决心起到了重要作用。在道光的坚持下，漕运总督魏元煜派遣齐彦槐，江苏巡抚张师诚派遣何士祁，前往上海等地调研海运。值得一提的是，《海运南漕议》并非齐彦槐的著作，而是包世臣于嘉庆八年所撰的一篇经世文章。后来，包世臣转托齐彦槐将此文上书汪廷珍，齐彦槐仅在包世臣的文章上，增添了少许个人见解。这篇文章后来既以包世臣的名义收入了包世臣文集，又以齐彦槐的名义，收入《皇朝经世文编》。

齐彦槐于海运一事确实有着独到的见解，然而他在人情世故方面却显得颇为生疏。尽管他长期在基层担任知县，但对清朝官府的执政作风却缺乏深入的了解。他抵达上海后，便立即向漕运总督魏元煜提出了自己的建议。他认为，上海商人并不一定都愿意参与海运，为了防止他们借出海贸易之名，将沙船驶离上海，导致朝廷届时无船可用，应立即下达“封雇令”，自三月份起封锁海港，许进不许出，所有海运船只，一律停在港口听候朝廷差遣。齐彦槐的建议得到了采纳，尽管是否实行海运的决策还未最终确定，魏元煜、张师诚已经下令上海道，将海船全部扣留。⑥

在古代中国，商人虽坐拥金山银海，却社会地位极低，平日行事，如同走在刀锋边缘，其境遇之凶险，实非后人所能想象。古代中国没有完善的民法体系来保护商人的权益，当朝廷和官僚需要钱财时，便会设法勒索商人。商人是他们眼中待宰的肥羊，巧取豪夺，无所不用其极。

中国传统思想以农为本，加重农民的负担会受到舆论的谴责。而商人作为逐利者，在传统义利之辩的观念下被视作小人，即使被敲诈也无伤大雅。为了自保，商人要么选择投靠某个官僚以求得庇护，要么小心低调，尽量避免与官府有所瓜葛。

江南的沙船主对与朝廷的合作本就心存疑虑，时刻担心官僚会找借口拖欠运费甚至敲诈勒索。张师诚的“封雇令”，如一场突如其来的风暴，让原本就心存疑虑的沙船主们更加惶恐。封雇沙船期间，各处的胥吏书役趁机敲诈勒索，无所顾忌，导致许多出海在外的沙船不敢贸然返回上海，被迫在海上漂流或停靠到其他省份的港口。

齐彦槐的建议和魏元煜、张师诚二位督抚的应对，如同一出荒诞剧。他们的做法不仅没有解决问题，反而加剧了矛盾。齐彦槐可能对清朝的政商关系缺乏理解，而两位封疆大吏的操作，则很可能包藏祸心。魏元煜和张师诚都不赞成海运，却不妨碍他们果断下令“封雇备用”，原因何在？中国古代官僚有一种狡猾的手段，他们如果不敢在明面上反对某件事情，就会假装赞成这件事，然后用极端的手段把事情办砸。

及至四月，沙船藏匿、逃亡的现象日益严重，张师诚害怕封雇沙船的举措酿成更大的祸端，遂于四月初解除了“封雇令”，将扣押的船只悉数放行。齐彦槐听闻后，急忙找到张师诚进言道：“沙船商人本就不乐意参与官府策划的海运，经过此番风波之后，他们恐怕更没了与官府合作之心。此刻若是解除封禁，彼等必定纷纷逃离，北上胶州、莱芜，甚至远赴辽东之地寻求贸易，再不复返江南。待到朝廷海运之时，又有何处可以雇船？既已使用强力措施，不如强硬到底，绝不解除封雇。”张师诚闻言“大息以为然”，遂下令暂缓放船，将还未来得及离港的那一半沙船继续扣留。[⑦]

张师诚是坚定的“河运派”，他屡屡扣留、“封雇”沙船，一则应付朝廷，二则趁机捣乱。然而到了四月初十日，大学士英和上奏的《筹漕运变通全局疏》却如一石激起千层浪。英和在奏折里力陈海运之利，批驳了历来反对海运的陈词滥调。他认为，当前虽然不能完全废止河运，但至少可以在江苏一省，雇佣商船海运，以分担漕运压力，河运、海运并行不悖。至于海运费用，他建议从漕运费用中划拨，无须另筹资金，这一提议无疑为钱粮亏空的朝廷推行海运扫清了资金障碍。尤为重要的是，当时众多官僚皆认为海水腐蚀性强，海风中又蕴含盐卤，会导致漕粮腐败。英和根据调研结果，指出沙船多年运送花草北上，娇弱的花草都没有受到损害，那么漕粮就更无霉变之虞。[⑧]包世臣曾多次向英和上书，建议海运，英和坚定推行海运，想来受到了包世臣的影响。

道光读过英和的奏疏后大为赞赏，遂下令在江苏试行海运，在皇帝的乾纲独断下，海运与河运的争议暂时停歇。这场激烈的讨论，不仅是运输方式的争论，更是一个传统王朝在面对新挑战时的犹豫和矛盾，是传统与变革、保守与创新之间的激烈碰撞。

朝廷海运的决心既定，张师诚遂再次下令封雇沙船。张师诚前一次封雇沙船，胥吏已肆行勒索。这次朝廷决定海运后，张师诚未能及时向商人解释说明，反而再度扣留船只，导致勒索行为愈演愈烈，远甚从前。结果，在港商船望风而逃，四散匿迹。根据琦善的调查，朝廷所能控制的商船运力，仅有七十万石的运力，船商参与海运的积极性遭受毁灭性打击。

魏元煜和张师诚反复抗辩，一意阻挠海运的实施，加之张师诚两度封雇沙船，致使商人离心离德。有鉴于此，道光做出重大人事调整，原本署理两江总督的魏元煜调回原职漕运总督，改由琦善总督两江，同时，并以支持海运的安徽巡抚陶澍替换江苏巡抚张师诚。

“东南拯弊第一策”

身负重任的陶澍，于道光五年（1825）五月，自安徽省城安庆，匆匆赶赴江苏省城苏州。安徽和江苏原本同属江南省，安徽是上江南，江苏是下江南，两地风物却大有不同。时值初夏，暑气已至而梅雨未来，陶澍一路南行，沿途风景渐变，从白墙黛瓦、水碧山青的水墨江南，到柳岸花径、姹紫嫣红的烟雨江南，景致由淡雅转为明艳，陶澍却无心观赏。沿途荷叶似云，芬馥扑面，步履匆匆的陶澍却汗水涔涔而下，浸湿了衣衫。

六月二十日，陶澍抵至清江浦，开始调研漕运。六月酷暑，数万搬运漕粮的运丁汗如雨下，河中却无勺水可资回旋，作诗以记之：

车声辘辘人如蚁，运米漕河无勺水。
万竿楚舳与吴樯，涸向湖滣僵不起。
去年湖涨风忽颠，吹浪作山山倒悬。
白波卷堤不周坼，奇石莫补娲皇天。
今年引黄向南走，要救目前计非苟。
岂知揖盗一开门，遂使防川同塞口。
转般今无洛口仓，寄屯忍夺居民房。

劳劳汗血岂得已，肩囊背橐相扶将。
扶将更为圩田急，红稻已枯鹦鹉粒。
不须听取老农吁，船底似闻虾蚌泣。[9]

运河无水济运的问题短期内难以解决，陶澍不得不考虑其他方案。他反对将漕粮折成白银征收，理由有二：江南粮户仅缴纳田中出产的粮食已经困苦不堪，若再要求他们将粮食卖入市场换成白银上缴，无疑会增加一重商人对粮户的盘剥；其二，白银轻便且价值高，更容易被胥吏贪墨，极可能加剧漕运的腐败问题。

既不采用折色的办法，又无法继续依赖河运，海运便成为唯一可行的选择。陶澍为人谨慎，没有贸然建议将所有南方漕粮改为海运。他提议先在江苏试点实施漕粮海运，同时进行漕务改革和河道清理，实现海运和河运并举。

决心既定，陶澍遂于七月初十日赶赴上海，召见上海绅商，开始筹备海运事宜。由于张师诚此前两次封雇沙船的行为，船户普遍心存畏惧。江苏的沙船纷纷逃离，不愿返回。浙江的船商则以自己的蛋船、三不像船不同于平底沙船，无法运送漕粮为由推脱责任。

在陶澍到任前，江苏布政使贺长龄，已多次考察上海沙船情况。对于沙船商人的逃避推诿，他决定施以强硬手段打击。若是地方官放纵船商，亦一并严参。崇明知县王青莲随即行动，分派大量差役，外出搜捕稽查藏匿的商船。一旦搜到藏匿崇明县境内的沙船，立即押赴上海听候调用。王青莲对本地海商实行保甲之法，以连坐的手段，逼迫沙船商人自查自纠，严禁私自离港运货。贺长龄见王青莲果然搜罗到不少沙船，进一步下令附近州县，在沿海各口岸和水陆要冲严密稽查，并特别致函海门、通州等地衙门，要求马上派出人员严查沙船。[10]

贺长龄搜罗沙船的举措，和张师诚差别不大。只是张师诚意在捣乱，贺长龄意在成事，所以张师诚吓跑了很多海商，而贺长龄抓到了不少海商。贺长龄的做法，完全不考虑海商的逃逸和抵抗，也未考虑被强征的海商有无积极性，亦是一种不高明的手段。

陶澍抵达上海后，认识到一味强硬恐怕会适得其反，遂转而采取怀柔政策。他知道清朝的水师力量羸弱，无法航行于深水大洋。万一船商大量逃亡海上，是没有办法追回的。如果不能争取到海商态度转变，恐怕到最后根本募集不到船只，导致海运的筹划毁于一旦。

他首先张贴公告，召集沙船商户和水手，当面与之商谈。陶澍开诚布公，与船商、水手约定，这次海运漕粮，官方一定会按稍高于市价的标准给足运费“脚价”。漕粮运至天津交付时，官方定会出面替他们扫清障碍，保证不会有拖延和勒索。

陶澍又告知船商，官府不会无故查扣他们的沙船。眼下还有生意要做的海商，可以自由来去，沙船想要承载货物北上，官府绝不阻拦，只是盼望大家早去早归。愿意留在口岸修舱船只，听候官府雇佣的，亦各随其便，绝不会让胥吏随便滋扰他们。待到官府需要沙船海运时，希望大家一齐出力，上报国恩，下利身家。[11]

陶澍亲自接见一众船商，又派贺长龄再赴上海，赴上海劝慰牙行和船户。除此之外，他还在沿海各州县口岸张贴劝慰布告，要求地方官细致做好说服工作。他严令，所有一切与船户的接触，都必须由正牌官员亲自负责，不许假手胥吏书役，强调开诚布公，禁止威胁逼迫。[12]

体察下情的陶澍很清楚船户不愿意接受官府雇佣的缘由。这些船户长期畏惧官府，尤其惧怕胥吏书役。他们对漕运积弊了如指掌，深知漕粮运输的过程中，各种书吏、经纪、吏役如何巧立名目，花样勒索漕船。漕船经过层层盘剥，抵达通州交仓，还要向坐厅的书办缴纳陋规，甚至会被诬陷损坏了漕粮，被迫加倍赔偿。正是这些原因，让船户对代运漕粮望而却步。

然而，陶澍此行的目的正是根除这些积弊。他推行海运，一方面是为了绕开运河梗阻，另一方面也是为了避开这些由来已久的陋规。陶澍坚信，一旦革除积弊，为官府运送漕粮将成为一桩有利可图的生意。他认为，只要船户明白这一点，必然会踊跃参与，毕竟这既能赚钱，又能与官府搞好关系，实在是一举两得的好事。若是一味查扣沙船，船户便会误以为官府打算强征海船，将海运漕粮当成商人被迫所服的徭役而非雇佣，哪里肯自投罗网？陶澍做了细致的劝说工作，前来投效承揽的船户自然越来越多。

陶澍出身农家，曾亲身参与安化黑茶的种植和销售，这些经历让他对商人的心理有着深刻的理解，所以懂得对船商使用怀柔手段。他少时在湖南农村目睹了不少事务的兴革，从中悟出了一个重要的办事法则：小农分散而保守，要将他们组织起来绝非易事。如果官府采取强制手段暴力催逼，他们就会四散而逃。如果官府想与他们达成共识，就得派出大量差役，逐个与他们商谈，这是一项旷日持久的工作，耗费的人力无穷无尽。然而，如果能得到当地大户的支持，由他们出面号召和组织农户，事情就能迎刃而解。

基于这些认识，陶澍采取了双管齐下的策略。他一边张贴布告，向所有船户宣传政策，一边派人与大船商接触，争取他们出面牵头承运。包世臣也提出了类似的建议，主张选择公正廉明、素有威望的大船商，对他们以礼相待，取得他们的信任。通过官方的力量，帮助这些大船商解决行业内最棘手的问题，在船商内部兴利除弊，提升他们在业内的威望，从而赢得船商们的心。待这些大船商建立起足够的威信后，官府就可以明确制定章程，扶植他们成为船商的领袖，将船户组织起来为官府效力。

商人惧怕官府，根源在于官员手握大权，可以随意宰割他们。乾隆以来，已有商人报效朝廷可得官职的成例，为了打消船商的疑虑，也为了鼓励船商勇于报效，陶澍与船商约定，凡为朝廷代运漕粮者，皆可得到嘉奖。运粮一万石以下的，由司道官员题送匾额，以资奖励。运粮一万石以上的，可以赏给官衔，赐予顶戴职衔。已经捐了官身的，另外给与奖励。陶澍允许沙船在运送漕粮北上时，可以用船舱的二成载重运送其他货物北上发卖，朝廷对这些货物给予免税特权。这些政策收效显著。很快，他就雇佣到江苏沙船一千余艘，浙江的三不像船数十艘，足以在两次海运中，运输漕粮一百五十万石。

陶澍对舆地之学（地理学）极为重视，将舆地学视为经世致用之学的核心内容。他在四十余载的时间里，遍览华夏地貌，足迹遍布大半个中国，对很多地方的地理进行了深入考察，正如他自己所言："于海观其一；于湖观其三；于江汉、于淮，皆穷源而竟其委；于五岳，则登岱望华，遥揖恒、嵩。惟衡在桑梓，尚未一觏。而于禹贡之九州，则足迹皆已及之，不止于身行万里半天下矣！"⑬

如此一位对地理、水利孜孜以求的实干家，此番主持海运，自然要对北洋的海运路线加以详究。

在助手贺长龄、林则徐、包世臣、魏源等人襄赞下，陶澍广搜典籍、方志，深入研究唐代以来北洋航线的变迁，又亲身走访船商、渔民、水手，探询清代船商新开辟的航道，悉心汲取与海运相关的水文、气候、风向等经验，更亲临江南各口岸及入海口，实地考察港口状况。在全面调研的基础上，他制定了详细的海运路线，并绘制成《海运图》。

在《敬陈海运图说折子》中，陶澍将此次海运路线分为六段：第一段，船队自上海黄浦口岸东行起航，至上海吴淞口放洋，经行二百三十里抵达十滧，这一段是内洋航行；第二段，船队自十滧启程，即入外洋，东迤一百八十里至荒礁佘山；第三段，出佘山后，船队东入大洋，凡一千五六百里，抵达海州赣榆县鹰游门；第四段，船队行过鹰游门对出的洋面，历经六百余里海路，抵至山东荣成县石岛；第五段，从石岛出发，风行九百余里，至山东蓬莱县庙岛停船休整；第六段，自庙岛起行，行程一千零八十里，终抵天津东关，航程结束。[14]

这六段航程，尤其后四段更被陶澍以非凡的才识，精细剖析，切分为多个百余里长的小段。每一小段的终点都经过精心选择，当这段航程终结之时，终点通常是可以倚岸泊舟的海岛或港口。如若找不到能够泊舟的岛屿、海岸，则选择能暂时下碇驻船的地方作为终点，确保船队能够适时休整，保证航行安全。

这份《海运图》的详尽程度令人叹为观止。它不仅标注了水文信息，如对水深、水势、水位和水色的详细说明，还记录了沿途的地理信息，包括州县、城镇、山脉和汛地，标明了航行时可能遭遇的岛屿、礁石。甚至在洋面勘定方向时，罗盘是否需要调整刻度，水位测量是否需要特殊技巧，在《海运图》中都有细致的说明。这一份无比翔实的海运图说，不仅是陶澍和他的助手们呕心沥血的成果，也是清代海洋学识之荟萃，标志近代前夜中国海洋意识的发端。

为了管理这次海运，陶澍在上海成立海运总局，由上海川沙同知李景峰和苏州府督粮同知俞德渊任主管，负责征收漕粮、招募船商，以及北上天津交兑漕粮等事务。

琦善、穆彰阿与陶澍共同制定了海运章程，其中规定，因为沙船海运漕粮，必然存在损耗，官府将为沙船提供适量损耗补贴，漕粮一百石补贴耗米八石，白粮补贴十石。但漕粮如无故短少和霉变，应由船商赔付。贺长龄经过反复勘察，向陶澍提出建议，漕粮如果在海运时因风浪遭受损失，是否该由船商赔付，以桅杆的损毁程度来决定。

如果风浪大到折断桅杆，船商不用赔偿损失的漕粮。如果桅杆尚未折断，产生的损耗由船商承担。

为了避免以往在通州交粮时常见的胥吏勒索，海运漕粮的收兑和查验，由专门的大员经办。陶澍决定由江苏省派遣官员陪同海船至天津交米，并分遣官员携带案卷、粮册及经费提前北上，在天津设立海运分局，一应查验、交兑事务由海运分局的官员操持，以避免天津验收官吏对船商的盘剥。天津收米的官吏，按例应向船商征收一笔费用，作为办公经费、伙食费、津贴。由于这笔费用不算陋规，总共六万余两的开支，从江苏省的公账支出，不由船商垫付。[15]

由于征集到的沙船运力不足，陶澍决定分两次海运，第一批沙船在二月出发，携带大部分漕粮北上。待这批沙船在天津交粮返回江南后，再组织第二批海运，因为沙船回空时间不定，第二批海运就不统一出发时间，只要在六月之前完成海运即可。

为了海运安全，陶澍吩咐沿海水师，待到沙船北上时，应尽一切力量提供保护。他特意指派川沙营参将关天培押送头批船只，京口协副将汤攀龙押送次运船只。为了航路安全，苏松镇、狼山镇、登莱镇、天津镇等几处总兵负责分段巡查海面。

陶澍在这段时间辛劳备至，他一边筹备海运，一边整顿运河。他不仅组织人力疏浚河道，更力除陋规，试图让漕运河务清明有序。倥偬之际，他还赈济江淮等地灾民，恤其困苦，活其性命，赈灾同时还主持了三场乡试。因为劳心劳力，加之天气炎热，陶澍先是感染暑气病倒，后来转为疟疾，很长时间才得以康复。其勤勉之态，艰苦之状，实乃令人钦佩。[16]

道光六年二月初一日，朝阳初升，晨雾未散，清朝历史上第一次海运就此启航。陶澍率领一众官员、绅商，肃立海滨。他们先向风神、海神、天后虔诚祭祀，祈求航程平安。随后，三位白发苍苍的长者，以颤巍洪亮的声音宣告发船。

这日海风初起，天际犹似淡墨初染的幕布，沙船已于晨曦中启航，旌旗在风中猛烈翻动，犹如千百条鼋龙在水中竞相腾跃。陶澍伫立岸边，目送船队远去，只望见船影层叠，渐次消弭于天际，喧嚣声打破了黎明前的死寂。

随后江澄海明，帆影渐渺，岸边的喧嚣与束缚，似皆淡去，唯余波涛与风吟，低沉而深邃。陶澍养气多年，早已达到泰山崩于前而面不改色，猛虎趋于后而心不惊的境界，然而看着浩瀚无垠之大洋上，千帆竞航，看到船尾拉出的水线交织，于沉幕之上勾勒出新的天地轮廓，此情此景，他也不免动容。

在陶澍的精心安排下，上海每天查验漕粮八万石，每天发出沙船近百艘，及至三月十五日，已运出漕粮一百二十三万多石。因为陶澍付给沙船主的运费比市价略高，又确保了沙船到天津后不用支付陋规，沙船主得到了实利，纷纷感到此次海运，获利比平常行商还要丰厚。陶澍最初与他们约定，第一批沙船在天津交兑漕粮后，可以在天津收购大豆回江南出售。沙船主经过计算，发现在天津收购豆类，需要花费不少时间，说不定会赶不上第二批海运，于是很多沙船主放弃收购大豆，空船而回。因此第二批海运船只集结很快，才到六月初九日，第二批沙船已经基本抵达天津，只有遭遇事故的船主黄遇泰，直到八月二十六日才到天津。至此，天津方面共收到漕粮一百六十三万三千多石。拨给船主的耗米十二万石，到天津还剩下六万石，由户部拨款按略高于市价的价格向船主回收。

当然，海运真正实施后，发现航速并没有预计那般迅捷。大学士英和以为沙船顺风时七八日便可抵津，即使有点耽搁，也至多不过旬日。这种看法显然是受到了齐彦槐、包世臣的影响。陶澍的幕僚魏源亦估计海船北上最多不过旬日，陶澍一度也持有这种看法。然而，实际情况是，超过一半的沙船，耗时一月才到天津——尽管如此，粮草也极少霉变。

终究只是昙花一现

道光六年陶澍主持的这次海运漕粮，被称为丙戌海运，其规模比明代的漕粮海运要大得多。虽然总量上仍不及元代，但若以单次运载规模计算，相比元代也不逊色。以运道而言，经清代海商发掘，陶澍等人规划的这条航道，全长四千余里，于沿途停泊地水文、天气都有详细安排，不但比前代路程大为缩短，安全可靠性也有显著提高。

丙戌海运的开销，按照琦善和陶澍的奏折，相较河运的运费，节省了白银十余万两，米十余万石，耗米也剩下了五万余石。协助陶澍办理海运的魏源，说法则稍有差异。魏源认为，丙戌海运的运费开销为一百四十万两白银，比河运的运费多了十万两白银。仅就运费来看，海运比河运花费高。然而，魏源进一步指出，由于海运绕开了河运路途中的各个关卡闸坝，避免了各种陋规费用，因此无须向船商支付帮费，从而节省了上百万两白银。两项合计，省下国帑近百万。[17]

另外，海运是雇佣商船北上，只需支付船商佣金即“脚钱”，沙船是船主自备，水手是船主供养。相比之下，河运还需要朝廷自己造船修船，承担运丁日常生活开销，发放屯田、支付月粮，这一笔费用每年在三百三十万两以上。如果再计算为了维持运河通行而每年必须支付的数百万两河工费用，海运的优势就更加明显。

嘉庆年间的大学士刘权之估计，走运河水运一石米需要白银八两。道光二十五年，户部的估计是，一石米的运费为十余两。运费估算最大的是黄梦维，他的数字是每河运一石米需银四十两。这些数字显然都过于夸大，哪怕只按十两运费计算，四百万石漕粮运到通州的费用高达四千万两银子，已经等于清代一年所有的财政收入。学者李文治、江太新在《清代漕运》一书中做了比较科学的估算，结论是河运漕粮一石，开销在三石米以上，折成银子大概在三到四两之间。

对比陶澍主持的丙戌海运，海运一石漕粮，运费只需七钱白银。是故魏源总结说，由于海运“不经闸河，不饱重壑”，“举百余年丁费之重累，一旦释然如沉疴之去体”，乃是东南之一大幸事。

诚如魏源所言，陶澍经办的海运，一旦成为定制，就能因海用海，因商用商，从而利国、利民、利官、利商，达到国便、民便、商便、官便、河便、漕便的目的。

陶澍对这次海运的成功非常满意，作为一个目光长远的大臣，他虽然口头上说，河运、海运可以并举，但他内心深处实在想把这次海运的规范，定为百年的定制。他组织贺长龄、魏源等经世派干才，总结海运经验，编成《海运全案》十二卷，刊行天下。陶澍亲自为《海运全案》作序，并在书后附录《海运图》。陶澍善画，又喜舆地之学，他曾将生平所见之山川形胜、壮美河山，绘制成《鸿雪因缘图》数十幅，因此这幅《海运图》，很可能是出自他的手笔。

陶澍会同多次举荐他的恩主，新任两江总督蒋攸铦，向朝廷上奏《酌拟新漕海运折子》，规划了长期实施漕粮海运的方案。可惜的是，海运第二年就被迫终止。海运再次兴办，已经是道光二十六年了。直到同治年间，才由陶澍的湖湘晚辈杨昌濬等倡议，李鸿章负责，开始筹办轮船招商局，大规模实施海运。河运的完全废止，甚至要等到光绪年间。

丙戌海运被誉为“东南拯弊第一策”，黄汝成评价它是“东南数百世之惠，国家亿万载之利”。河运积弊太深，与运河、漕运相关的衙门，从官僚到胥吏，乃至民间帮办漕运的士绅、押运漕粮的运丁、沿河帮闲的城狐社鼠，靠河运浮收勒折、收取陋规已经数百年，各个食利集团盘根错节，各项弊政积重难返。即便强势如雍正，廉明如陶澍也无法彻底根治河运之弊。

然而海运一开，绕开了与河运相关的食利集团，只需在海运的起点和终点严加监察，便可大幅减少贪腐。它是打击漕运腐败，减轻东南粮户压力，肃清吏治的绝佳方案。

海运的成功实施，展现了陶澍为首的清代改革家的创新思维。他们巧妙地运用市场规律，与商人平等合作，通过经济手段调动民间力量，实现了资源的有效配置。在此之前，国家在需大规模调集民间财力、人力时，往往采用强制征发的办法。在深入基层的现代政府建立起来以前，靠强制征发获取资源的效率极低。加上严密的监察制度尚未建成，相关人员舞弊、腐败的现象非常严重。这种传统的资源调度方法不但效率低下，而且极易引发社会动荡。

清代中期种种社会乱相，源于人口增长和经济发展带来的公共事务激增，而政府的管理能力和财政收入却未能相应提升而产生的矛盾。清朝的赋役制度是传统的，但它却逐渐开始承担与近代政府一样的职能，其组织、动员力已无法适应时代。

陶澍的创新之处在于，他代表朝廷给出办事的许可，派遣官员组织、引导，借助民间士绅、商户的力量，利用经济手段来汲取、调度民间资源，从而增强国家的动员力。

他开诚布公地招揽商人，以严密的章程与商户达成契约，重新定义了官府和商人的关系。自重农抑商的国策确立以来，在几千年的历史中，官府和商人的关系异常隔阂。朝廷平常并不关注、了解商业，精明的商人得以借机大肆逃税，拒不承担他们对国家的义务。可是一旦国家有事缺钱，“抑商”的朝廷就会向商人征收重税乃至逼捐勒索，导致商人倾家荡产。

熟知官场规则的商人，会设法与贪婪的官员达成合作，宋代开始，他们甚至会设法在家族中培养出进士，从而保护自己的利益。但这种合作，是商人与官员之间的私人合作，是一种基于双方私利的权钱交易，不是商人与政府公开、正式的合作，是一种扭曲的官商关系。

陶澍重新定义了官商关系，他代表官府在公开层面上，给予商人一定的尊重，换取商人对官府而非官员个人的支持。商人为官府服务，换取公开的社会名誉，而不是通过贿赂官员来获取私利。这种全新的官商关系，不但把商人这个新兴阶层纳入官府的力量体系，还加强了官府对商业的影响力和监管力度。它标志着一种更为开明、务实的治理方式，为曾国藩、左宗棠等人动员士绅创办湘军，利用商业供养湘军的模式开了先河，甚至后来洋务官员创办轮船招商局，也受到了丙戌海运的启发。

明清两代时有海禁，即使在开海之后，朝廷对海洋事业也最多做到不支持、不反对。尽管丙戌海运，只是沿着中国的海岸线，走了一趟近海的北洋航线，但风气一开，必如春水滥觞，古木萌蘖，中断数百年的中国海洋事业有可能会顺势而起，蔚然成风。

即使不考虑太久远的事情，海运每年亦可为国家省下近千万两白银的庞大开支。对钱粮亏空的道光朝来说，这相当于每年近四分之一的财政收入。如此可观的节余不仅能缓解朝廷的财政压力，还能增加用于公共事务的资金，加强对地方的治理，有望缓解持续多年的萧条与动荡。

可惜的是，道光六年的海运终究只是昙花一现，清朝还是回到了河运的老路上。丙戌海运在政治上的意义，也许没有那么大，但陶澍、魏源、包世臣的努力，仿佛是千山暮色中的一缕清辉，万籁俱寂时的一声鸡鸣，在整个朝廷暮气沉沉之时，展现知其不可而为之的努力，为后来的近代化历程提供借鉴。

为何海运已经取得了巨大成功，仍然未能坚持下去？

首先，传统观念根深蒂固，历久弥坚。长期与海洋隔绝，致使许多官员面对浩瀚的海洋，有一种面对未知事物的恐惧。后人能清晰看到，一旦国人将目光投向海洋，必将引发翻天覆地的变革，但当时的士大夫们难以预见这种变革带来的生机。他们的政治经验告诉他们，迈向海洋必然引发巨变，但这种变化对他们个人，对朝廷统治乃至千年礼法社会的影响，他们无法判断。

既然无法判断吉凶，保守就成为了主导思想。传统士大夫以维护政局稳定为首要任务，他们害怕变化与未知，不敢轻举妄动，以免动摇千年祖制。或许有一些士大夫看到了变化的方向，却认为这种变化虽有益于天下却无益于己身，他们当然会选择扼杀这种变化。朝堂之上，反对海运的声浪汹涌，即使是陶澍这种刚强倔强的政治家，也只提出海运、河运并举，不敢高呼以海运取代河运。

除了观念的禁锢，河运中的利益纠葛根深蒂固，难以撼动。从漕运总督、河道总督到江南的州县衙门，乃至在各级衙门下奔走的胥吏书办，数十万以运河为业的运丁，都在这个庞大的体系中获利。一旦河运彻底转为海运，将有数以千计的官员，数以万计的胥吏，数十万的河工、运丁失去收入，这无疑将引发剧烈的官场地震和社会矛盾。不到走投无路之时，朝廷不敢下决心与这个庞大的食利集团决裂。

大运河不仅是漕运的命脉，更是南北物产交流的重要通道，沿着大运河兴起了众多商业市镇乃至大城市。例如有“漕挽之咽喉，天都之肘腋”之称的山东聊城，《水浒传》里武松显现神威的景阳冈所在地，烟花三月、淮左风韵的扬州，皆是大运河载来的城市。一旦从河运转向海运，这些因大运河而繁华的城市，都可能面临衰落的命运。虽然海运的兴起，势必带动沿海口岸城市的发展，作为对运河经济带衰落的补偿，可是这涉及数千万人的生计，数十座城市的兴衰，已经显露中衰之相的清朝，一心维持大局的大清君臣，又怎敢推动如此剧烈的改革呢？

尤为重要的是，大运河承载着深远的政治和文化意义。它是华夏南北一统的征瑞，天子君临天下的玺印，是大一统观念在现实中的具现，更是这个伟大而古老的国家生生不息的心理慰藉。

中国核心的农耕区，分布于黄河、长江两大流域，形成了两大地理板块。在隋唐以前，很容易因江河的阻隔，引发南北分裂。

大运河以人类伟大的创造力，打破中国大江大河自西向东流淌的格局，它沟通南北，串联了钱塘江、长江、淮河、黄河、海河，将中国的长江流域和黄河流域紧密相连。借此运河，以东南之粮，养西北之兵，以南方之财富，维系北方之朝廷，大大降低了因南北分界而导致国家分裂的可能。

清代的经济重心在南，而政治中心在北，很多官员担心，河运改海运后，东南的海商将目光转向海洋，南方的物产很可能出海往东南亚，乃至更辽远的中东、欧洲而去。没有南方的物产支持，朝廷很可能破产，南北也可能再度分裂。因此，放弃河运，转而采用海运，不仅是经济政策的调整，更可能被视为对传统政治秩序的挑战。

其实，此后百年中国的奋斗史表明，中国南北一统的文化基础树大根深，天下一统的民族共识坚不可破，即使大运河衰落，中国亦将永保其统一。但清代的官僚，却无此等自信，他们害怕大运河这个南北一统的象征衰落后，南北两地渐行渐远。这是深藏于他们潜意识中，对海洋时代的恐惧，所以他们不敢放弃运河，哪怕每年要为此付出近千万两白银的代价。

历史的有趣之处在于，海运未能在道光六年之后取代漕运，亦与陶澍自身的努力有关。陶澍在办理海运的同时，为防止海运遭到阻挠失败，也在改革漕运，为漕粮北运做两手准备。他大刀阔斧地革除河运的流弊，裁减因河运产生的各项陋规，以减轻江南民户的浮收勒折。不但如此，他还组织了大规模的河工，挑浚了运河，疏通了水道。他的努力，使漕运的成本大为降低，使运河勉强恢复至可用的程度，既然河运能够恢复，自然就没有了必须海运的理由。康熙皇帝有言，“天下太平无事，以不生事为贵，兴一利即生一弊”，“多一事不如少一事”，既然河防能够恢复，维持原状不动，自然皆大欢喜，朝堂之上自能如“羲皇的时候一样太平”。陶澍为防止海运失败而改革漕运，而漕运的改革，又导致了海运最终未能坚持，天机难测，历史的吊诡令人叹息。

【注释】

①《清宣宗实录》第 2 册第 228 页，中华书局 1986 年版。
② 李文治、江太新《清代漕运》第 426 页，社会科学文献出版社 2023 年版。
③ 蓝鼎元《漕粮兼资海运疏》《论南洋事宜书》，载《魏源全集》第 15 册第 591 页，第 17 册第 531 页，岳麓书社 2004 年版。
④ 倪玉平《清朝嘉道财政与社会》第 245 页，商务印书馆 2013 年版。
⑤ 齐彦槐《海运南漕议》，载《魏源全集》第 15 册第 602、603 页，岳麓书社 2004 年版。
⑥ 齐彦槐《乙酉二月奉委赴上海查办海运事宜通禀各宪稿》，载《续修四库全书》第 1181 册第 406 页，上海古籍出版社 2002 年版。
⑦ 倪玉平《齐彦槐与道光初年海运》，载《中国社会科学院近代史研究所青年学术论坛（2005 年卷）》第 9 页，社会科学文献出版社 2006 年版。
⑧ 英和《筹漕运变通全局疏》，载《魏源全集》第 15 册第 606—612 页，岳麓书社 2004 年版。
⑨《陶澍全集》第 7 册第 93 页，岳麓书社 2017 年版。
⑩《江苏海运全案》卷六《详禀文移》第 19、54 页，清道光刻本。
⑪《陶澍全集》第 6 册第 467 页，岳麓书社 2017 年版。
⑫《陶澍全集》第 1 册第 298 页，岳麓书社 2017 年版。
⑬《陶澍全集》第 6 册第 401 页，岳麓书社 2017 年版。

⑭《陶澍全集》第 1 册第 301—303 页，岳麓书社 2017 年版。
⑮《陶澍全集》第 1 册第 277 页，岳麓书社 2017 年版。
⑯《陶澍全集》第 1 册第 268 页，岳麓书社 2017 年版。
⑰《魏源全集》第 15 册第 643 页，岳麓书社 2004 年版。

八、漕运兴废

漕务的病灶到底在哪里

道光年间，不少士大夫为改革漕运奔走呼号。他们调研漕运过程中的浮收勒折后，上书朝廷，痛陈漕运之腐败。为了敦促朝廷改革漕运，他们惯常的办法是，以先王的英明，来衬托当今的腐败，以祖宗的名义，来压制天子，他们对清朝从入关至雍正年间的吏治极尽美化，用来对比道光年间的漕运腐败。这种叙事的误区在于，他们将吏治腐败当成漕运成本居高不下的唯一原因，那如此说来，陋规就是漕运效率低下的祸首，只要把吏治恢复到雍正时期的水平，漕运问题便可迎刃而解，那还有什么必要发展海运呢？

他们对其他行业，比如盐政的抨击亦是如此。他们对吏治的批评很合理，却未能切中要害。单一地指出漕运的弊病，并无助于问题的解决。试想，假如清代道光年间的吏治如康熙雍正时期一样清明，衙门运转的效率也如康雍时期一般高效，漕运、盐政就能满足道光时期朝廷治理的需要吗？正如另一个问题，假如道光年间的八旗子弟重拾开国时期的勇悍，清军就能在鸦片战争中击败船坚炮利的英国吗？

将陋规的增长作为清代漕运亟须改革的唯一理由，实属管中窥豹，以偏概全。显而易见的是，传统王朝的治理水平和监督体系，从未能彻底根除官员贪污，体制边缘的胥吏书役，更是一直依靠陋规、贿赂生存。陋规的存在，贯穿整个清王朝，乃至贯穿整个帝制时期。诚然，道光朝的吏治问题确实比康熙、雍正、乾隆年间严峻，但这并不代表康雍乾时期的漕运不存在腐败陋规，也不代表这一时期的漕运成本完全合理，以至于不需要考虑河运改海运。

值得注意的是，虽然陋规大行，导致漕运的帮费大增，但漕运的效率并未有明显下降，甚至还略有提升。运抵京师、通州的漕粮，也并未有大幅度下降。以起运的漕粮为例，雍正四年为 294 万石，雍正九年为 254 万石，雍正十三年大有提升，为 339 万石。乾隆四年为 322 万石，十三年为 387 万石，乾隆二十年降为 160 万石，此后略有回升，但除了最高峰的乾隆十三年，大部分年份起运额在 300 万石左右，有时候略高，有时候略低。

道光元年漕粮起运的数据是 295 万石，道光三年即陶澍改革前为 307 万石，相比雍正时期属于正常波动，未见起运漕粮下降。按照另一个统计数据计算，嘉庆年间漕粮的损耗率在 15% 左右，道光初年保持在这个水平，后来还降低到了 9% ，无论起运的漕粮数据，还是运抵京师的效率，道光年相比之前，并未有显著的变化。[①]

可见从清初到陶澍的时代，漕运的效率并无太大波动。实际上，应当指出的是，道光时期的官员称羡康熙、雍正时期漕运的效率，无非是传统政治的一个经典话术，通过鼓吹祖宗的仁德，来推动当前的改革。

同样的河运效率，运费开销，在康熙、雍正时期是合理的，在嘉道年间就无法忍受了，因为社会在进步。在明代以前，商人和市场并不能保证稳定地向京师提供 400 万石的粮食，尤其遇到特殊情况如水旱灾害，市场上粮价暴涨，朝廷就会陷入空有白银、铜钱却无粮可用的局面。在这种情况下，历代朝廷无论漕运费用多高，漕务多腐败，他都必须接受这个代价。每年300万石粮食在手，是维系政权稳定的关键。

而中国工商业经过上千年的积累，尤其在明代中期之后，大量白银输入，拉动中国商业发展之后，中国长途贸易发展，规模化的商业组织出现，民间商人已经能够以较低廉的成本向京师市场输送远超四百万石的粮食。尽管因为祖宗之法不可变的观念深入人心，朝野上下已经无法忍受运粮一石，要赔上好几两白银的漕运。明清易代的惨烈战争，摧毁了市场的供应能力，清廷才能继续忍受了河运一百年。等到乾隆时期，反对河运的声音再度兴起。成本十倍于市场价格的漕运费用，是道光朝君臣开始考虑实施漕运改革，提高运粮效率的根本原因。如果漕运效率如此低下，为什么不向市场购买呢？如果朝廷不愿意将维系京师生死的粮食问题全部交给商人，就必须改革漕运。

如果漕运的弊端仅仅是陋规，只需要整顿吏治，严惩贪腐，打击陋规即可。但实情是，即使道光朝能够将陋规降到极致，也即理想中的每船帮费二十两，漕运的成本仍然过高，相比较市场价格仍然无法接受。

根据魏源的计算，除去陋规导致的帮费不计算，运送一百六十三万石粮食的运费，即完全公开合理的运费，不计算帮费，约为一百四十万两白银，这个数据是可信的。每名运丁按月发放的粮饷即月粮，约为每月0.8至1.0石不等，参加运粮时会增发津贴即行粮，每丁在2.4至3.0石不等。也即一名运丁每年的收入大概是12至15石之间。除了行粮、月粮，出运时还会发放漕项，大约每运一石米，可以发放漕项7升。一艘漕船有12名运丁，可运粮草600石，加上耗米、水脚、义帮等杂七杂八的开支，根据李文治的计算，每船共需支付650至700两，即运送一石米的成本约为1.2两白银——这是完全扣除陋规帮费的成本。加上每艘船800两的帮费，则运送一石米的成本约为2.5两白银。再进一步，算上维系漕运的各个衙门的官吏书役的成本，运送一石米的成本可能在3两多，全年漕运开销一千二百万两，这个成本显然过高了。[②]

另外值得注意的是，以上计算，还忽略了一个巨大的成本，即维系运河所需要的河工费用。雍正时期，河工的常年费用为60万两，由于物价上涨，加上生态环境破坏，运河以及黄河的淤积，到嘉庆年间，河工的常年费用为160万两。遇到特殊的水旱灾情，又需另外拨款治河。嘉道年间，每年的河工费用，最少时在200万两左右，多时可以增加到700万两。当然，河工的费用，不等于维系运河的费用，相当部分是纯粹为了防止水灾而动用。但这种纯粹的水利费用和运河维系费用很难分开，因为河水的泛滥，河堤的决口，本身就会影响运河的通航。有学者经过计算指出，仅山东一省，每年维系运河的费用就在二十万两白银以上，如此一来，漕运的成本至少每年还要加上二百万两白银，即每年一千四百万两。

如果漕运改革能达到最理想的状态，达到每船帮费仅20两，每石粮食的运费是1.7两，运送400万石漕粮的运费约为700万两。加上200万两的河工费用，运费达到900万两，依然是很惊人的数字，是市价的三倍多。

在这种情况下，道光朝面临的挑战就不仅仅是肃清贪腐、整顿吏治那么简单了。他们必须直面一个更为根本的问题：这种高成本的漕运制度，是否还能适应时代的需求？随着社会经济的发展，商业网络的完善，是否有更高效、更经济的方式来保障京师的粮食供应？既然陶澍已经证明了海运的简洁高效，为什么不继续推行海运？

为了支付水利和漕运的费用，朝廷和民户都承担了巨大的压力，但运丁和河工还是对薪酬不满意。经过上百年太平盛世的发展，经济上行，朝野之间奢侈之风盛行，必然导致薪资成本或者说劳动力成本大增。

康熙年间，给事中徐旭龄惊叹于当时池馆园亭、歌舞宴会的规模之大，已超过顺治年间十倍。唐甄更是感慨，现在的富人，一袭之裘，往往价值二三百两银子，优人所戴首饰，价格在数千两白银之上。[③]到了乾隆中期，这种风气更是登峰造极。乾隆年间，江苏昆山人龚炜述说吴地风俗的奢靡时说，他少年时，只见达官士人穿着裘衣，如今则里巷妇孺都穿裘了；戴大红线顶的人当年不过十得一二，今则十之八九了。很多人家里没有一石粮食的积蓄，却耻于穿布衣素服。普通老百姓也僭越立法，戴团龙、立龙的饰品，穿有泥金、剪金的衣服。[④]浙江萧山人汪辉祖，谈到故乡民俗之变，说他的故乡素来以简朴质直著称，这二十年来"亦俱绚烂"，平日大家都喜欢大搞宴游，冬天皆穿反裘，夏季皆着纱罗，嵌皮、羊皮的衣服都是不足齿数的，葛衣早就见不到了。妇人女子十有六七，都是穿裘衣、羽毛衣和绸缎衣了。

钱泳说，他五六岁时，只有有功名的相公才穿绸缎的衣服，五十余年过后，则不论富贵贫贱，在乡在城，男人俱是轻裘，女人俱是锦绣。繁华的江南如此，北方也差不多。据朝鲜来华使臣乾隆四十六年（1781）记录说："闾巷侈靡，任其逾制，老商曰：'十数年前，我辈所服，不过大布，而近则人人饰缎，虽欲不着，被人鄙贱，不得不尔云。'"在商品流通迅速发展，社会经济呈现繁荣的地区，俗尚奢华，靡然成风，大致是从乾隆中期日渐显著的。其特征是以皇帝、士大夫、富商大贾的追求超高消费，以至挥霍金银、暴殄天物的侈靡之风为导向，日渐浸淫于士农工商，流风所及，即倡优皂隶亦所不免。[⑤]

实际上，乾隆时期经常闹饥荒，纪昀的笔记中记录了当时许多大饥荒的悲惨场景。现代以前，世界上不存在皆能穿丝绸、裘衣的国家。上述说法，明显是个别地区的特殊现象。汪辉祖、钱泳所描述的，不过是中国最富庶的江南一隅；朝鲜使节所见，也仅限于汇聚了全国高官、豪商的京师一带，皆为当时中国生活水平最高的地方。问题在于，汪辉祖、钱泳描述的江南市镇，正是漕运的起点，而朝鲜使者描述的京师，正是漕运的终点，服务漕运的官员、吏役、运丁，恰好生活在这繁华泡沫的包围中。

大运河两端的市镇里，普通士民的生活水平相较清初已有普遍提升，风气更是崇尚奢靡，负责运河漕运的人员，自然也被这股奢靡之风所感染。他们对个人财富的渴求与日俱增，漕运的灰色成本也随之水涨船高。如果朝廷参照社会发展程度，给他们大幅提升待遇，漕运的成本将高到难以承受，朝廷的税收能力不足以维持这个开支。如果朝廷不给他们提升待遇，他们要么改行干别的事情，要么自己伸手盘剥百姓，而且随着贪婪心的增长，会盘剥远超社会合理报酬的陋规。

运河的效率在社会进步面前显得愈发落后，在唐宋时期还算合理的运输方式，到了明清之际，已如同一位行动迟缓的老者，跟不上时代的脚步。因此，即使陶澍有天纵之才，将漕运的各种弊端消除，也不可能避免漕运最终被淘汰的命运。

政治家的气魄

陶澍在江苏巡抚任上，一边在试办海运，一边在整顿河运。

多年前，他曾以钦差的身份巡漕，那时他肩负的重任是漕运通畅，所以整顿的重点是漕务部门。他雷厉风行地禁止胥吏、书办勒索运丁，斩断了运丁、船帮反过来敲诈州县的恶性循环，使得漕运的帮费大幅削减，漕运的效率大为提高。

此次巡抚江苏，他的身份是江苏地方长官，首要任务已然转变为治理江苏民生。他审时度势，将整顿的重心转向州县，以及那些为州县包揽漕务的士绅。他的目标明确而坚定，必须减轻加诸江苏粮户身上的重负，这是因应官职不同而产生的责任转变。

细究州县对粮户大肆勒索的缘由，不难发现其中既有客观因素，又有主观动机。就客观而言，州县不得不向漕务部门和船帮支付陋规和帮费，就主观而言，一些官员借漕粮征收之名，行解决地方州县衙门财政开支之实，甚至中饱私囊，可谓是“浑水摸鱼”“偷梁换柱”的典型。

面对种种积弊，陶澍展现出了一位封疆大吏砥柱中流的气魄。首先，他裁汰了大量无益于漕务，仅为官员征收陋规而设立的冗余部门，犹如割除漕运肌体上的腐肉。继而，他精简漕务人员，削减冗余开支，并废除了诸多借机敛财的名目，无异于拔除了漕务部门身上的毒瘤。最后，针对漕运系统中根深蒂固的懒政积习，陶澍进行了整顿，他以身作则，力求祛除沉疴，重塑漕务奋发有为之气象。

进士出身的州县官员，与陶澍这位巡抚之间，存在一种微妙的关系。他们既是上下级从属关系，又有着儒学宗师与门生的师徒之谊。面对这样一群饱读诗书的官员，陶澍采取了一种循循善诱的方式。他以“民为邦本”的思想作为引子，对他们进行了开诚布公的教诲。陶澍告诫他们，江苏粮户负担之重甲于天下，苏州、松江、太仓，这些方圆不过百里的州县，竟承担着三五万、七八万，乃至十余万石不等的漕粮。在这样的重压之下，当地小民虽终岁勤勉，却时常“入不敷出”，交完漕粮后存粮所余无几。除了漕粮，他们还要面对各种名目繁多的浮收。在这样的境况下，粮户一旦交不上税，就只能铤而走险，抗税闹事。矛盾激化后，大家都会一起坠入万丈深渊。

陶澍向州县官员晓以利害，告诫他们要设身处地，体谅百姓之苦。与此同时，他又劝诫百姓，应当知悉州县之难。在此基础上，他逐步精简了州县征收漕粮的诸多繁琐手续，减少了经手漕务的部门和人员，大力压制各级衙门的浮收。他自称“宽一分，得一分”，借此养育民众的元气，“办一事，省一事”，减免州县浮收的借口。[6]

尽管减少了对运丁的勒索，但运丁本身的薪水太过微薄。经过百年的物价上涨后，即使不缴纳贿赂、陋规，他们的收入也不足以养家。清朝初年，朝廷曾授予他们不能转卖的田地，希望他们能借此自给自足。随着岁月流逝，这朝廷的法令成了一纸空文。物价飞涨，生活压力日增，贫困如影随形。许多运丁不得不忍痛典卖屯田，最终沦为无依无靠的流民。

大量运丁因无法忍受贫苦逃亡后，船帮只能雇人替代他们，可是船帮也付不出足够的薪水。除了屯田收入，朝廷规定的薪酬，是每年给粮十二至十五石，一半给粮食，一半折银。这在清初或许还能勉强度日，但到了道光年间，却如同杯水车薪。物价飞涨之下，原本一石米的折银，已经只能购买三到四斗粮食，运丁收入锐减。

运丁的困境，折射出的是整个漕运制度的落后。它如同一个锈迹斑斑的轮轴，在时代的洪流中越来越难以运转。

陶澍深谙治理之道，明白欲使漕运畅通，必先善待运丁。为此，陶澍宣布：运粮北上的漕船，只要装载了标准重量的漕粮，剩下的运力，都可以用来装载私货土宜，专卖土宜获得的利润，都用来供养运丁。原本朝廷规定，漕船北上时最多可以携带土宜一百五十担，回空时只能携带八十四担。陶澍奏请朝廷，在水势充足，漕船运力充裕时，可以让漕船尽量多载土宜。即使遇到水势枯浅时，也不妨让他们多带土宜，只要他们自己承担起拨费用即可。这样一来，既沟通了南北的物产，亦增加了运丁收入，但不准携带过多的木料。[7]

此前巡漕，陶澍对运丁的整顿，仅限于调整利益分配，以期削减漕运开支。但作为地方官，陶澍注意到了一个更为棘手的问题：运丁已然形成了帮派组织。通过帮派，运丁掌握了一定武力，时常引发械斗、仇杀，严重危及地方治安。面对这一局面，陶澍开始重拳出击，严厉打击运丁有组织的暴力活动。

漕船上的运丁，大多加入了一个名为罗教的秘密会社。罗教自称其祖师是罗祖，系明朝成化年间一个名叫罗清的退伍军人。罗清曾潜心研习佛教禅宗和净土宗教义，其思想深受禅宗临济派的影响，后来又结合了道教的一些科仪。罗教对后来清代民间的各种秘密会社影响很深。

大约在康熙年间，罗教已经渗入了运丁，逐渐在其中形成了组织。雍正年间，地方官为了防止罗教违法犯禁，已经开始打击罗教。但当时天下太平，地方官亦颇为自信，查获罗教活动时往往只是捣毁神像，收缴经文，并未禁止运丁、水手以其庵堂为聚会、栖息之所。因为这种宽纵的政策，雍正年间，很多地方的运丁全伙入教，罗教在运丁中的影响力愈发强大。

迨至乾隆年间，地方官对罗教的蔓延终于警醒，开始采取严厉打击的政策。州县衙门四处搜捕罗教组织成员，对其为首之人治以重罪。此前清查罗教时，其活动场所庵堂在被摧毁宗教用品后，往往改作公所，供运丁、水手使用。精明的乾隆在上谕中指出，将罗教庵堂改为公所，很容易让潜伏的教徒再度借此兴风作浪，所以必须全部拆除。乾隆颁布严旨后，罗教受到沉重打击，从此由公开活动转向地下结社。

嘉庆时因天理教徒攻入紫禁城，采取了比乾隆更严厉的措施打击秘密社团，罗教亦如惊弓之鸟，销声匿迹。然而，世事难料，道光之后，国势日衰，民生凋敝，蛰伏多年的罗教竟又死灰复燃。漕运的水手、运丁，本应是有田产、户籍，安土重迁的农户，却因时局动荡，混入了大量无田产、无户籍的游民。这些放荡江湖的游民，恃勇斗狠，又慕游侠之风，自然如飞蛾扑火般大量加入罗教。

漕船上的小头目“头舵”时常勒索运丁，游散的运丁孤掌难鸣，无力与“头舵”抗衡，遂纷纷投入罗教的怀抱，以求抱团取暖，联合起来与“头舵”抗争。罗教势力大张之后，其庵堂俨然成了运丁的避风港。庵堂多用年老无依的水手守庵，为过路的运丁提供饭食。平日里，罗教征收帮费，购置公田，赡养贫困年迈的运丁，为患病之人提供医药，甚至为亡故无亲的水手安葬。因为有了民间济贫养老的功用，加入罗教者更众。

在漕船上，罗教的势力如日中天，他们在每个船帮设一首领，尊称为老官，教徒多拜老官为师，亦称师傅。每个船帮还单独设一条老官船，用以供奉罗祖。更有甚者，运丁若有过错，竟不请官员审判，而由老官以教规处以死刑。老官之威势，竟然凌驾于领运官、押运官之上，可谓是官府之外又立官府。

因为漕船往来南北，罗教遂组织运丁携带武器进行走私。罗教徒大多借漕运之便贩卖私盐，走私硫黄、硝石，所得利润用以壮大组织、济贫救困。加入罗教的运丁，携带大量武器，沿途官府畏之如虎，不敢轻易过问。数十万罗教徒来往南北，已成为对清朝地方统治的一大威胁。

陶澍面对罗教及其庇护下的械斗仇杀，采取了雷霆手段，其严厉程度可谓前所未有。他下令清缴漕船上的兵器，开船前清查一次，到淮安漕运衙门清查一次，漕船到了天津又再查一次，凡发现携带兵器者均严惩不贷。不仅如此，陶澍更是釜底抽薪，要求铁匠向官方签字画押，立下“甘结”，承诺绝不为运丁私造兵器。一旦查实有违此誓，铁匠与购买兵器的水手将同罪并罚。

对于漕船运丁私下械斗、抢劫，陶澍采取了重典治之的策略。他将犯罪行为细分等级，针对不同情况制定了严厉的惩处措施。按照清朝的律例，抢劫杀人，按情节严重与否，可分为抢夺和行劫。陶澍规定，情节严重的行劫，参与者无论人数多寡，是否抢劫财物得手，一律判斩立决，枭首示众，杀一儆百。抢夺案如果伤及人命，一律从重处罚，按行劫判斩立决。从犯凡是用兵刃伤及他人手足，或用其他武器致人受伤，均处以绞刑。伤害他人时未使用兵刃，伤势又较轻，未达到折伤的，判绞监候。蓄谋杀人和寻仇杀人者，斩立决，没有仇恨但属于聚众斗殴的，也参照广东械斗仇杀例，一并惩处。藏有火器者，即便未曾伤人，也要发配边疆给官兵为奴。在被捕时拒捕伤人者，均罪加一等，拒捕杀人者，无论原来罪名轻重，一律斩立决，枭首示众。[8]

这一严厉政策并不仅限于对运丁的惩处，还延伸到了地方官府。陶澍行文州县衙门，漕船在运粮时如发生斗殴，必须马上停船靠岸，由沿途州县衙门进行审理，地方官不得推诿卸责。为了防止地方官因惧怕罗教的武力而畏缩不前，他更是下令漕运沿途驻扎军队，协助地方官缉捕凶犯。

为了从根本上整肃罗教，陶澍还采取了一系列组织重构的措施。他下令裁汰运丁，要求所有漕船上的“头舵”，都必须由地方上有户籍的老成持重之人担任。所有水手必须同“头舵”相互签下身份担保“保结”，“保结”需要开出清册，图写运丁相貌、签上姓名和籍贯，交给粮道官员收存。这种精细化的管理，如同编织了一张无形的网，将每一个运丁都纳入了严密的监管之中。

敲诈官府的事务所

在漕运的层层腐败中，胥吏、书役的贪婪往往更甚于官员，而其危害之烈，又不及地方包揽漕务的士绅。这些士绅，正是陶澍口中所称的“生监包揽漕务”者。

生监，指的是在地方上取得秀才功名的生员，或者是花钱纳捐换取监生资格的人。他们虽只有低级功名，却因具备一定文化水平，得以出入官府，为人代办交税、打官司等事务。在乡里，这些人更是享有相当声望，堪称乡村地方领袖。

江南地区因为经济繁荣，文风鼎盛，科举之路愈发崎岖难行。很多江南文人虽苦读多年，却始终难登举人、进士之阶。这些人既有相当文化底蕴，又不甘庸碌终老，遂转而谋求其他出路。有人专攻刑狱、会计、文书等专业技能，在地方上充任小吏，或为地方官担任幕僚，江南一带赫赫有名的绍兴师爷，正是由此而来。有人选择在地方上做讼师，为乡民和商人代理诉讼，或是替衙门包揽漕粮、地丁的征收。这种现象在江南地区尤为普遍，这些生监精通吏务，熟悉刑名诉讼，逐渐在地方上积累了巨大影响力。明代以降，江南地区士绅势力发展很快，鼎盛时甚至能够与衙门抗衡。虽屡经雍正、乾隆这样的雄主摧残，依然势力不减。

江南生监替州县衙门包揽漕粮，成为衙门的包税人，这一现象堪称中国近代前夜政治发展的一个独特缩影。自古皇权不下县，古代中国的政府机构只建到了县一级，尤其明代开始，朝廷在乡村基层的力量日渐式微，州县往往缺乏足够熟悉地方的人手去征收赋税。在这种情况下，本地生监主动请缨，替官府代收地丁、漕粮，无疑是解了州县的燃眉之急，自然得到了州县官员的欢迎。老实巴交的粮户难以理解官府办事的繁琐流程，加之对衙门怀有天然的畏惧心理，若无特殊需求，绝不愿意与官府打交道。有本地生监愿意代为办税，对粮户而言无异于雪中送炭，自然也得到了他们的认可。这种特殊的政治生态，在某种程度上填补了官方统治与民间社会之间的空白，形成了一种独特的中间层。

江南的生监，大多不需要缴纳漕粮，亦不属于粮户，但他们却很快察觉到漕务中蕴藏的巨大利益，纷纷投身于包揽漕粮的行列。他们一般会先进行调查，掌控本地粮户的名册和家庭信息，作为收缴漕粮的凭证。这份看似平常的名册，实则是一把打开地方权力的钥匙。这种微妙的权力转移，逐渐改变着地方的政治生态。

掌控粮户后，这些精明的生监会为自己虚开一个户口，以此为跳板，代办地方数百户粮户的漕粮缴纳。在征收漕粮时，他们会额外多征一部分，为州县浮收。这多征的漕粮，他们与州县三七分成，大约州县拿走七八成，他们留下二三成。这种利益分配模式，使得生监与州县形成了一种共生关系。

这种关系并非总是和谐的。生监虽然是州县浮收粮户的重要助手，但有时也会与州县处于剑拔弩张的对峙状态。当地方粮食歉收，或者州县的胃口太大，勒索过度时，生监出于自身利益的考虑，也会挺身而出，与州县抗争，要求减少勒折浮收。这些生监的底气，来源于他们的功名和专业知识。他们本身拥有低级功名，不惧与官员周旋，又精通清朝的行政法规，打官司比颟顸懦弱的官员更游刃有余。若是州县逼迫太甚，他们便会不惜血本，向上级部门控告地方官的横征暴敛。有时，他们甚至会一路控告到京城，掀起一场轰轰烈烈的“京控”。道光时期频繁发生的“告漕”“漕控”“京控”，大多就是由这些江南包漕的生监发起的。

一旦生监威胁要到京城告状，发动“京控”，或者煽动民众到州县乃至漕运衙门闹事，地方官为了确保漕粮按时起运，往往不得不向他们低头。为了平息这些潜在的诉讼，州县官员会从中拿出一部分米粮，用来安抚这些生监，以换取“漕控”的停止。这些米粮在当时有一个颇具讽刺意味的称呼——“讼米”。生监们游走于官府与民众之间，既是矛盾的调解者，又是利益的攫取者。他们的存在，加剧了地方治理的复杂性。[9]

地方官为了漕运的按时交付，经常向威胁要“漕控”“京控”的生监妥协，交付“讼米”，一些不良生监就发现了一个谋取私利的新办法。原本他们只有在确实交不上漕粮时，才去“漕控”“告漕”。现在他们即使能缴纳漕粮，也会威胁地方官，如果不给“讼米”，他们一定会闹事，让州县无法起运漕粮，让地方官被朝廷问责。因为害怕这些特别擅长打官司、“健讼”的生监，州县干脆每年固定向他们支付“讼米”，以保证漕粮的按时起运。从此，“讼米”就成了州县按时向生监缴纳的“保护费”。自然，州县自己是不吃亏的，支付给生监的“讼米”，和支付给运丁的“帮费”，都要从粮户手中征来，粮户承担的“浮收勒折”也就更多。道光年间的粮户，除了漕粮正税外，还要额外支出一大笔粮食，以供养州县、船帮、生监，生存压力极大。

因为地方官为了漕运的交付，屡屡向“漕控”“京控”的生监妥协，交付“讼米”，江南的生监们就发现了一门勒索州县的无本生意。原本，这些控告只是在真正无力缴纳漕粮时的不得已之举，随着时间推移，一些不良生监开始肆无忌惮地以“京控”为要挟，即便漕粮可以如期缴纳，他们仍会向地方官施压。若不拨给“讼米”，他们就要兴风作浪，阻挠漕粮起运，致使地方官难辞其咎。

面对这些在都察院、刑部如鱼得水的“健讼”之士，州县官员大多采取息事宁人的妥协之策。“讼米”由此演变成了一种固定的“保护费”，每年准时支付给这些生监，以确保漕粮的顺利起运。州县官员虽然在表面上作出了让步，但他们绝非甘愿吃亏之辈，支付给生监的“讼米”，以及给予运丁的“帮费”，最终都会转嫁到无辜的粮户身上，成为新的“浮收勒折”。道光年间的粮户，俨然成了一棵任人摘取的摇钱树，除了应缴的漕粮正税外，还要额外支出大笔粮食，用以供养州县、船帮和生监这三座大山。这般沉重的负担，使得粮户的生存状况每况愈下。

漕运总督衙门、河道总督衙门的胥吏、书役，眼见这群生监侵占了原本属于自己的利益，还屡屡闹事影响了自己的政绩，自然是可忍孰不可忍。他们奋袖出臂，与生监展开了激烈的斗争。道光年间，多次发生漕务衙门的书役、胥吏，豢养打手殴打生监的恶性事件。

讽刺的是，漕务衙门的书役、胥吏，与包揽漕务的生监，本是同根同源，都是科举屡试不第的底层文士。然而，利益的驱使却使他们反目成仇，上演了一出出“兄弟阋墙”的闹剧。这些本应是朝廷脸面的读书人，为了蝇头小利大打出手，无疑极大地折损了朝廷的威严，同时也撕裂了江南地区原本就脆弱的社会秩序。

面对这般错综复杂的局面，陶澍下定了决心。他要减少漕运的成本，减省民众的税赋，就必须打击包揽漕务的生监；要安靖地方，维系地方的正常秩序，这就需要在漕运衙门、州县官府、地方士绅和粮户之间寻找一个微妙的平衡点。最令陶澍忧心忡忡的是，这些包揽漕务的生监威胁州县，已经隐隐成为一种对抗官府的民间势力。这种趋势，对于一个忠诚的朝廷官员来说，是绝对不能容忍的。以他的立场而言，地方官府颟顸不作为，放纵地方势力坐大，已经严重威胁到了朝廷的基层治理。因此，打击生监“包漕”“告漕”，已然成为当务之急。

陶澍给这些包漕的生监贴上了“刁生劣监”的标签。这个称呼不仅充满贬义，更暗示这些人的行为已经超出了朝廷对士子的期待，应该予以打击。他下令州县彻查前来办理漕粮的人员，他的判断标准简单而直接：如果一个人本身不是粮户，没有缴纳漕粮的责任，却又代理他人前来缴纳漕粮，那么此人显然就是包漕的生监。对这样的人，陶澍的态度是坚决的——取消其包漕资格，并予以惩处。对于

"告漕之人"，他建议接受其诉讼的衙门，先核实其身份，是否有缴纳漕粮的义务。如果诉讼人不是粮户，就按来闹事的"刁生劣监"论处。如果本人是粮户，就先要查清他是否完税，如果他本人没有完税，有"抗欠"的行为，显然也是"闹漕"之人，不但不能接受其诉讼，还要反治其罪。不管其上诉理由是否成立，都要先惩治他"蓦越刁讼"。这实际上是在漕粮征收期间，禁止一切上诉。

这一做法得到了道光皇帝的首肯，道光甚至提出了更为严厉的惩治办法。道光帝在上谕中明确指出，对于那些拖欠漕粮过多，有意抗拒不交，还试图上京控告的人，应当暂停其参加科举考试的资格，直到清偿所有欠款。如果是始终不肯改悔的"顽固不化之徒"，当地学政应立刻进行清查，情节严重的直接剥夺其功名。[10]

清理漕务期间，陶澍亲自办理了数起漕控案件，每一起都显示出他处理这类问题的强硬立场。道光五年，苏州府新阳县监生朱心灼，上京控告本县胥吏吉惠嘉浮收，最后被陶澍判定为诬告。同年，苏州府吴江县武生费长春，控告本县书役倪显揆等在漕项征收中浮收勒折，不仅被判定为诬告，还因未按规定缴纳漕粮被认定为抗税。道光六年，南汇县监生凌培贤等人，控告该县书役沈念曾、石兰田，指控他们克扣旱灾蠲免漕粮额度，经陶澍审理后同样被认定为诬告。

在清查"刁生劣监"的过程中，陶澍意外查到了一个专门代理京控案件的职业诉讼团伙。此案的主角，乃南汇县监生叶墉。此人"胸怀大志"，不甘于庸碌，竟在江苏省城买了一个公寓，精心筹划，招募人手，成立了一个专事"京控"的团队。此举可谓别开生面，将"健讼"之道推向了一个新的高度。

叶墉招揽了张金照、赵征、王雪堂三位"健讼"能手。这三人都是生员，擅长撰写状纸，可谓叶墉团队的笔头。与此同时，叶墉派遣一名叫金老四的心腹常驻京师，专司走动衙门、递送状纸的责任。

叶墉的团队，分工精细，规划周密，俨然一个雏形初具的现代律师事务所，令人不禁慨叹其洞烛先机之能。经过陶澍与陈銮二人的明察暗访，才知道叶墉团队“战绩”颇丰，仅道光七年，他们便代理了钟振声、张寿昌、孙国珍、杜观成四起京控案件。

令陶澍震惊的，是在叶墉处搜获的浩如烟海的文书信件。透过这些纸墨，陶澍如同打开了一扇窥视江南社会隐秘角落的窗户。他发现，叶墉多年经营，已然编织出一张庞大的关系网，其中盘根错节，涉及官场、商界、乡绅等各个阶层。更值得玩味的是，在叶墉处还搜出大量与赋税、漕粮相关的官方文书。这些文书不仅印证了叶墉专攻“告漕”案件的事实，更折射出一个令人不安的现实：大量“告漕”“京控”案件，已然催生了一个庞大的产业链。[11]

陶澍治理漕务，既显露出仁慈济世的胸怀，又不乏雷厉风行的决断。他替运丁减少陋规，增加携带的土宜，以维持他们的生计；勒令州县、漕船减免浮收，以降低民众负担，都体现了他“民为邦本”的思想，以及对民生疾苦的深切关怀。但他对运丁私自斗殴、抢劫，毫不犹豫地祭出重拳，严惩不贷；对于那些结党成社、扰乱秩序的行为，陶澍更是采取了雷霆手段；他对那些“告漕”的生监施以辣手，其果决之态度，狠辣之手段，令人不寒而栗。

当然，陶澍在打击“刁生劣监”的同时，是否误伤了那些真正受到不公正对待的粮户？禁止一切上诉，是否会导致地方官员和胥吏更加肆无忌惮？这种强硬的手段，虽然在短期内可能会收到效果，但从长远来看，是否会加剧官民之间的矛盾？这些问题，恐怕连陶澍自己也难以完全回答。他的改革，就像是在一片荆棘丛林中探寻出路，每一步都充满了风险和未知，他只能在特殊时期，霸蛮地劈开一条生死之路。

这种刚柔并济的治政风格，在湖湘后学中形成了普遍的示范。陶澍的女婿胡林翼后来主政地方时说，“以霹雳手段显菩萨心肠”，他的晚生曾国藩提倡以重典恢复地方秩序，大概都深受陶澍影响。

陶澍对包漕的生监严加打击，引发了江苏士绅的反抗，也激起一些士大夫的不满。生监是士大夫的候补，是士绅在地方的代言人，陶澍对他们如此打压，自然有官员要为其出头。江苏学政辛从益虽是江西人，但他素来主张士绅在地方扩大权力，扮演更重要的角色，所以他就成了攻击陶澍的急先锋。

辛从益上奏抗辩陶澍的严厉政策，他质问道：在众多“京控”和“告漕”案件中，固然有一部分是生监闹事，要挟州县，但陶澍能够保证，其中没有一起是真正的粮户因遭受州县勒索而向朝廷求援的吗？总不能把所有的控告，都视为是生监故意闹事吧？

此外，他尖锐地指出，当前漕务之弊，主要是漕务衙门和州县的书吏敲诈勒索，导致粮户承担了额外的浮收。哪怕是地方士绅如生监，本身也是被书吏敲诈勒索的对象，也是受害者，为什么不能让他们上诉控告呢？——他将生监代表的地方士绅与普通粮户置于同一阵线，强调他们都是浮收勒折的受害者，为生监京控的行为提供了合理性。他还质问道，如果连生监这种有头有脸的读书人都不能控告漕务部门和州县的敲诈，那普通粮户又如之奈何？

辛从益特意举出书吏豢养打手，殴打生监的例子来与朝廷交涉。古代读书人地位甚高，他们被总督、巡抚、州县官员训斥倒也就罢了，连小小的书吏，不入流的东西都敢打读书的相公，这天下还得了吗？这个控诉，无疑触动了许多士大夫的神经。

陶澍在给朝廷的奏折中，以他调查的结果来反驳辛从益的指控。陶澍在给朝廷的奏折中指出，在他查阅的历年漕务诉讼案卷中，并未发现有关胥吏豢养打手殴打生监的记录。他进一步解释，如果衙门与生监真的发生冲突，作为掌握权力的强势一方，通常会通过正当法律程序处理，犯不着豢养打手，私下诉诸暴力。

辛从益所述青浦县漕书蔡锟标、吴诚雇用打手殴打生员一事，以及太仓州的生员陆鎏、王宝文、王之祯被殴打后留下内伤的案例，乍听之下，确实有几分骇人听闻。尤其是王氏二人过了两三年才突然因内伤发作而死的情节，更是让人觉得毛骨悚然。

陶澍对此进行了驳斥，奏称经他查访，吴诚、蔡锟标从未豢养打手，且吴诚已经因为办公能力差被辞退了。向辛从益举报此事的俞世英，经询问承认是误听传闻，并未亲眼见到打手殴打生员，也无从指出凭证。

至于王宝文、王之祯被殴打后，因伤致死一说，陶澍反驳说，清朝验伤的期限是七十天，王氏二人当时没有报官，未去衙门验伤，死亡后也没请衙门验尸。按照辛从益的说法，王宝文是在道光二年三月被打，到了道光五年六月才突然内伤发作死去，而且是死后两三年才有人上报此事，这显然是荒谬的。

辛从益的奏折解释了“内伤”说法的来源，他说据俞世英的线报，这些打手有特殊技能，可以当场打人不伤，过了几年才突然内伤发作死去。陶澍对此嘲讽道，人世间怎么可能有“隔年伤”“三年伤”这种当时不发作，过了两年突然发作的内伤，这既不符合律例，也是《洗冤录》中未载之情节——以后人观之，这显然是话本小说里才有的情节。

陶澍在奏折中说，经他反复审问俞世英，俞最后供称，王宝文、王之祯其实是因病去世，俞还恳求上官宽恕他的伪证罪。现在还活着的陆鎏是太仓监生，本来就不需要缴纳漕粮，怎么会因为交漕粮之事与衙门冲突呢？——显然陆鎏就是陶澍所打击的“包漕”之人，他假装不知，在这里将了辛从益一军。陆鎏不敢承认他是“包漕”的人，所以他兄弟二人对陶澍说，他们是路过衙门时遭到殴打，但无法指出谁是打手。

书吏殴打生员的事，不一定都是虚假的，因漕务而控告上官的案件，也不一定都是闹事。但陶澍明显比辛从益精通行政事务，思维也更缜密，所以他用一封逻辑严密的奏折驳斥了辛从益。在驳斥辛从益的同时，得势不饶人的陶澍，还给后者扣上了一顶“损毁名教”的帽子杀人诛心，狠狠地嘲弄了这个负责文化事务的学政官员。陶澍在奏折中嘲讽，说“三年伤”这种荒谬说法，哪怕是没智识的人也知道是假的，堂堂学政官员把这种荒唐的东西上奏，实在有失体统。

陶澍不仅驳斥了辛从益的具体指控，更是巧妙地抓住了对方论述中的漏洞，进行了无情的鞭挞。辛从益在奏折里说，官吏贪婪勒索，本是常态，即使没有这些“包漕”的生监，小民也不会因此减少苛捐杂税。这番话本意或许是为生监开脱，但一经解读，就显得居心叵测。陶澍指出，辛从益默认吏治腐败、无可救药，于是干脆对腐败采取放任自由的态度，这是尸位素餐，不肯为朝廷尽心竭力。这种鬼话本来就是“刁生劣监”搞事的借口，辛从益将他们的借口上奏朝廷，恐怕与这些“刁生劣监”私下有密切往来，甚至存在利益瓜葛。他还举出了儒家的“义利之辨”，说学政官员不以大义为立场，不以改移风气为己任，反而去替“刁生劣监”争夺小利，一个执掌教化的官员持有这种言论，恐怕不足以训导士人。[12]

平心而论，陶澍的调查，主要采信州县单方面的供词，并不完全能够服众。而且他认定“漕控”案件皆是“刁生劣监”为了牟利而蓄意制造，也是一种恶意的有罪推定。只是陶澍打击“包漕”的生监，严厉禁止“告漕”，提高了漕运的效率，道光皇帝必然会支持他，一时也顾不上程序正义。更重要的是，陶澍此举打击了江南底层士绅的势力，加强了官府对地方的控制，从此将士绅操擒于州县之手，对皇帝来说，无疑是大功一件。

为提高河运的效率，陶澍在江苏任上，还究心于河工，大力疏浚河道。他治理猪婆滩，把丹徒到丹阳的运河拓宽挖深，清除漕运的梗阻；增加了运河上游的练湖的蓄水量，为运河增加更多的水源；治理了孟渎河，疏浚运河下游；又为从京师回空江南的漕船寻找了新的行船路线，避开京口闸的浅阻，开运河之捷径。

对运河的治理，既体现了陶澍的勤政，也展现出一代经世致用能臣，对水文、水利等工程的熟练，更有古之名臣胼手胝足、躬身任事的政风。

陶澍倾尽心力，致力于漕运之整顿，冀以减少江南粮户之税赋重担，削减漕运之成本，提升漕运效率。他精明强悍，深谙基层治理之奥妙，于漕运整个流程中的“潜规则”洞若观火，自然能做到对症下药，精准打击。陶澍又是杀伐果决的性格，以雷霆万钧之手段，镇压了种种阻挠漕运整顿的势力。

自古以来，为官一方者皆以不得罪当地士绅、豪门为训，陶澍却严惩了在漕运中营私舞弊的士绅。加上他本人圣眷正隆，又善于协调各方关系，强硬而不失灵活手腕，软硬兼施、文武张弛，最终将漕运的效率提升到了较高的水平。

然而，即便经陶澍治理之后，漕运效率甚至已超过了雍正“肃贪”之时，漕运成本依然极高。更重要的是，尽管陶澍暂时恢复了漕运软件系统的高效运行，但由于自然条件的变化，运河长期淤堵，河道梗阻严重，其硬件体系已无力长期承担如此庞大的漕运规模。

即使陶澍清廉自守、才干杰出，他也不能保证漕运一直高效运转。何况即使经办漕运的每一个官吏、士兵在道德上都完美无缺，它的效率也无法与海运相比。利用海洋来输送物资，进而走向海洋，本就是近代经济发展的一种必然结果。

陶澍不是漕运总督，他是江苏巡抚，他的职责除了保障漕运，亦在维系江苏民生。当时的情形，是为了维护运河水道，已严重影响沿岸的民生。清廷为确保漕运，会将保障运河水源，置于地方农业灌溉之上。遇到枯水期运河水位低，地方官往往会关闸蓄水，致使农田无水灌溉，甚至将保障农田的水源也引入运河。遇到丰水期，为防止大水冲垮运道，地方官就会开闸放水，淹没农田乃至房舍。淮河沿岸，洪水一来，大坝开启，田园尽淹，千里汪洋，数月不退。[13]从江苏地方官的视角观之，陶澍无论是为了保障京师漕粮供应，还是维系江苏民生，皆需设法解决这个问题，而解决之道，就在海运。

何况防止海运的腐败，陶澍已早有成熟的经验，便是将其承包给商人，朝廷不管他在海运过程中的损耗，只根据最后接收到的物资，给与一个合理的价格即可。商人愿意承运物资，沿途风险自己承担。这个办法，明朝的开中法就已经给出了现成的模板。当旧有的机制无法适应社会需求时，反复打补丁于事无补，最好的办法莫过于制度创新，用新的办法绕开原有的问题。正如唐代因为均田制的崩溃，导致以人丁为标准的租庸调无法运转时，最好的办法是开启两税法，改以资产为标准征收赋税。

只是传统观念不易改变，涉及数百万人衣食的河运不易动摇，直到陶澍去世，清朝也没有再次组织海运。他的漕运改革，犹如一位老练的舵手在风雨飘摇的大海中掌舵。他巧妙地避开了暗礁，平息了一时的风浪，使这艘超载的大船暂时保持平衡。然而，这艘船的船底已经开始渗水，舵手的技艺再高超，也难以阻止大海的侵蚀。如果不转向海运，百年漕运的积弊，终将无法解决。

传统的观念实在难以更新，陶澍对此也无可奈何。在海运被叫停后，他对漕运、运河的整顿，只是一种绝望中的挣扎。他的努力就像秋日里的一抹残红，虽然在凋零之时绽放出最后的绚烂，却终究不敌寒冬将至的萧瑟。

【注释】

① 以上根据倪玉平《清朝嘉道财政与社会》第 98 页列表估算，商务印书馆 2013 年版。

② 李文治、江太新《清代漕运》第 418 页，社会科学文献出版社 2023 年版。

③ 唐甄《富民》，载《魏源全集》第 13 册第 289 页，岳麓书社 2004 年版。

④ 龚炜《巢林笔谈》第 113 页，中华书局 1985 年版。

⑤ 转引自郭成康、郑宝凤《乾隆年间侵贪问题研究》，载《清史研究集》第 8 辑第 55 页，中国人民大学出版社 1997 年版。

⑥《陶澍全集》第 1 册第 416 页，岳麓书社 2017 年版。

⑦《陶澍全集》第 1 册第 395 页，岳麓书社 2017 年版。

⑧《陶澍全集》第 4 册第 71—74 页，岳麓书社 2017 年版。

⑨⑩《陶澍全集》第 1 册第 416—417、420 页，岳麓书社 2017 年版。

⑪《陶澍全集》第 2 册第 4—6 页。

⑫ 陶澍与辛从益交锋的经过，见《陶澍全集》第 2 册第 9—11 页。

⑬ 倪玉平《清朝嘉道财政与社会》第 243 页，商务印书馆 2013 年版。

九、盐政维新

19 世纪的大走私犯

清代流行一种纸牌游戏，俗称“叶子”。这种游戏最初不过是淮扬地区盐商富贾圈子中的一项消遣，在晚清时期却逐渐风靡全国。到了清朝末年，“叶子”已然成为遍及天下的娱乐方式，连深居宫中的慈禧太后也不能免俗，经常传召宗室女眷和命妇入宫，陪她玩叶子戏。

叶子戏的纸牌上，通常绘有古代英雄人物的彩图，其中最为常见的，莫过于三国和水浒中的英雄好汉。道光年间，淮扬一带的盐商们在这传统的牌局中添加了两张特殊的纸牌。其中一张牌上画了一个美女，众人称之为“陶小姐”，有幸抽到这张牌的玩家，立刻赢了整个牌局。而另一张牌上的图案则颇为怪异，一株丑陋的桃树孤零零地立在地上，旁边两个膀大腰圆的壮汉手持利斧，作砍伐之状。这张牌被称作“双斧伐桃”。不幸抽到这张牌的玩家无不大呼晦气，然后大骂“桃树”。因为按照规矩，无论他手中其他牌多好，只要抽到“双斧伐桃”就得立即认输。[①]

这两张特殊的纸牌，看似无心之举，实则包藏祸心。“桃树”与

“陶澍”谐音，“双斧伐桃”，正是对时任两江总督陶澍的一种诅咒。至于那“陶小姐”，则是陶澍以孝顺著称的长女，盐商们借此开了下三烂的玩笑，对陶澍家人进行恶毒的攻击。

淮扬地区的盐商们为何如此痛恨陶澍？原来，陶澍在两江任上主持的盐政改革，损害了他们的利益，不少盐商因此破产。但另一方面，老百姓却对陶澍整顿盐商拍手称快，有一出民间流传的地方戏《陶澍访江南》，称赞陶澍整顿江南盐商的伟业。这出戏讲的是道光年间，江南地界盗贼横行，他们杀官抢印，为非作歹。江南的恶霸中，有自立为江南总督的狂徒曹百万，他与官员蔡大鹏、任义平，流氓曹龙、曹虎、曹彪、尤子金结拜为兄弟，自称“江南王”。曹百万在江南无恶不作，甚至阴谋夺取帝位。道光皇帝先后派出蔡朝贵、吴玉贵两任钦差大臣巡视江南，都被曹百万指使人杀死。陶澍就任两江总督、八府巡按后，化装成算命先生私访江南。他一步步揭开江南的黑幕，最后调动军队，将曹百万等人一网打尽。

陶澍智斗曹百万的故事流传很广，甚至发展到现代，岳麓书院的导游们纷纷指认书院大门两侧放置的一对双面浮雕汉白玉抱鼓石，是陶澍在查抄曹百万家产时所没收，后来转赠岳麓书院。事实上，《陶澍访江南》的大部分情节都是虚构的，曹百万等一众反派人物在历史上并不存在。这实际上是一出典型的古代清官戏，其中的陶澍形象与其他评书、戏曲中的包龙图、施世纶、彭鹏并无二致。

这个故事的特殊之处，在于它隐含了一丝历史的影子，反映了陶澍在江南惩治盐商及其背后官僚的斗争。故事中的曹百万，很可能是影射大学士、首席军机大臣曹振镛的族人。曹振镛出身盐商世家，长期以来充当淮扬盐商的靠山。正因为江南曹家声名显赫，故事中的头号恶霸才被塑造成姓曹的角色。历史的真相往往比戏剧更加微妙，在陶澍整顿江南盐政的过程中，曹振镛实际上表现出了支持的态度。

道光帝命令陶澍整顿盐务，起因是盐枭黄玉林案。这桩案件不仅引起了朝野震动，更成为盐政改革的直接导火索。

黄玉林是湖南零陵人，原本不过是一名普通的船户，为船东驾船谋生。嘉庆年间，他在仪征县与一群无赖结伙，讹诈勒索往来商队，开始了他的江湖生涯。黄玉林被官府抓获，问罪发配黑龙江，与披甲人为奴。这次流放未能遏制住黄玉林的野心，他因嘉庆十九年朝廷大赦天下，得以回到内地。道光元年，他又结伙贩卖私盐，虽然再次被捕并流放至福建光泽县，但他很快就逃回了熟悉的仪征县，继续他的私盐生意。[②]

黄玉林在多年流放、逃亡的生涯中，增长了很多黑道阅历，以及与官吏、兵勇周旋的经验。他在第二次经营私盐贩卖时，展现出了非凡的犯罪才能。凭借收买人心的手段和巧妙勾结官府的能力，他迅速崛起，很快成为江南首屈一指的大盐枭。

黄玉林的私盐船队活跃在江苏水路要冲，以及淮盐集散地仪征县。他占领仪征老虎颈码头作为巢穴，啸聚数百人，在此地修筑土墙，开挖壕沟，甚至私铸大炮，于码头四面设置炮位，俨然一个小型王国。黄玉林的私盐销售网络之广，令人咋舌，连湖北阳逻、江西蓝溪都有他的贩私据点。他的船队规模之大，更是令人惊叹，大型沙船能装载数千石私盐，“三两连樯，由海入江”，小型猫船也能装载一百多石私盐，百十成群，由场河入瓜口。这些船上器械林立，不但配备精良的冷兵器，还购置了大批火器，鸟枪、长矛、大刀、铁鞭、铁锤，应有尽有，以致“辘轳转运，长江千里，呼吸相通”。黄玉林不但大量贩卖私盐，甚至还率众打劫长江上转运官盐的船队，每次的劫掠数量惊人，动辄以数万斤计。[③]

黄玉林贩卖的私盐，基本来自朝廷生产官盐的盐场，不少是盐丁私下贩卖于他，有的甚至是盐场官员监守自盗，大规模向他发货。最为离奇的是，黄玉林的私盐，并不是散卖给普通民户，而是卖给正规的盐商。

乾隆五十七年以前，盐商将官盐运到销售口岸，实行“散轮法”。官盐运到码头后，随到随卖，因为到岸的盐船多，盐商为了快速回本，往往会竞相降价，导致盐价下跌。官盐价格过低，长此以往，会导致愿意从事盐业的商人减少，最终影响到朝廷的盐课收入。

为了“保价”，乾隆五十七年，两淮盐政全德希开始推行“整轮法”，盐船到岸后必须排队等候，由官员依次叫号，按顺序销售。全德希认为，按顺序依次销售，盐商必须就地等待，就不能为了快速脱手而竞价出售了。

但这些盐商也颇为精明，还没轮到自己的时候，他们就私下将官盐降价出售给散户，争取先行回本。轮到自己时，再向黄玉林这样的盐枭购买私盐来填补库存，俗称“过笼蒸糕”。由于黄玉林货源充足，价格实惠，他的私盐船队非常受盐商欢迎。在口岸监管盐业的官员对这种“过笼蒸糕”的勾当心知肚明，然而他们收受了黄玉林和盐商的贿赂，自然对此睁一只眼闭一只眼。黄玉林的私盐船队因而得以自由出入盐场、口岸，还能与口岸执勤的官兵称兄道弟，令人叹为观止。

黄玉林很会营造自己的名声，他以《水浒传》里的宋江为模本，精心塑造自己的形象。除了贿赂盐务官吏、驻防官兵外，他还为自己的私盐团队立下规矩，除了打劫运送官盐的团队，不得劫掠其余过往客商。除了私盐生意，不得欺凌民众、滋扰地方。这种“讲江湖道义”的行事方式，为他赢得了不少好感。

黄玉林更善于利用自己的武力和财力，为人排忧解难。在江湖上，他被看作直爽可信的好汉，逢年过节，常有绿林好汉前去拜访送礼，俨然一位及时雨宋江般的人物。这种声誉，不仅增加了他的影响力，也为他的非法活动提供了某种程度的保护。[④]

这支私盐团队武力强大，寻常官兵难以征剿。因为黄玉林在江湖上的名望，很多商人、豪强乃至平民都为他打掩护，州县衙门多次下令征剿，都奈何他不得。他在各级衙门都安插了内应耳目，凡是衙门有所举动，还未发动，他已先知。督抚大员被收受黄玉林贿赂的属下蒙蔽，对这位两淮巨枭的存在毫不知情，州县官员或恐缉捕不力酿成事端，对他的行为装聋作哑。这种种因素，使得黄玉林的势力得以不断壮大。

然而，树大招风。黄玉林的名声越来越大，最终传到了道光帝的耳中。得知自己的治下竟出现了这样一个巨枭，道光帝大为震惊。于是在道光十年闰四月初一日，他下令两江总督蒋攸铦抓捕黄玉林，要求严究党羽、尽绝根株。

两江总督之前是琦善，因为提议启用王家营减水坝，挑深河道以清水刷黄，最后导致黄河水倒灌，耽误漕运，道光下诏训斥他“失机”，被免去江督之职。道光帝深感两江乃天下钱粮所在，亟须一位德高望重、久任封疆的总督。此时，朝堂上的暗流涌动，大学士、首席军机大臣曹振镛与军机大臣蒋攸铦不和，借此机会欲将后者排挤出军机处。曹振镛此人，外表温和，实则老谋深算。他自称为官多磕头少说话，遇到朝堂争执从不妄发议论，对待同僚从不恶语相向，给人以好好先生的印象。然而，他排挤他人的手段颇为高明，往往在关键时刻用一两句似乎没有立场的话，引诱皇帝的思路，让皇帝顺着他的意思走。他借了皇帝之力整人，表面上却似乎一句坏话没讲，这种“含意不伸”的策略，使得被他排挤的人也无话可说。

当时陶澍的老上司蒋攸铦已是军机大臣，本已不用出镇地方。在道光帝咨询江督人选时，曹振镛故意推荐不可轻易调离的陕甘总督那彦成。道光心下思量，陕甘地方极为重要，那彦成不可轻易调离，一时感觉人才匮乏，束手无策。这时候，曹振镛并不说话，只是用眼光轻轻瞥了一下旁边的蒋攸铦，道光立即醒悟过来，下令蒋攸铦出军机处，外放两江总督。⑤

其实，在道光下达上谕之前，蒋攸铦已经会同陶澍，着手严查私盐案。早在道光九年，他们就已查获瓜洲运河一带的私盐贩子，起获私盐数十万斤。他们知道在仪征县老虎颈有盐枭出没，只是不知道为首的人是黄玉林。陶澍此前已派王用宾缉捕老虎颈私盐团伙，只因有很多人为黄玉林打掩护，王用宾始终未能查明老虎颈盐枭的虚实。尽管如此，严密的追捕，已让黄玉林心惊胆战。

署理两淮盐运使王凤生的一纸布告，为黄玉林提供了一线生机。王凤生在办理私盐案子时，张贴布告宣布，凡有贩私之人，准其自首，照例免罪，见王凤生允许私盐贩子自首免罪，黄玉林立即委托线人向官府求告，表示情愿投案自首，为官府效力赎罪。他还托线人对王凤生说，数年前官府擒获巨枭贺三虎，线报就是他提供的。只是因为一直未得到官府赦免的许可，他不敢前来投案，只能在“江楚之间穷苦难度”。

道光的谕旨下来后，蒋攸铦做了两手准备。一方面，他将黄玉林欲自首赎罪的消息上奏，请求批准招安，让其参与缉私以赎罪。另一方面，他对黄玉林投效的诚意心存疑虑，因此同时部署了抓捕行动。蒋攸铦加派署常州营游击金万全，率领兵勇，化装为平民，不动声色，密行布置，协助王用宾抓捕黄玉林。王用宾素称“缉捕勤能”，金万全也被认为“缉盗匪素称能事”，但这两位能吏在面对黄玉林时却显得力不从心。

黄玉林大多数时候住在船上，行踪飘忽不定，一闻警讯立刻挂帆出海，乘间远扬。有时衙门收到线报，得知黄玉林临时上岸，留宿老虎颈。但黄玉林在老虎颈巢穴人马众多，武器精良，金万全所带兵勇不多，只敢围困而不敢强攻，因此总是劳而无功。若是多调兵马，又常常走漏风声，让黄玉林坐船出逃。

追捕不能，蒋攸铦和陶澍只能选择招安。陶澍认为，若能成功招安黄玉林，或许能带动一大批盐枭投案自首。黄玉林多年贩卖私盐，在道上名声显赫，深知各路盐枭的底细及各种走私路径，若是让他参与缉私，“以枭制枭”，定能大挫民间的食盐走私。

经蒋攸铦和陶澍奏请，朝廷同意赦免黄玉林从福建逃亡，以及贩私盐的罪行。双方达成协议后，黄玉林带着同伙伍步云、伍光藻、黄玉书、陶五连、吴青山等八人，连同走私船十二艘，私盐三万七千斤到衙门自首。

黄玉林自首后，一度积极参与缉私，他的十二艘走私船也改为了缉私船。经他从中引线，四百多名私盐贩子投案自首。官府在他的配合指引下，拿获不少顽抗的盐枭，两江的缉私队一次就缉获李玉良、李乔周、散正标、张二、顾大、王三等十二名枭贩，缴获大小船只十一艘，查抄私盐一百七十包，甚至还缴获了一批枪刀火药。一系列缉私成果，让陶澍颇感得意。他与上司蒋攸铦的这番操作，仿佛重现了《水浒传》中朝廷招安宋江，驱使梁山好汉平定方腊的戏码。这种“以枭制枭”的策略，在短期内确实取得了显著的效果，大大打击了私盐贩卖。⑥

然而黄玉林终究不是满脑子忠义的宋江，招安之事以一种令人唏嘘的方式落下帷幕。黄玉林自首后协助官府屡破大案，但蒋攸铦和陶澍始终将他视为一枚可以随意操控的棋子，而非真正的朝廷臣僚。他们给予黄玉林的，不是荣华富贵，而是严密的监控和束缚。这种处境让这位昔日的盐枭深感失望，内心的不满与日俱增。

黄玉林日复一日，在市井中招摇过市，与昔日的狐朋狗友觥筹交错。陶澍见他始终不改江湖之气，心中不免生疑。他担忧黄玉林会故态复萌，遂命人将其押解至省城，交由江宁协副将惠普恩严加看管。

黄玉林被约束了自由，愈发追悔当初自首之举。他暗中写信给心腹伍步云等人，在信中说，恐怕有人会抢占老巢老虎颈码头，致使大家进退无路。眼下要速速召集兄弟，回老虎颈驻守，以防不测。不料这封信被看管他的兵勇当场搜出，惠普恩立即将黄玉林拿下，解送县衙监禁。陶澍闻讯，即刻派江宁布政使贺长龄会同江宁知府俞德渊进行了审讯。黄玉林供称，因为帮助朝廷缉私无利可图，加之管束太严不得自由，所以又萌生了逃回老虎颈贩卖私盐的念头。[7]

黄玉林落网时，蒋攸铦已经因病请假，暂由陶澍署理两江总督。招安之前，道光皇帝的旨意本是严惩黄玉林，奈何蒋、陶一前一后两位江督都力劝招安，才准其自首免罪。不料黄玉林首鼠两端，再次图谋逃跑，重操旧业，这就彻底激怒了道光皇帝。

蒋攸铦在奏折中，建议将黄玉林流放新疆，后来又恐其再度逃脱，酿出更大的祸端，于是加了一封密片，请求处死黄玉林。此时的道光，对这场闹剧已经失去了耐心。他虽勉强同意招安，却始终心存疑虑，多次降旨询问黄玉林是否诚心悔过，蒋攸铦每次回奏，都是“尚知图奋”“安静守法，并未别滋事端”“悔罪之念已久”之类的话。

蒋攸铦如此力保，黄玉林却图谋不轨，在道光看来，蒋攸铦是“敷衍具奏”“弥逢苟且”，为了政绩存心包庇，最后导致朝廷丢失颜面。他本就对蒋、陶二督轻率招安“大贼头”的做法心存芥蒂，而蒋攸铦在奏折中的反复无常，更是触怒了他。

道光认为，朝廷办事，应光明正大、开诚布公，处置罪犯应该根据刑律，当杀即杀，当流即流。蒋攸铦公开判处黄玉林流放之刑，却在私下密奏将其绞决，这是见不得光的鬼蜮伎俩，有违当政秉国者应有的体统。军机处代拟的上谕中批评蒋攸铦“事前既无主张，事后又复苟且”，道光亲自增加了几句朱批，怒斥蒋攸铦“不知是何居心”，“茫然无定见”。[8]

盛怒之下，道光下令将蒋攸铦、陶澍，以及盐政福森、署盐运使王凤生一并交部议处。吏部议定的处罚，是将蒋攸铦革去大学士，降为侍郎，福森、王凤生降四级调任，陶澍降四级留任。

黄玉林被陶澍公开处以绞刑，以正国法。蒋攸铦被革了大学士，心中愁苦，加之本就有病在身，未及到任就已病故。陶澍看似同受处罚，实则安然无恙。虽然在《东华续录》中收录了一道上谕，有“陶澍……加恩改为降四级留任”的句子，但在《清史稿·陶澍传》中，没有陶澍因黄玉林案受罚的记载，《清史稿·蒋攸铦传》《清史稿·王凤生传》中，都只提到了蒋、福、王三人被处罚，没有提及陶澍。《陶云汀先生奏疏》里，也没有收录此次处罚的部议、谕旨和谢恩折。更耐人寻味的是，在蒋攸铦遭贬之际，陶澍反被实授两江总督，很显然，他的降四级留任的处分被撤销了，或者根本就没有落实。

陶澍之所以未受处分，有几个可能的原因。蒋攸铦招安黄玉林时，陶澍还是巡抚，只是与上级联名具奏，不应承担主要责任。蒋攸铦多次上奏称黄玉林安静守法，有悔罪之心，这是道光最气恼的地方，认为他“屡次降旨询问，并不据实陈明”，包庇放纵了黄玉林。而陶澍署理两江总督后，对黄玉林十分警惕，他因疑心黄玉林会生出事端，提前将其押解到省城，发到军营管束。正因如此，黄玉林阴谋出逃时，才会被第一时间抓获。如若不是陶澍严密约束黄玉林，黄玉林成功出逃，再度贩卖私盐，朝廷会损失更大的颜面。因此陶澍在监管、抓捕黄玉林上尽了心力，足以弥补他与蒋攸铦联名具奏的过失。

此外还有一种可能是，领班军机处的曹振镛敢对蒋攸铦投井下石，却不敢谋算陶澍。

在不明就里的人眼中，曹振镛似乎是一位谦恭有礼、勤勉尽责的大臣。恭维他的人称赞他“克自抑畏”“徽柔懿恭”，仿佛是一位谦逊有加的君子，其实他只是胆小怕事，缩头藏脑。也有人夸他是个“君子无其所逸”的勤政之臣，其实他只是贪恋权力。表面看起来，曹振镛处理政务时宵衣旰食、夜以继日，实际上他处理政务时只求无过，不求有功。他通常只会依样画葫芦，从不敢有所兴革，承担责任。

更为有趣的是，曹振镛甚至不敢过分逢迎皇帝。在他看来，圣心难测，拍马屁也是有巨大风险的，稍有不慎就可能弄巧成拙，拍马屁拍到马腿上。胆怯懦弱的他奉行一种极其保守的处世之道：多磕头，少说话。因为说得多，做得多，就错得多。有人总结他的为官原则是，态度圆滑和气，遇大事绝不出头承担。做任何事都不认真，任何时候都没有立功的想法，遇到困难总是设法取巧规避，遇到讨论从不妄发议论。对待同僚面子上谦虚柔顺，从不当面落下话柄，当面结仇。对他人舞弊一般都当作没看见，既不为大义强出头，也不做太大的坏事。

这种为官之道，虽然不会得到皇帝的欢心，但却能让他在官场中长期立足。皇帝用他，正是看中了他这种无功无过、人畜无害的特质。虽然不能指望他办大事，但至少不会祸国殃民，给朝廷惹来大祸。

曹振镛在争权夺利时，亦是奉行这种迂回的策略。他不会公开与人撕破脸，进行血淋淋的斗争。他所能做的，就是在关键时候保持沉默，放任于政敌不利的事情发展，或者说几句阴阳怪气、模棱两可的话，引诱皇帝生出疑心。但若害不了人，他也就算了。安全第一，不和人结下不解的冤仇，是他保全自己的原则。

面对这样的官僚，如果看到他假惺惺地对你温和谦虚，你也选择与他和气相处，即使吃了暗亏也不声张，就会被他拿捏。因为在一团和气、斗而不破的官场潜规则下，他比你更熟悉游戏规则，更精通文法罗网。但如果你敢撕破脸，与他不死不休地斗争，他就会感到害怕，随之退避三舍。

蒋攸铦不得皇帝欢心，又老迈多病，没有精力和人斗争，曹振镛自然会在皇帝愤怒时，稍稍“助皇帝之怒”，对蒋攸铦落井下石。陶澍是典型的湖南骡子，血性刚强、勇于斗争，如果曹振镛敢在军机处玩弄心机算计陶澍，陶澍定会撕破脸，公开地同他大动干戈，曹振镛不敢冒这个险。

陶澍一身血性，但在不违背原则的情况下，亦很会处理人际关系，很会迎合上意。他正值圣眷隆盛之时，又比曹振镛年轻许多。曹振镛不敢赌自己与陶澍在皇帝心中地位孰轻孰重，又不愿为子孙结下仇怨，自然只能顺着皇帝的心意，在草拟谕旨时为陶澍大加开脱，笔下超生了。

朝廷查办黄玉林案，原本只是追查私盐，期望通过打击私盐贩子，增加官盐的销量，增加盐课收入。陶澍在查办走私的盐枭时，也不断查探民情，试图从根子上解决盐政的问题。他发现，购买私盐的人多，实在是因为官盐太贵。如果不解决官盐价格问题，走私是无法根治的，“所虑不在于枭徒之冒法贩私，而在于小民之情迫食私，盐价太贵，则食私者众而枭徒有不胜诛者矣”。

陶澍还发现，参与私盐贩卖的何止黄玉林这种私盐贩子，甚至连国家特许的正规盐商乃至负责漕运的官兵都卷入其中。由于价格太高，官盐大量积压卖不出去，商人疲敝不堪，又没有周转的本钱，只好去收购廉价的私盐转卖，“是官商亦私”。这样一来就成了恶性循环，参与走私的越多，官盐越卖不出去，官盐越卖不出去，商人就越亏空，就越要卖私盐。

那么，为何官盐价格如此之高呢？陶澍经过查访得知，主要是盐课和浮费太重。各级官吏和总商都在盘剥盐商，盐商运销成本太高，就只能抬高盐价，分摊成本。一斤盐的成本不过十文钱，算上盐课和各种浮费后，价格顿时飙升数十倍。官盐价高卖不出去，中小盐商纷纷破产，形势就越加严峻。官盐的高价导致其陷入了一种自我毁灭的循环中。

清代的盐政体系，将全国划分为十一个盐区，即长芦、奉天、山东、两淮、两浙、福建、两广、四川、云南、河东、陕甘。每个盐区内出产的食盐，固定供应一个特定地区，如果越过盐区卖盐，官盐也算私盐。陶澍治下的两淮盐场，供应地最为广阔，包括江苏、安徽、江西、湖南、湖北以及河南一部分。两淮盐场在国家财政中所占比重极大，嘉庆十七年，全国十一个盐场总共上缴盐课五百七十九万两，其中两淮盐场就上缴盐课二百九十九万两，占比超过一半。两淮盐课虽然时有波动，但最少的时候也占到全国盐课四成，是全国盐政的核心。两淮盐课不裕，则全国财政都会吃紧。

看过陶澍的奏折，道光知道打击走私不能解决盐政存在的问题，于是痛下决心，改革两淮盐政。他派户部尚书王鼎、侍郎宝兴为钦差大臣，亲至两江与陶澍共同筹议盐政。两江总督原本不分管盐政，经王鼎、宝兴提议，撤去两淮盐政一职，两淮盐政改由两江总督兼理，原两淮盐政钟灵奉调回京。此前陶澍已获得太子少保衔，可尊称为“宫保”。总督为了统领军队，兼有兵部尚书衔，加之为了监察治下官吏，兼职右都御史，他的头衔就变成了太子少保兵部尚书兼都察院右都御史江南江西总督管理盐政。⑨

盐商家也没有余粮了

自西汉武帝实施盐铁专营以来，盐业多由官府垄断，盐业收入也因此成为历代朝廷的财政支柱。这种通过控制食盐的生产、流通、消费，来为国库创收的办法，对古代王朝来说具有其他理财手段不可比拟的优势。

食盐之所以能成为如此重要的财政来源，是因为它具有不可替代的特点。如果朝廷管控其他商品，实行专卖政策，导致其价格过高，民众就会减少该商品的消费数量，或者寻找替代品。但食盐是不可替代的，每个人都需要摄入盐分来维持生理功能，长期“淡食”会导致身体浮肿、抽筋、神经系统障碍，甚至导致其他更严重的疾病。

因此无论食盐价格多高，都是民众必须稳定购入的商品，全国食盐的销量不会因价格变化发生巨大波动，是一个稳定的财源。历代盐政的本质，对民众来说，是一种变相的人头税——因为每个人都要吃盐，官府只需要对官盐加价，就等同于增收人头税。

相比其他商品，垄断食盐的产销也更为容易。中国的产盐地主要集中在内地少数拥有盐井和盐池的地区，以及部分海滩条件利于制盐的沿海口岸。产盐地在地理位置上的集中，使得官府能够以较少的人力控制食盐生产的源头，从而实现有效的垄断。其他大宗商品如粮食、茶叶、酒、棉花、生丝，因其产地分散而多元，官府难以对其全面控制。铁矿具有和食盐相似的特点，所以“盐铁”都是最主要的专卖物资，但铁器的消耗量远比食盐少，对财政收入的贡献亦不及食盐。

除此之外，中国儒家的仁政、民本观念长期盛行，朝廷不到万不得已，不敢随意加征农夫的正赋。朝廷急需用钱，最好的方法是向商人索取捐纳报效。盐业收入虽说最终会转嫁到平民身上，但有了商人为中转，至少看起来像是只榨取了商人的钱财，有“劫富济急”作为遮掩。

盐业专营刚实施的时候，官府将生产、运输、销售三个环节全部垄断，最大限度地赚取利润。随着时间推移，朝廷发现由官方来生产、运输、贩卖食盐的效率极低，在流通环节中更存在大量贪腐行为，遂逐渐将官营食盐改为官督商销，用现代的话来说，盐业仍由官方垄断，但官方会将盐业承包给私商。

清代盐政，大抵沿袭明制，名曰“纲盐法”。官府将每年应售食盐总量分为若干纲，再核算每年应从食盐中攫取的总利润，分摊至各纲，此即“盐课”。盐政的核心，是保证朝廷每年能够收到足量的盐课。

清朝建立之初，官府召集商人承包盐务，商人向政府缴纳一笔巨款，即可获得从事盐业的特许权，这个特许权称为“根窝”。有了根窝的商人，每年再向朝廷预付一纲或若干纲的盐课，朝廷则颁予其一纲或若干纲食盐的运销凭证，名曰“盐引”。没有根窝的商人想运销食盐，可以先向有根窝的商人租借根窝，然后再向官府认购盐引。根窝理论上以一年为限，商人完成本年度的销量后，若能及时缴纳来年盐课，根窝便可自动延期。只要盐商不致破产、转行，根窝便可长期使用，且可传之子孙，成为世袭之业。鉴于一纲食盐数量庞大，唯有资本雄厚的大商人才能承包一纲，盐业实则被少数大盐商所垄断。

为了最大限度地征收盐课，清朝在盐政上有一套完整的规制措施，主要包括通过准入许可来防范无准入许可的人员进入食盐生产和流通环节；通过定价管制将食盐销售价格维持在超过市场自然形成的价格水平之上；通过配额限制防止市场食盐流通过剩或短缺；通过流通过程监管实现全过程规制以防范规制失效和走私等问题，从而将食盐的生产和流通控制在自己的手中，实现高盐价和高盐课，达到生财的目的。[10]

根据嘉庆十七年的一张钱粮出入清单，嘉庆十六年（1811）各省岁入为四千三百五十万两，而盐课收入为六百二十五万两，占比接近百分之十五。嘉庆十七年各省岁入为四千四百九十六万两，而盐课收入为五百七十九万两，占比约为百分之十三。[11]清朝国家财政收入的主体是农业税即地丁银，占比接近八成。然而地丁银收入来自亿万农户，随意加征容易引发全国性的动荡，加上传统儒家重农的理念，朝廷有军国大事需要增加收入，只得尽可能在地丁银之外索求。所以盐课总数虽不及地丁银多，其重要性却不容小觑：它是除地丁银之外，朝廷可以相对灵活调控的重要收入来源。因此，盐政是事关军国急需的要务，也是经世致用之学的重点。

然而纲盐法在执行过程中弊病丛生，到了陶澍的时代，更是难乎为继。首先是制度设计上的缺陷。虽然盐业由官府垄断经营，但实际上是通过将专营权承包给盐商来运作的。为了监督盐商，官府又设置了众多官僚机构。这种模式下，因为主持盐政之官僚权力过大，根窝又被少数大盐商家族所把持，缺乏有效的监管机制，盐政自然弊病丛生。清朝中期以后，盐业贿赂之风盛行，盐政官僚肆意妄为，甚至与盐商勾结，侵吞盐政收入，成为盐政的蠹虫。

其次是市场机制的缺失。官盐销售无市场竞争的压力，盐商常因贪图短期利益而肆意抬高盐价。一旦官盐价格过高，民间私盐便大行其道，最终导致官盐滞销。可是，纲盐法规定盐商必须提前缴纳盐课，无论一纲食盐最终能售出多少，官府已先将利润收取，官盐滞销所造成的损失，皆由盐商承担。若是官盐积压过多，盐商无力支付来年盐课，朝廷便会收回根窝，取消其贩盐资格。为保全根窝，盐商不得不动用积蓄预支盐课，将滞销之官盐分摊到此后数年销售，积压的官盐愈积愈多，此即所谓“官盐壅滞”。

实际上，盐商抬高盐价，也不完全是因为贪图暴利，很多时候，是因为他们承担的盐课、浮费太高，不得不通过盐价转嫁给民众。从乾隆朝开始，除了正常的盐课，内务府也在盐业中攫取利润。内务府每年在盐政部门的规费中抽成，抽成比例在二成以上。内务府有了闲钱，也会借贷给盐商，以高利贷的方式“生息”。道光时期，内务府每年在两淮盐业中的收益在一百六十万两白银以上。此外，每当朝廷财政吃紧，便会要求盐商捐纳银两以报效，各种临时加征的捐输、报效、生息银两重逾泰山。若是盐商拖欠捐纳，官府还会将其抄家抵债。

然而，这还远不是盐政弊端的全貌。清朝的官僚机构，仿佛是一张布满了吸盘的大网，覆盖在盐的产地、销售口岸和运输途中。各个盐政部门，都在虎视眈眈地盯着盐商的钱袋，他们以各种名目向盐商索取费用，从办公经费、官员养廉银，到兵饷、水脚费、伙食费，无所不包。产盐地和销售口岸的公益开销，诸如普济堂、育婴堂、书院、义学、务本堂、孝廉堂等机构的创办和运营费用，向来亦由盐商负责。仅两淮盐业，每年就要为此支出一百余万两白银。

既然有了名目开销，各级官吏、总商自然不会放过收取陋规、中饱私囊的机会。扬州新盐运官员上任时的奢侈行为，就是一个典型的例子。“修缮衙署、添置物品等费用，实际上本应不超过数千两，但开销却常常高达八九万两。又如手禀红贴一项，实际花费不过几十文钱，但在账目上却开销了一千两。此外，当地有两个戏班，德音班和春台班，专门供总商和官员家宴娱乐，每年开销三万两，也同样来自这些浮费支出。”[12]

淮盐的销售口岸，收取陋规更胜过产地，每年盐商为此支付的浮费在二百万两以上。这些林林总总的费用，本是盐商之苦，最后又通过官盐提价，变成了百姓之苦。

乾隆之前，吏治尚属清明，官盐的竞争力亦强，不少盐商因此发家致富。随着社会秩序失控，大量私盐贩子涌现，加之普通民众日益贫困，至嘉庆、道光年间，已有众多世代富豪的盐商破产。乾隆时期，淮南盐商拥有资本三四千万，到道光时期，资本已不足一千万，且很多是向内务府借来的高利贷。积铢累寸，积羽沉舟，一百多年的积弊，如同一根根钉子，将纲盐法钉死在了历史的棺材里。尤其两淮的盐政，更如风中秉烛，漏船载酒，随时可能倾覆。

陶澍意识到，黄玉林案所暴露的问题，不过是盐政这座摇摇欲坠的大厦的一角。单靠打击私盐，无异于隔靴搔痒。唯有改革纲盐法，从根本上革除盐政之弊，才能真正扭转乾坤。

陶澍专精覃思，穷究根源，悉心研究前代经世大家的盐法理论，以及清朝前期的盐政实践。在他之前，已有很多贤能之士，提出了盐政的改革办法。

明末顾炎武援引了李雯的一个建议，官府在盐场征收盐税，“一税之后，不问其所之”。这其实就是征收生产税后，于运输、销售等流通环节不再监管，实际上对官盐的运销放任自流。这种政策，非常符合现代人心中的市场理念。[13]

但是，中国古代的盐法，其目的是最大限度地增加国家财政收入，是一种财政政策，而不是产业促进政策、市场监管政策。顾炎武的盐法，固然利民，却不利于官府创收。顾炎武的设想，基于一个假设，官府在征税之后，不再过问食盐的流通，如是则引入了充分的市场竞争，食盐就会价格下降。食盐价格下降后，消费量就会大增。官府在每斤盐上获取的税收虽然降低，然而由于食盐消费数量大增，总的税收不但不会减少，反而会有所增加，自然能够“国与民两利”。

可是，盐与一般的商品不同。人体对盐的需求是稳定的，盐价低人们不会多吃盐，盐价高人们也不会少吃盐。食盐作为特殊商品，其需求弹性极低，销量不会因价格变化而发生巨大变动。汉武帝与桑弘羊当年选择食盐官营，显然经过了充分的考虑——食盐确实拿住了小民的命脉。

陶澍虽然体恤百姓，会竭尽所能地降低官盐价格，使之与私盐相比，不至于毫无竞争力，也就是他在四川说的“减价敌私”。但他却不敢采纳顾炎武的设想，因为他管理盐政的初衷，是给他所忠于的朝廷增加收入。

乾隆皇帝登基那年，七十二岁的大学士朱轼，于去世前上了《谨请陈盐政变通事宜疏》。朱轼提倡海运，又强烈要求变革盐法，他的思想对陶澍影响颇深。朱轼的盐法，在于重新划定盐区。朱轼认为，清朝的盐场划定存在巨大问题，例如江苏镇江府划为两浙盐区，但镇江其实离两淮盐场更近。朝廷规定镇江只能食用两浙盐区的盐，镇江无可奈何，只能舍近求远，舍贱买贵，被迫购买附加了长途运输费的两浙官盐。这种盐区划分，对很多地方的人来说极为不便。朱轼奏请朝廷根据实际情况，重新划分盐区，甚至取消分区行盐的政策。[14]

朱轼的主张，非常符合市场逻辑。如果取消盐区的划分，只保留必须购买官盐，不能消费私盐的禁令，既能保障国家盐课总量不减，又能促使各个盐场之间，各个官督的盐商之间，展开价格竞争。在官营的产业内，造就多个自负盈亏的经济实体，来促成内部的市场竞争，实为朱轼的一大发明。如果按照他的方案改制，盐政的很多弊政可能会在竞争中减少，民众也会获得实惠。

可惜朱轼的提案并未通过。尽管后来乾隆也多次对盐区的划分感到不满，他亦未能废除盐区制。乾隆没有坚决推动盐区改革的原因，大概有两点。一则是大规模的盐政改革，会触动很多人的利益，容易引起政局动荡。尤其是乾隆时代，盐业尚能源源不断为国家输送财富，自然缺乏进行大规模改革的动力。二则是朝廷需要根据某一地区的经济情况适时对盐价进行调整。如果取消盐区划分，盐价就会由全国范围内的市场竞争确定，朝廷容易失去对盐价的操控。即便仍能通过行政指令调整盐价，也只能对全国盐价进行规范，而不能仅对某一地区的盐价进行精准操作。

陶澍亦不能采纳朱轼这位老前辈提出的改革方案。朱轼是大学士，是中央大员，可以就全国盐政的改革提出建议。而陶澍是两江总督，只是一个地方官，他的权力仅限于改革两江地区的盐政，无权对全国盐政妄加评判。

陶澍能够参考的盐政改革，还有乾隆五十六年（1791），山西巡抚冯光熊主持的河东“课归地丁”改革。冯光熊的“课归地丁”，是一次异常荒诞又充满想象力的变革。河东盐场的产盐地是山西运城的解州盐池，负责供应山西、陕西、河南等地的食盐。雍正年间，清廷对西北用兵，河东盐池成了支持年羹尧远征的军饷来源，盐课大为提高。西北用兵结束后，河东盐课有增无减，到乾隆五十六年时，盐课已是清初的三倍。

盐课太高，盐商只能提高盐价，而盐价提高，山西等地民众就无法承受，于是纷纷冒着风险改用私盐。私盐泛滥后，盐商大量破产，清廷只能使用暴力“佥富充商”，强征山西富人充当盐商，为朝廷运销官盐。即便如此，还是没有办法解决濒临破碎的盐政。无奈之下，冯光熊奏请乾隆批准后，废除了山西盐课，把朝廷原本应征的盐课，分摊给农民，以加征农业税的办法，弥补盐课的损失。

冯光熊把朝廷原本应从盐业获得的收入，除以山西、陕西、河南的耕地数，分摊到田亩。河南农民每交一两地丁银，加征一钱三分银子，山西、陕西农民每交一两地丁银，加征九分九厘银子。简而言之，就是在取消盐课后，农业税增加百分之十。这样一来，朝廷的收入分毫未减，遭人诟病的盐课也取消了。[15]

中国古代的传统，是国家有事，宁可加征商税，也不加征农税，这既符合儒家的精神，也符合时代潮流。因为随着历史发展，国家的财政收入主体，本来就应该逐渐转向工商税。冯光熊把商税分摊给农户，免商税，加农税，是非常荒诞的倒行逆施。

当然，他的改革措施还不仅于此。既然不收盐课了，也就不需要发卖根窝、盐引，不需要政府控制的盐商了。解州盐池的食盐生产出来后，“卖与民人肩挑脚贩”。盐户想怎么卖就怎么卖，官员不得禁止、阻拦、私征盐税——这其实就是把官盐给私盐化了。到解州买盐的，不一定全是普通的民户，亦可能是各种民间小商人，总之就是完全市场化了。既然官盐已经私盐化，那原先监管盐业的盐政、盐运使等大小盐政官员，全部裁撤，只保留在盐池边巡察治安的巡检。盐政的办公经费省出来了，陋规也消失了。

冯光熊把盐课分摊给农民，极其荒唐又非常恶毒。为他辩解的人说，尽管农民的负担增加了，但买盐的费用却降低了，此消彼长，并没有多大损失。但实际上，河东盐政是因为盐课太高而崩溃的，这么高的盐课分摊给农民，其经济损失，远非盐价的降低能够填补。冯光熊的改革没引发农民暴动，主要还是因为河东盐课总数不多，清初一年才十几万两，乾隆时期也不过五十来万两。如果陶澍效法冯光熊，将两淮盐区的数百万两盐课分摊给农民，势必引发大动荡。

“课归地丁”不值得效仿，但冯光熊在取消盐课后的做法，却颇有想象力，给了陶澍巨大的启发。不再招募大盐商，而把官盐交给中小商贩、普通农户经销，利用市场的力量，来规范盐业的运行，确实是一大创造。冯光熊裁撤盐政衙门后，浮费陋规消失了，庞大的行政经费也不需要了，这亦是盐政改革可以参考的一个方向。

不能把两淮几百万两盐课分摊给农民，两淮的盐课还得由商户承担，但可以引入中小商贩乃至普通民众来贩盐。还要收取盐课，盐政部门就只能继续保留，但完全可以裁撤一些不必要的部门，再通过反腐肃贪，降低浮费陋规，从而降低盐价，利国利民。

陶澍为政，有几个特点：首先，若无必要，不随便生事，只要原有的系统还能运转，就不去动它，尽量保持原有的体系稳定；其次，若万不得已需要变革，动手一定要果断，不能拖泥带水，不动则已，动则雷霆万钧；最后，大刀阔斧改革的同时，应当未虑胜先虑败，做好失败的预案。

表现在盐政改革上，陶澍的变革措施相当于在官府垄断的盐业中，引入市场竞争，在竞争中摧毁原来靠着官盐食利的利益集团，这是变革措施的激进之处。但在改革实施地区的选择上，他又显得非常稳慎，凡是当地盐商尚可维系，朝廷还能征到盐课的地区，暂不参与变革。非激进的措施不足以改变盐政，正如陶澍的智囊魏源所说，"君子欲搽其弊而还其利，势必不得不出于更革。小更革则小效，大更革则大效"。但越激进的措施遭遇的反弹越大，遭受失败的可能性越大，所以要把变革的阵痛，先控制在一个可控的范围，再徐图推广。

两淮盐区，分为淮北和淮南两处，淮南的盐业，供养的商户、官僚极多，盐业中的食利者甚众，支持盐业变革的不多。最要紧的是，道光年间，淮北盐业极为萧条，每年只能完成二万引官盐的运销，而淮南盐业情况尚好，每年还能完成五十余万引官盐的运销。既然淮南在旧规制下仍能运转，改革的迫切度就不高。淮北盐业问题最严重，改革最容易见到效果，若是淮北改革能够成功，自然就更有底气整顿淮南。魏源曾总结说，"淮南之利弊，视淮北为盛衰。其弊也，淮北最甚；其效也，亦惟淮北为速"。[16]所以陶澍的决定是，先在淮北实施更革。

即使在淮北，陶澍也考虑，只要盐政还能维系的地区，先不参与盐政改革。“尚非极敝之区，有商认运者，仍令商办……一切照旧办理。”[17]淮北盐区配属的州县有四十一个，陶澍选择盐政疲敝已久的三十一个州县，首批推行新的盐法。

陶澍除了听取包世臣、王凤生、魏源等人的建议外，还亲赴海州地区调研，召见运销的纲商、煮盐的灶户、监理的盐官等盐业相关人员，了解盐业之弊，听取各方面的利益诉求。北宋司马光曾言，“天地所生财货百物，不在民则在官”，用司马光的办法，将利益按不同的利益集团切分，改革的着力点就一目了然。就盐政而言，官盐创造的财富，一部分是朝廷的盐课，一部分是盐政官吏、豪商领袖的收入及陋规，剩下的则属于普通商民，利益三分。作为清朝的能吏，陶澍首先要保证朝廷的盐课；作为爱民的儒者，他要稳定盐价，让普通民众有能力消费官盐；为了维持盐业体系的运转，他还要给予商人一定的利润。如此一来，三分利益，只能保两头，去中间，减少官吏、豪商的所得，将其列为打击对象。

多年后，陶澍的女婿胡林翼在湖北实行税赋改革，也采用了这种模式。为了供养军队，胡林翼必须提高政府的财政收入，为了缓和社会矛盾，不令民众作乱，胡林翼必须酌情减税。胡林翼同样对湖北的财富进行了三等分，一分是政府的财税收入，一分是官吏收取的火耗羡余，一分是民众的利益。他要增加政府的财政收入，减少民众的税赋，于是就对官吏、豪商的利益进行了剥夺。

票盐制的市场化实验

陶澍改革的第一项措施，名曰“归局不归商”，官府设局收税，以后商户只要向官府缴纳盐课即可获得贩盐资格，不需要向纲商、总商输送利益。“归局不归商”，就是裁撤总商，废除纲商的垄断特权。前文已尽述盐商之苦，但两淮盐商富甲天下，这又是为何呢？

因为盐商其实分成三个等级。最底层的是具体负责官盐运销的商人，盐课、浮费、陋规，各种开销，都由他们承担。因为官盐滞销，最后惨遭破产的亦是他们。这些盐商本身没有经销官盐的许可，只能向拥有世袭贩盐特权，即掌握根窝的纲商租借许可贩盐。

拥有根窝的纲商，是盐商的第二等级，两淮的数百家纲商，垄断了一百五十二万五千九百余引官盐的运销。一引为四百斤，则这些纲商垄断了六亿多斤官盐的销售权。纲商很多自己并不经营，只是将根窝租借给普通商人，以获取暴利。[18]

根窝租借出去，最低价格为每引一两银子，多的达到二三两。除此之外，他们还使用各种办法盘剥底层商人，比如每年规定的办公费，是七十万两，到道光年间涨了一百余万两。这笔骇人听闻的巨款，真正负责官盐运销的商人只拿到四五十万两，远不敷其用，真正的大头都被不干活的纲商吃了。

盐商中等级最高的是总商，总商是纲商的首领，是商人而不是官员，但掌握了管理盐商的权力。他们管理盐商的总库，可以随意支取挪用库银，可以随意向普通盐商索要浮费。总商不参加盐业运销，却吃掉了盐商利润的大头，甚至比官员收取的陋规还多。

淮扬盐商暴富，指的就是总商，以及垄断了许多根窝的大纲商，天下闻名的淮扬菜，就是这些暴富的盐商吃出来的。淮扬八大盐商中的黄均泰，家里用昂贵的人参养鸡，他平时只吃这种鸡下的蛋，每个鸡蛋耗银五十两银子。扬州盐商从天宁寺御码头到平山堂，耗费巨大的人工搭建了二十四景，即二十四处私家园林。仅江春一家，就有水南花墅、东乡别墅、秋集好声寨等八处园林。江春曾向朝廷捐献军费四百万两，乾隆巡行江南时，又捐纳孝敬了一千多万两银子。

清代笔记里关于盐商奢靡的记录很多，足见扬州的红桥风物、绿杨城郭，多是从两淮的盐政中贪墨而来。盐商们在享受淮左风月、竹西歌吹的时候，不知几多民户因无盐可食而形容枯瘦、神魂萧条，亦不知几多巨枭铤而走险，横行市坊倒卖私盐。

要革除两淮的总商，打击纲商，先要过大学士、首席军机大臣曹振镛这关。曹振镛的先祖以贩盐发家，他的曾祖父曾位列淮扬八大盐商。曹氏家族世代经营盐业，他的族人亦多是盐商。曹振镛本人极重乡谊，凡家乡有人来京，他必定赠送大量财物。族中修建会文书院，他亦捐赠了很多银钱。淮扬的盐商仰仗朝中有曹振镛撑腰，在江南肆无忌惮，《陶澍访江南》中的曹百万，就是影射曹氏家族。

曹振镛侍奉过乾隆、嘉庆、道光三任皇帝，担任过三次学政，主持过四次乡试，门生故吏满天下。清代无宰相，没有既能掌握议政权，又能监督六部行政的文官领袖。辅佐皇帝决断军国大事，有能力影响国家决策的是军机大臣，但军机大臣是个兼差。按清代正式的官制，大学士虽无实际权力，却是一品官员，地位爵禄可比古之宰相。在清代，有大学士衔的官员，即可被称为中堂、相国、宰相，可惜终究有名无实。只有大学士兼首席军机大臣，虽仍不能比拟汉唐两宋的宰相，亦勉强可以私下视为“真宰相”。曹振镛是武英殿大学士兼首席军机大臣，正是“真宰相”。

盐商的后台曹振镛权势如此煊赫，陶澍却要动淮扬盐商的饭碗，当时的人都以为他要倒大霉。熟知人性的陶澍却全无此等顾虑，因为他知道曹振镛不敢同他捣乱。

如前文所述，曹振镛是个鼠首偾事、猪卑狗险的官员，表面是当朝“真宰相”，背后实际是个毫无血性之人。后世流传的两则曹振镛弄权的故事，可以窥见他的为人。

道光即位之初，群臣也有意振作，于是大量上折言事。奏折太多，道光日夜批阅，却仍应接不暇。一日，他唤来老臣曹振镛，询问应对之策。

曹振镛自然是诡计多端，他建议道光随意抽取几本奏折，寻几处字迹不工或格式欠妥之处，以朱笔圈点，而后遍发群臣传阅。奏折发下去后，皇帝便在朝会上训斥上奏之人做事不规范，行为不检点。群臣见皇帝连如此细微的错误都斤斤计较，无不心生寒意。从此，朝堂上再无人敢轻易上奏，正应了那句“三事大夫，莫肯夙夜，邦君诸侯，莫肯朝夕”[19]。

曹振镛对同为三朝元老的阮元戒备森严，阮元年方三旬便位列封疆，是他最大的竞争对手。曹振镛害怕道光皇帝将阮元调回京师主持军机，分走自己的权势，就设法陷害阮元。道光有一次问曹振镛，“阮元已经外放疆臣快三十年了，昔日他三十出头就位列封疆，是因为有什么特长啊”？曹振镛脱口而出，说那是因为阮元的学问特别好，是一代大儒。道光问他何以见得，曹振镛回答道：“阮元在云贵总督任上，还不忘著书、刻书，天天讨论学问，所以他学问特别精深，远胜于臣”。道光最厌恶大臣废弛公务，沉迷风雅之事，听闻此言，立即将阮元调回京师，明升暗降，封了个无实权的体仁阁大学士。

世人流传这两则轶事，多将曹振镛想象成一个阴险狡诈、败坏朝纲的奸佞小人。其实历代以来，政治斗争都是血淋淋的，曹振镛的做法，根本算不上凶残。他想帮皇帝堵塞言论，就让皇帝挑大臣的错别字。如果换一个不怕坏自己名声，也不怕与人结仇的官员，那种“生不五鼎食，死即五鼎烹”的权奸，会怎么操作呢？康雍乾时期的大臣早已经作出示范。他们不是挑你的错别字，而是根据你的语句捕风捉影，诬陷你心系明朝，有谋逆之心，然后兴大狱，杀得人头滚滚。曹振镛坑害阮元，也只是循着皇帝的作风，讲了“不合时宜的真话”而已，阮元本来就是喜好文学之士。他既没有直接讲阮元的坏话，也没有给阮元扣上严重的罪名，只是利用皇帝的心理，让阮元吃一个亏。若是换作心狠手辣之人，阮元轻则罢官，重则下狱抄家，恐怕连项上人头都难保。

曹振镛其人，可谓是庸众时代的一个绝妙范本。他争权夺利，只敢借力用力，给人挖个不大不小的坑，既不敢把人得罪死，亦不敢稍微违逆皇帝的心意。这种作风，遇到真正杀伐果决的大臣，他就只能选择退让。陶澍整顿盐政，得到了道光帝的大力支持，道光对两淮盐政的整肃，下了极大的决心。曹振镛若是支持家人和陶澍捣乱，必定会得罪皇帝。而小心翼翼侍奉皇帝，不让龙颜有一丝一毫的不悦，正是他为官处事的根本原则。更何况，皇帝对他只不过是不讨厌，觉着用得还算顺手，而陶澍可是皇帝心头喜爱之人。在这种情况下，曹振镛哪里敢与陶澍正面交锋？

陶澍擅于协调人际关系，他虽不惧曹振镛，也保持了对曹振镛的尊重。陶澍的文集中至今还保留了一篇他给曹振镛贺寿的书信，信中称赞曹中堂“领袖耆英，洒天章兼颁楹帖；诗歌元老，奖真儒贲以华笺”“光前，绍两世之遭逢；裕后，纪千秋之事业”。

两人在表面上保持了和睦的关系，所以陶澍在整顿盐商之前，先以晚辈的名义给曹振镛去了一封信，先礼后兵。曹振镛回信说：“苟利于国，决计行之，无以寒家为念。世宁有饿死宰相乎？”与回信一起送给陶澍的还有一个墨盒，墨盒上刻了一百多字的赠言，对陶澍极尽夸张地恭维了一番。

有人称赞曹振镛这是相忍为国，为国破家，其实他只是不敢阻挠而已。世上岂有饿死的宰相家，这句话看起来大义凛然，其实亦是小心求饶，陶澍你可以整顿盐商，但别真的让我破家。送墨盒亦是此意。

稳住了曹振镛，陶澍自然可以大展拳脚了。他直接废除总商，不再承认纲商的世袭根窝，把纲盐法，改成票盐法。票盐法的精髓，在于引进“民贩”，听其自由贩运，取代世代垄断的大盐商，借助广大中小商人的力量，为盐政注入活力。

因为常年盐课太重，浮费太多，两淮有实力的商人都不愿意继续贩盐，盐业资本匮乏。陶澍规定，每四百斤盐为一引，每十引为一票。凡有能力支付四千斤食盐的成本、运输及盐课者，均可向官府购买盐票。官府所发放的盐票为一次性使用，不可延续，不可继承，最多使用三年。售罄后若想继续从事盐业，需重新认购盐票。此举旨在打破大盐商之垄断，使更多中小商人得以参与盐业经营。

在某些特殊地区，陶澍甚至允许以一百斤食盐为单位“起票”，于是大量中小商人乃至农户集资涌入盐业，淮盐因此得以复兴。只要向官府缴纳盐课，贩盐即可合法，贩私盐已无利益，反而有犯罪的危险，据说很多原来贩私盐的盐枭因此改邪归正，向官府认购盐票，成为合法盐商。票盐法之实施，犹如一股清泉注入枯竭之池塘，使盐业焕发新生。[20]

既然引入了竞争机制，此前为了“保价”而实行的整轮法也被革除。实行散轮法后，大量中小商人，带着少量官盐赶赴口岸，随到随卖。总商裁撤了，大量被总商侵吞的浮费没了，纲商向普通商人收取的费用也不复存在，运销官盐的成本大幅度降低。这些中小商贩投入本钱少，贩盐规模小，运输更灵活，资金周转也快，自然愿意尽快将盐出手。他们本来就只是家境稍微殷实的商人，只要缴纳盐课之后，还能稍微赚一点钱就心满意足。这些人不像大盐商那样一心要赚大钱，朝廷也不向他们这种中小商贩索要报效。在激烈的竞争下，他们自然愿意将食盐降价出售。在这种情况下，官盐的价格随之下降，逐渐达到一个较为合理的水平，民众得到了实惠，也不再需要购买私盐，官盐销量亦增加了。票盐法不仅使盐业市场更加活跃，亦使政府之盐课收入得以稳定。

陶澍盐政改革的第二个措施，称作“改道不改捆”。除了总商、纲商的盘剥，盐政官吏的陋规收取，大多在“改捆”上。原本官盐出盐场时，是每包四百二十斤，分装成四袋运输，沿途要经过几次过秤查验。过了黄河后，要改捆，合并为八百四十斤的大包运输。中途有几处不能船运，又要卸下来“盘坝”陆运。抵达淮北批验所，需要再次拆开检验、过秤，然后改捆成一千五百斤的大包，运输到口岸销售。这个繁琐的过程中，盐包要多次拆开查验，经过三次改包，六次调换车船，通过五杠十坝——五次使用钩杠吊起来通过关卡，十次换车船转运经过水坝。反复地改捆、过坝、换车船、查验，会导致很多损耗。等到运抵销售口岸时，食盐最多还剩七成。

为了减少损耗，盐商只能向沿途的胥吏行贿，请求他们不要拆包查验，或者在查验时轻拿轻放，不要糟蹋食盐。为了支付陋规，他们经常私自夹带，多带食盐以弥补损失，夹带食盐为了不被查获，亦要向胥吏行贿。一来二去，一引盐的运费，高达十余两。

这一系列程序，名义上是监管，实际是为了勒索贿赂。即便为了防止走私，亦根本不需要这么多道查验和改捆，只需在出场和到岸销售时检验过秤即可。因此，陶澍规定，以后运盐不走需要反复调换车船、借助杠坝的老路，改从王家营减水坝入洪泽湖。为了防夹带，他当然也设立了三个检验的关卡，然而这三个关卡，是在盐场一百里内的水陆要冲。出了这三个关卡，盐户在运销路上经过任何关卡，都只需要检验盐票即可放行。所有盐在捆好后出盐场，在盐场附近一百里内接受完三次防夹带检验，就无须再次改捆、查验，直接运到口岸销售即可。陶澍将运盐途中的各种关卡绕开，从而截断陋规，将盐的运费降低了八成以上。[21]

打击盐政腐败，导致盐业官吏收入大减，这些人难免心怀不满。陶澍为此既要以国法进行威慑，又要以身作则，为官吏做出表率。两淮盐政，每年按例向两江总督支付养廉银五千两，例行供奉“赏需银”即陋规二万两。陶澍宣布，每年例行的五千两养廉银，上缴国家财政，自己分文不取。二万两的“赏需银”，全部裁革，与之相关的名目，概不许留。

盐政部门的胥吏，除了负责文书的人员留用，缉私的人裁撤四成以外，所有与正常公务无关，纯粹为维系盐政官员奢侈生活的匠作、结彩、凉篷、作坊、坐船、浴堂、厨夫、药匠、装潢匠等全行裁汰。因为这一项人事变动，每年节省办公经费十六万两有零。而因人员裁汰后，少了许多勒索商户的胥吏，减少的陋规当在百万两以上。[22]

保留下来的盐政部门和人员，他们的行政开支亦被陶澍大力削减。除了正常的办公费、伙食费，以及盐政创办的一些慈善事业必有的开销外，其余所有虚名不实、巧立名目的开销，一律革除，如此每年又减少了一百一十余万两白银的开支。

加上陶澍撤销总商，废除纲商，运销官盐的盐商不用再支付每年一百五十万两以上的根窝价，他为盐政减少的浮费超过三百万两，而淮盐极盛时，给国家提供的盐课也不超过这个数字。

除此之外，陶澍还奏请朝廷减少了对两淮盐商的盘剥，要求朝廷在每年应得的盐课之外，不再要求盐商报效。裁撤总商后，淮北的盐务由众多中小商贩承担，朝廷不能再像往常那样，能够向几个总商、大盐商索取捐纳报效，于是干脆下诏不再需索报效。陶澍乘胜追击，向朝廷奏请大幅度减少内务府在淮北盐场的摊派。经此兴革，淮北盐商负担大减，贩盐积极性高涨。朝廷每年派发的盐引都能全额销售，有时甚至还会超出。

陶澍改革前，淮北盐区每年只能运销二万引官盐。改革之后，道光十二年，淮北销盐二十四万引，道光十九年销盐四十六万引，超过朝廷制定的最高销售额近二十五万引。票盐法实施后的八年，淮北总共为朝廷提供盐课四百九十二万两白银，平均每年提供的盐课超过六十万两。盐课大幅度增加的同时，两淮的盐价却降低了一半。

陶澍也没有放松对私盐的打击，他为此推行了后世普遍采用的绩效考核制。他规定，辑私人员的收入与票盐的销量挂钩。如果辑私人员严厉打击私盐，带来票盐的溢销，可以根据溢销盐引的利润，增加辑私部门的津贴。如果打击私盐不力，导致票盐滞销，将根据滞销导致的损失，按比例扣减辑私人员的薪资。扣减之后，若是工作还无起色，官员记过，士兵停发俸禄，雇佣的差役予以清退。倘若查获了私盐，可以根据私盐价值给与奖励，若是别的部门查到了由该部门漏出去的私盐，该部门官兵都会被参革问罪。[23]

陶澍精明强干，对下情极为熟悉。他不但加强了在走私道路尤其黄河沿岸的缉私，更试图在源头上革除走私。经他查探，私盐屡禁不止的原因有三，其一，盐场煮盐的灶丁收入太低，生活极为艰苦，为了维系生活，亦为了报复盐商，他们往往在交付正规盐商的盐中掺杂大量泥土，而把净盐卖给走私贩子；其二，盐商为了维持利润，往往夹带走私，一引不过四百斤盐，他们往往会私下夹带一百余斤，卖给盐枭；其三，负责运河漕运的运丁、水手，会夹带私盐，北上贩卖；其四，盐政官员与大盐商勾结，放纵他们走私。

陶澍加强了对盐场的管理，在大量浮费裁减后，提高灶丁的待遇，待遇提高后，他们也不再冒风险贩卖私盐。对于各种走私，他加大了对漕运稽查的力度，严禁运丁贩卖私盐，这亦是漕运整顿的一部分。对于官员参与走私，陶澍严厉肃贪，尤其在总商被撤，纲商被罢后，原来与官员勾结的盐商破产，新兴的中小商贩无须与官员勾结贩私，走私活动大为减少。

陶澍的改革，引发了盐商及其背后官员的激烈反应。江淮八大盐商之一黄氏，长期担任总商，持有盐引数十万。陶澍奏请实行票盐法后，朝廷尚未批复，黄氏已经提前七日得到明信。黄氏知道票盐法势在必行，于是派出仆人假装四处高价收购根窝。江南商人见总商都敢大量收购根窝，就更以为陶澍的改革必遭失败。以为根窝奇货可居，他们也跟着大量收购，根窝反而价格倍增。等到确切消息传来，陶澍废除纲商成为定局，他们才痛哭流涕，大呼上当。以前根窝每年每单可盈利二三两银子，现在却一钱不名，很多巨富的盐商，在一夜之间沦为贫民。总商黄家，表面上大量收购根窝，暗地里却高价出售，在陶澍正式推行票盐法之前，已将根窝全部卖出，成了大赢家。

江苏淮安人黄钧宰说，他家附近，是淮北商人集中聚居地，高堂曲榭，第宅连云。这些盐商的大院修得十分坚固，以巨石垒为墙基，以糯米熬汁，加上磁屑来筑墙，以为这是子孙百世之基业。盐商为了出行方便，修筑了石路数百丈，石板上还以人工凿出的莲花作为装饰。

许多文人墨客也跑来与他们结纳，宴饮时花光灯影，宝鼎香浮，仿佛龙宫夜宴。盐商外出时仆从如云，宾客之豪、管弦之盛，号为小扬州。改行票盐法不及十年，“高台倾、曲池平，子孙流落，有不忍言者”，“旧日繁华，剩有寒菜一畦，垂杨几树而已”。

陶澍是个意志坚定但手段灵活的人。虽然这些世食盐利的大盐商，自称一夜之间从富比王侯变成了寒食之家，但其实陶澍并没有对他们赶尽杀绝。在票盐取代纲盐后，纲商手中的根窝已经没有任何用处，陶澍还是允许他们只要手中持有根窝，每一引盐，官府可以向他们支付一钱二分白银。某种程度上说，这是官府赎买了他们的根窝，再转授给众多小商贩。这一钱二分白银，虽然不能维持大富大贵的生活，让一家人衣食无忧还是能做到的。当然，如果总商、纲商在裁撤之后，拒绝缴纳之前拖欠朝廷的盐课，陶澍也会狠辣无情地将他们抄家充公。

断人钱财如杀人父母

如此庞大的利益集团被摧毁，激起的反抗也是空前的。尽管陶澍事前稳住了当朝首相曹振镛，曹振镛也约束了家族不得与陶澍起冲突，两淮盐商及其背后的官僚，亦发动了对陶澍的惨烈斗争，陶澍及其同僚承受了巨大的压力。《清史稿·陶澍传》说，“窝商、蠹吏、坝夫、岸胥，一旦尽失其中饱需索之利，群议沸腾。言官摭浮言，屡事弹劾”。

道光十年时，有盐商召集了近千人在仪征县发动请愿，与他们利益相关的官员史致俨、吴椿、卞士云等，向朝廷奏报此事时，将规模扩大为几万人。他们号称有数万人因为票盐法失了生计，“四五千人哀求乞命，哭声满路，市铺关歇，货物不通”。陶澍在回奏中，坚决反击了这种伪造舆论要挟的行为。他指出，两淮这些食利者，伪造舆论是有传统的，凡是国家的兴作不利于他们，他们就“或编造歌谣，或捏成蜚语，顷刻传播，混图挟制，掣肘多端，由来已久”。陶澍建议朝廷，既然决心改革，章程已定，就要排除万难，不可受其挟制。[24]

票盐法实施之后，不少原来参与贩卖私盐的人，看到合法经营的机会，也洗脚上岸，前来认购票盐。御史周彦参革陶澍在实施票盐法时，对商人不问其南北籍贯，不审查其过往来历，最终导致大量走私的盐枭混入盐业。他夸张地评价道，票盐法利于枭而不利于国，利于私贩而不利于合法商人。陶澍坚决回应了这种指责。他是一腔血勇、敢于斗争的人，不像曹振镛那样琐屑退让，陶澍敢于直接撕破对方的伪装。

周彦抨击陶澍的改革利于私而不利于商，陶澍强硬地揭露了他的底细，他说既然这些来认购票盐的商贩已经向国家缴纳盐课，就不能算是“私”而是“商”。周彦不把他们看作“商”，恐怕他口中的“商”，就是从前垄断根窝的大总商——这就戳穿了周彦的画皮，暴露了他替利益受损的大盐商代言的丑恶嘴脸。

陶澍并不否认，票盐法实施的时候，许多曾经的盐枭也来认购票盐。但他说，不管这些人过去是干什么的，只要他认购了票盐，向国家缴纳了盐课，他贩盐就是合法的，于国家是有利的。纵然他以前贩过私盐，现在正式纳税，就算是在国家编户之下纳税的“齐民”，有什么关系呢？何况自己一开始就向朝廷汇报过，盐法可以参考刘晏的政策，“听其所之，化枭为良”。治病救人，导人向善，令盐枭改邪归正，有什么不对吗？[25]

道光十一年（1831），御史鲍文淳向朝廷打陶澍的小报告，说陶澍搞票盐搞了一年多了，辛卯纲应该缴纳的盐课只完成了二百多万两，尚有三分之二没有完成，可见陶澍的票盐法是瞎胡闹。鲍文淳还说，经他调查，陶澍改制后，前来承担运销的商人只有十余家，比以前还少。商人唯利是图，如果有好处肯定都来认购，现在承运官盐的商人如此之少，可见陶澍的改革是有问题的。

陶澍回击说，唐代大政治家刘晏整理盐政，把原本六十万的盐课，增加到了六百万，至今传为美谈。两淮的盐政，在本朝初建时只有九十余万两，乾隆年间加到四百万两，而现在甚至已经加到了八百万两——这本来就是很难完成的任务。在自己正式整顿盐政之前，两淮已经拖欠了朝廷四千多万两的盐课，此外还有一千多万两的欠款无法偿还。这样严重的问题，怎么可能一年就解决呢？纵是刘晏，也是经营了十八年才能收取六百万的盐课。两淮原有运销官盐的商人早已消乏，百不存一，新的商人气力不足，新政颁布他们犹在观望，而且票盐刚一实施就遇到了两江大水灾，怎么能如此苛求呢？

在陶澍接手两淮盐政前，淮北每年只能运销两万引盐，能缴的盐课不及十万两，加上淮南的五十万引，每年能上缴的盐课不到二百万两。陶澍经过八个月的整顿，就已上缴二百万两有余，已经是不错的成绩了。随着票盐法深入人心，辛卯纲的盐课最终超额完成。陶澍在道光十三年的奏折上有汇报辛卯纲最终的奏销数额，两淮按例应销的十四万八千七百一十引盐，全部销出，此外还多售出了五万四千四百余引。

鲍文淳是别有用心，朝堂上与盐商毫无瓜葛，但跟着摇舌鼓唇，跟风攻击陶澍的人亦不少。这些人不明白办事之艰难，他们风闻言事，不负责任地攻击别人办事不速，却不知道若是自己来办事会更加糟糕。于是陶澍在回禀了自己的艰难后，干脆上了一道奏折，请求两淮重设盐政一职，另外派人来管理，他自己不管了，谁能干谁来。

前方任事的大臣呕心沥血，后方轻佻的言官胡乱攻击，是古代的常事。但这些言官除了能挑拨是非，并无任事之能，而且他们自己也很清楚这一点。所以前方大臣只要一撂担子，假意宣称自己不干了，要不你们来干，他们就会慌神，因为不但他们自己不行，整个朝堂上也没有能办此大事的大臣。

陶澍上了请复盐政的折片后，道光下了道严厉的上谕，训斥了陶澍。道光批评他请复盐政是避重就轻，不思公忠体国的行为，说他如果仍有天良，应“振刷精神，勉图自效”。

训斥虽然严厉，实际上并未有实际的惩罚，而且道光训斥的是陶澍妄想推卸职责的工作态度，并未批评盐政办得不好。也即是说，道光肯定了淮北的盐政改革，不满意的是陶澍想半途而废的态度。陶澍在这场争论中实际上先胜出了一局。

陶澍赶紧上了谢恩折，然后在谢恩折中揭发了鲍文淳的用心。经他调查，鲍文淳出身于盐商世家，他的近族鲍淑芳就是担任了总商的大盐商，旗号为鲍有恒。鲍文淳在家时，与鲍有恒比邻而居，他在中进士前，常在扬州与盐商“往来周旋”。淮北革除总商后，鲍氏家道中落，所以鲍文淳蓄意报复陶澍。

陶澍顺便还把淮扬盐商在玩叶子戏时，把自己编排进去，设立“两斧伐桃”一牌的事一并上奏。道光的批语是，“此辈固堪发指”，“应究者，处之以法可也”。道光对盐商把当朝大臣编进叶子戏加以戏谑的行为非常愤怒，让陶澍按照国法处置。他同时对淮北的盐政作了正面评价，让陶澍不要在意言官的批评，“盐务渐有起色”，“尽心报国之大臣，切勿惑于浮议”。[26]

断人钱财如杀人父母，鲍文淳当然不打算就此善罢甘休。他日思夜想，从曹振镛整人的办法中得到了思路，遂于道光十六年，告发陶澍私刻皇帝的朱批。陶澍平日写给皇帝的奏折，很多在发还时带有皇帝的朱笔批示。谨慎的陶澍，在平日办公时，经常会反复查阅道光的朱批，揣摩皇帝的指示与精神，以免办事出错。为了方便携带、查阅，他将平日的奏折与皇帝的朱批一起，整理汇编成册，随身携带。

鲍文淳上报道光，说陶澍私自刻录皇帝的朱批，道光果然大怒。道光查阅了陶澍私刻的奏疏和朱批，都是经过军机处明发后抄报各处的，没有不能公开的密折、密谕，算不上泄密。但道光最恨大臣沽名钓誉，四处炫耀招摇，他认为陶澍把他的朱批刻录成册，是为向他人炫耀自己多得皇帝恩宠，同时通过随身携带皇帝的朱批圣训，假装对皇帝无限忠诚，以此沽名钓誉。盛怒之下，道光将陶澍交部议处，吏部的结论是降三级调用。

清代的降级制度，分为降级留任和降级调用。降级留用，就是继续维持原有的官职，但品级降低，俸禄降低。比如两江总督兼兵部尚书降四级留任，就是继续担任两江总督，但级别、俸禄自从一品，降为从三品。降级调用比较严重，就是要按降级之后的品级，重新分配岗位。如果陶澍被降三级调用，就不能再任两江总督兼理盐政，鲍文淳破坏票盐改革的目的，也就达到了。[27]

但道光很快就反应过来，经调查，陶澍虽然私刻了他的朱批，但仅此一册随身携带，并未刊布天下，算不上沽名钓誉。他又想起了鲍文淳和陶澍有仇的旧事，发觉自己上当了。但是已经将陶澍交部议处，又不好朝令夕改，道光只好下恩旨将降三级调用改为降四级留任，也就是继续留在两江总督任上。道光同时训斥鲍文淳，这是以琐屑的小事来上纲上线，攀咬要挟大臣，“捃摭琐屑，意涉挟嫌”，不能再任言官，降三级调回翰林院任编修。

漕运总督贵庆曾上奏说，负责运送漕粮的运丁非常穷苦，应当允许他们随船携带食盐贩卖。他特别指明，应当准许运丁携带长芦盐场的盐到扬州贩卖。在未得到朝廷的正式批示前，贵庆已提前拟好漕船携带长芦盐销售的五条章程，运丁已经开始在扬州贩卖长芦盐。陶澍对此进行了坚决的斗争，贩卖私盐是影响盐价最大的因素，两淮盐枭贩卖的还是本地盐场出产的盐，贵庆居然要把长芦的盐卖到扬州来，真是是可忍孰不可忍。这边的官府在打击私盐贩子，那边的官府放纵运丁贩卖私盐，岂不是自毁法度？陶澍上奏折称，粮船夹带私盐，最为两淮盐政之苦，必须严厉打击。道光从其所议，朱批回复让陶澍实力行之，还调走了贵庆，改由恩铭接署理漕运总督。

御史许球乃贵庆一党，他见陶澍不近人情，就上奏恐吓朝廷，说陶澍只知道缉私，一味以猛、以狠行政。殊不知运丁都是有武力、有组织的，对他们打击太过，恐怕他们会铤而走险。一旦上万运丁闹起事来，就无法收场了。

陶澍回应说，正因为考虑到运丁是自己人，需要安抚，所以两江每次缉私，都只抄了运丁夹带的私盐，没有按例治罪，这已经是宽仁以待了。我若真的是以猛、以狠行事，岂不是要抓捕几百个运丁？

陶澍在奏折中说，朝廷根本不要怕运丁铤而走险，运丁走私难道就不是走私吗？运丁属于军人，法条对军人的约束理当比平民更严。水性柔弱，所以民皆不畏水，故而溺水而死者多。火性刚烈，所以民众都知道避火，被烧死的人反而少。对于这些运丁，法度森严才是关爱。若是害怕运丁闹事就不敢缉私，那盗贼亦是因为饥寒交迫才抢劫，岂不也应该得到怜悯？贩私的盐枭亦能聚众数百抗拒缉捕，难道因为他们人多势众就不抓捕了？陶澍还撂了一句狠话，“敢有玩法之人，自有惩玩之法”，他说之前嘉兴的运丁闹事，衙门一口气抓了一百多人，后来还有敢闹事的吗？敢铤而走险，我就敢抓人严办——清朝地方官大多怕激化矛盾闹出祸事无法收场，遇到悍勇而有组织的集团都尽量息事宁人，陶澍却全然不惧。这是湖湘书生特有的血性，他的晚辈曾、胡、左也大类于此。

过了两年，许球还是咽不下这口气，他想出一个非常巧妙的办法构陷陶澍。他在弹劾陶澍的奏折中，历数嘉庆十二年到道光六年，也即陶澍任职之前的二十年，两淮盐场一共向朝廷缴纳盐课八千余万两，平均每年四百余万，道光七年，更缴纳过六百余万两盐课。然而自陶澍改票盐以来，每年缴纳的盐课平均只有三百二十万两。两相比较，陶澍的业绩不如前人——这是拿前辈来压陶澍。按照中国政治的传统，陶澍这个晚生不能说前任总督的坏话，这会乱了官场尊老的原则。而且嘉庆二十年以来的总督，孙玉庭、魏元煜、琦善、蒋攸铦，都曾是陶澍的上级乃至恩主，陶澍就更不敢攻击他们。

许球虽为御史，却不熟悉国家典章制度，他或许忘了一件事，陶澍之前，盐政不归两江总督管，那是两淮盐政的职责。陶澍不敢攻击前任总督，却不怕揭发前几任盐政的短处，因为他在官场的序列，比两淮盐政高得多。陶澍当即回应指出，许球在玩弄数字游戏迷惑天下。嘉庆十二年至道光六年，理论上两淮盐场应向朝廷解八千余万两，但实际上并没有完成这个数目。这二十年间，两淮一共拖欠了盐课五千余万两。所以这二十年间，朝廷实际收到的盐课只有三千万两，平均每年只有一百余万两，比票盐改制之后少多了。[28]

许球特意举例辛卯纲比陶澍改制后的平均数高出二十三万两，壬辰纲更是高出四十四万两（辛卯、壬辰，1831 年和 1832 年，即票盐改革前两年）。如此看来陶澍的改革是“办理支饰”，也就是弄虚作假。陶澍则嘲讽他不会看公文，不懂财会，辛卯、壬辰两纲奏报的数字很高，是因为之前好几年盐引滞销，一直拖到这两年才售出，因此这两年奏报的数字是之前连续数年的汇总。

许球在奏折里还痛斥陶澍放纵走私、缉私不力，陶澍翻出前年的奏折说，这位御史前几年说我执法太严，一味济之以猛，我还驳斥了他身为执法之官，竟然因为害怕闹事而为犯罪开脱。没想到几年过后，他居然骂我缉私不力，这难道不是前后矛盾？

这里就看出陶澍将历年奏折刻印成册，带在身边时常翻阅的好处了。皇帝和高官处理的公文太多，经常记不得前几年的奏折上说了什么事，所以许球敢在前几年的奏折中骂陶澍缉私太狠，在后来的奏折中骂陶澍缉私不力。他估计这两年皇帝看的奏折太多，根本不可能记得以前自己奏的是什么内容，就算陶澍本人还记得，怕是也没办法从浩若烟海的公文里翻出来质证。陶澍将奏折朱批分类整理，刻本携带，正是为了随时可以翻出成例来。这一下，他就将许球的底细扒了个干净。至于之前二十年的盐课，因为官吏们平时奏事总是夸大虚饰，账本上的数字游戏一般人也看不懂——很可能道光自己也看不懂，没想到陶澍这种经世致用的能臣，对钱粮、刑名极为精通，一下子就把数字游戏戳破了。

但盐政改革，既要劳心劳力，排除各种困难，为朝廷创收，又要小心翼翼地维系地方的稳定，陶澍和他的手下压力都极大。在这种情况下，再遭到与盐商有勾结的中外臣僚的攻讦，他们的精神负担可想而知。陶澍手下的盐政助手，俞德渊积劳成疾，加上沉重的精神压力，竟至一病不起。俞德渊去世前病入膏肓，却每天“口讲指画，日夜不息”，很可能精神出了问题。

俞德渊去世后，刘万程接任盐运使，只上任一年，就在巨大的压力下，自缢身亡。三品大员轻生而去，这件事惊动了道光皇帝，下谕要求核查据实复奏。陶澍奏报说，刘万程因为“虑竭急公”，所以“病发痰迷”，导致轻生。古人认为，人精神失常，是因为有痰迷住了心口，陶澍奏称刘万程“病发痰迷”，亦即是说刘万程精神失常了。陶澍喟叹道，“此前运司俞德渊，所以劳心焦虑，而一病不起；后运司刘万程所以心力交悴，而病发轻生也”。

谣诼繁兴、物议纷腾，两任运司都因压力而精神失常，不幸身故，则陶澍这个最高负责人可想而知。陶澍之改革，其意上报国家，下惠小民，然盐政食利之集团，内外勾结之官僚，狗行狼心、张牙舞爪，几欲得陶澍而噬之。反复遭到摧残，浓黑的悲凉，犹如洞庭之波，浩浩荡荡，无际无涯，几将陶澍淹没。陶澍身心俱病，他自称头脑眩晕，动辄昏厥，喉管涌血，旋吐旋满。他偶尔也有“此邦之人，不可與明”“我瞻四方，蹙蹙靡所骋”的念头一闪而过。然而他终究是理学出身的士大夫，理学之修为，在于上体天理，下应民心，不以个人的荣辱生死为归止，在这种强大的精神支持下，陶澍的心神坚如金石，虽久历风霜，亦不改其质。梅山苍莽，资水澄碧，他历经底层的苦难锻炼而出，“先知稼穑之艰难，乃逸，则知小人之依”，加上故乡蛮荒山水间铸就的顽强性格，他始终不改其大志，亦一步不肯退缩。韩退之有言，本为圣明除弊事，肯将衰朽惜残年，此亦为陶澍之谓也。

陶澍为人，一身正气如皓月当空，忠君爱国，正大光明；一身灵气似晨曦流彩，灵机巧变，多谋善断；一身骨气若寒梅傲雪，守正恶邪，坚贞不屈。他的行止不失分寸，不违道义，以正道为本，以公心为魂，如明月照林，无所不彰，似青松傲立，历劫弥坚。他的湖湘晚辈，曾国藩得其正气，胡林翼得其灵气，左宗棠得其骨气，是故人皆以他为湖湘人才之黄河昆仑。

陶澍的盐法改革，实乃中国古代盐政的一次重大变革。票盐法上绍第五琦、刘晏，下启曾国藩、李鸿章，为后世盐政发展奠定了基础。曾国藩曾称赞说，“淮北盐务，自前督臣陶澍改行票盐，意美法良，商民称便，果能率由旧章行之，百年不敝”。尤其是他将市场竞争引入官盐运销，打破垄断的做法，更堪称中国社会中自发生出的近代先声。

值得指出的是，后世很多人称赞陶澍有市场经济的理念，《哈佛中国史》更认为，陶澍“决然地废除了实行两个世纪之久的专卖制度”，“实际上代表帝国经济中重要领域的私有化”，这是一种过火的解读。陶澍的票盐法，用他自己的话说，是“官督商运”，他并没有放弃官府对盐业的垄断和监管，只是从大盐商专擅盐利，变成了中小商贩乃至民户都可以在国家的监管下运销官盐。

在朝廷允许放开食盐经营以前，任何盐政改革，其核心都是维持或增加盐课，稳定财政收入。他只是在官督的行业里引入了竞争，而不是完全开放给市场。票盐法，是将市场竞争的手段，运用到官盐经销商的内部竞争，以提高官盐的运销效率。

在陶澍生前，盐政改革止于淮北，等到他去世后才由陆建瀛推广到淮南，更勿论推广到全国。盖因当时清朝已日落西山，国势逐渐下沉，士大夫颟顸无能，朝廷已失去自我革新的能力，已很难进行全国性的更革。陶澍这个从荆楚莽荒走出的梅山之子，虽然怀抱浮江泛海，云霄万里之志，却不能像他的前辈们一样得君行道，以宰辅的身份大张拳脚，达到秉国之钧、四方是维的境界。

但他以督臣的身份，在包世臣、贺长龄、魏源、王凤生等人的辅佐下，在局部地区进行改良更化，已非常不易。其后多年，曾国藩、胡林翼、左宗棠等新一代政治家崛起，方能对漕运、河工、盐政进行大刀阔斧的改革。因为陶澍的这些湖湘晚辈身处乱世，太平天国已砸烂了中国南方的体制，曾、左、李等人又有军队为后盾，震慑住了所有的反对者。

对这个古老而又广阔的国家来说，每一次变革都如同移山填海一般艰难。幸好一代又一代的志士仁人，不断开拓进取，赋旧邦以新命，这个国家才能在历史的激流中不断焕发新机，如凤凰涅槃浴火重生，如大河奔流生生不息。而这些伟大的改革者，亦如长天的繁星，于历史的长夜中交相辉映。

【注释】

①《陶澍全集》第 3 册第 96 页，岳麓书社 2017 年版。

②③④⑥《道光十年盐枭黄玉林案档案》，载《历史档案》2014 年第 3 期第 42—44 页。

⑤ 欧阳兆熊、金安清《水窗春呓》第 29 页，中华书局 1984 年版。

⑦《道光十年盐枭黄玉林案档案》，载《历史档案》2014 年第 3 期第 48 页。

⑧《道光十年盐枭黄玉林案档案》，载《历史档案》2014 年第 3 期第 49—50 页。

⑨《陶澍全集》第 2 册第 301 页，岳麓书社 2017 年版。

⑩ 黄国信《规制如何生财》第 4 页，社会科学文献出版社 2024 年版。

⑪⑫ 倪玉平《清朝嘉道财政与社会》第 101、277 页，商务印书馆 2013 年版。

⑬ 顾炎武《行盐》，载《魏源全集》第 15 册第 645 页，岳麓书社 2004 年版。
⑭ 朱轼《请定盐法疏》(《谨请陈盐政变通事宜疏》)，载《魏源全集》第 15 册第 724—725 页，岳麓书社 2004 年版。
⑮ 黄国信《规制如何生财》第 80 页，社会科学文献出版社 2024 年版。
⑯㉑ 魏源《淮北票盐记》，载《魏源全集》第 20 册第 297—298 页，岳麓书社 2004 年版。
⑰《陶澍全集》第 3 册第 38 页，岳麓书社 2017 年版。
⑱《陶澍全集》第 2 册第 297 页，岳麓书社 2017 年版。
⑲ 辜鸿铭、孟森等《清代野史》第四卷第 2068—2069 页，巴蜀书社 1998 年版。
⑳《陶澍全集》第 3 册第 40—41 页，岳麓书社 2017 年版。
㉒《陶澍全集》第 2 册第 318—319 页，岳麓书社 2017 年版。
㉓《陶澍全集》第 3 册第 33 页，岳麓书社 2017 年版。
㉔《陶澍全集》第 2 册第 310—311 页，岳麓书社 2017 年版。
㉕《陶澍全集》第 3 册第 131—132 页，岳麓书社 2017 年版。
㉖《陶澍全集》第 3 册第 96 页，岳麓书社 2017 年版。
㉗《陶澍全集》第 4 册第 169 页，岳麓书社 2017 年版。
㉘ 陶澍与许球的两次交锋，见《陶澍全集》第 3 册第 309—311、481—490 页，岳麓书社 2017 年版。

十、铸币禁烟

货币体系面临新挑战

自秦始皇以圆形方孔的半两铜钱统一货币后，铜币、铜钱在中国持续使用至清代，始终保持其法定货币地位。尽管某些时期和特定地区曾采用布帛、粮食、金银、纸钞乃至铁钱作为交易媒介，但铜钱在明清之前一直是主导性货币。

汉武帝实施盐铁官营的同时，收回了民间私铸铜钱的权力，设立三官铸造五铢钱。五铢钱沿用到隋代，成为中国古代使用时间最长的通货。

在秦汉时期的度量衡系统中，二十四铢等于一两，十六两构成一斤。秦半两钱重十二铢，而汉武帝改铜钱重量为五铢，其重量和形制更契合中国商业的需求。加之官方铸造的铜钱精美耐用，使得五铢钱得以长期流通。

唐高祖武德年间，废除五铢钱，改行开元通宝。此后，中国铜钱不再以重量命名，而采用“通宝”“元宝”等称谓，并在其前冠以吉祥字号或铸币年号，如宋神宗时期的“熙宁通宝”、清康熙年间的“康熙通宝”等，说明钱的社会意义在扩大，逐渐成为一种支配社会的宝物。

开元通宝的推行还带来了计量制度的变革。秦汉时期二十四铢为一两，而开元通宝改为十钱一两，确立了中国货币计算的十进制体系（一两十钱，一钱十厘），一直沿用至近代。

更为重要的是，开元通宝摒弃以重量命名货币的做法，体现了金融观念的重大转变。春秋战国至秦汉时期，铜钱的价值主要取决于其本身的铜含量。或者说，铜本身就是货币，铸币的主要目的是让铜使用方便，不用临时分割和称量。半两钱的购买力等于半两铜，五铢钱的购买力等于五铢铜。而开元通宝的购买力不再完全等同于其含铜量，而是与国家信用、民众对经济形势的信心以及市场供求关系等因素密切相关。这意味着开元通宝的价值可能超过其金属含量，展现出信用货币的雏形特征。

尽管如此，选择继续使用铜币而非直接转向纸币，是基于一种审慎考虑：即便在贬值情况下，铜钱的价值和购买力至少能够维持在其本身金属含量的水平，从而起到一定的价值保障作用。

自唐代开始，中国官方可用于铸币的铜料已难以满足市场需求，导致国家频繁陷入钱荒，以至于唐武宗、后周世宗不得不采取拆毁佛寺铜像的极端措施来铸钱。随着宋代商业的蓬勃发展，铜币不仅在数量上捉襟见肘，其相对低廉的价值也无法满足大宗交易的需求——铜币既贱且重。为应对这一挑战，朝廷开始发行纸币，俗称为“钞”。宋、元、明初期都大量发钞，甚至规定官员的俸禄以钞的形式发放。

可是，在近代之前，中国尚未建立完善的金融体系。治国的士大夫对如何通过准备金来维护纸币信用缺乏认知，导致纸币的推广举步维艰。每次发钞后不久，其价值就会大幅贬损。

明朝初年，太祖朱元璋曾颁布法令，规定以桑皮纸印制的大明宝钞与铜钱同为法定货币。然而，宝钞上却印有一则颇具讽刺意味的警示：伪造者处以斩首之刑，“告捕者赏银贰佰伍拾两”。用白银作为举报伪钞的奖励，无意中“揭示出白银在当时人们经济生活中的地位，官方的戒谕本身，透露了尽管有宝钞作为法定货币，但实际生活中人们似乎更重视白银”。[①]

大明宝钞发行后遭遇严重贬值。明太祖初期规定一贯宝钞折铜钱一千文或银一两，但仅十五年后，其价值已跌至原定的四分之一。二十年后，一贯宝钞只能折银七分，跌至原值的百分之七，六十年后更是缩水至千分之一，几近废纸。宝钞“积之市肆，过者不顾”，这种急剧贬值导致官员收入大幅缩水，最终不得不改用白银发放俸禄。

尽管民间弃用宝钞，明朝铸造的铜币同样难以满足市场需求。明朝年铸铜币量仅为宋朝的百分之三，百余年间仅向市场投放了一千万贯铜钱，远不足以满足市场实际需求。因此，人们被迫转而使用粮食、布帛和金银进行交易。

就明清时期的商业发展水平而言，白银最适合作为主流货币。相比之下，铜钱购买力过低，不适合大宗交易；黄金则因购买力过高，不适合日常使用。制约白银成为主导货币的唯一因素是国内储备不足。幸好明朝景泰年间云南银矿的大规模开采缓解了这一问题，据宋应星描述，“合八省所生，不敌云南之半”，即云南银矿产量超过其他八省总和的一半。学者全汉昇的统计显示，1390 年至 1520 年间，明代每年开采白银三十余万两，累计近四千万两。

与此同时，国际形势的变化进一步推动了白银的流入。欧洲人开辟新航路后，从美洲掠夺了大量银矿。随着简便易行的汞齐化法炼银技术问世，美洲白银产量激增。另一方面，日本开始大规模开采石见银山，一度成为全球最大的白银输出国。

海量白银通过马尼拉、果阿、澳门和长崎涌入中国，用于交换丝绸和茶叶。明朝中期，仅日本一国每年向中国输入的白银就超过百万两。据估计，海外输入中国的白银数量可能是国内新开采量的十倍以上。

国内新银矿的开采和海外白银的大量输入，使得白银逐渐具备成为中国主流货币的条件。明朝崇祯年间的蒋臣曾经做过一个估算，认为中国民间流行的白银数量在二亿五千万两左右，但这很可能是个保守数字。现代学者的研究表明，到清朝道光年间，民间流通的白银可能已达六亿至十一亿两之间。

“白银成为货币不是某种社会契约或集体讨论决定的，而是无数民众选择趋同的结果。……明中期以后白银与宝钞、铜钱的竞争，可以看做货币制度领域的一场货币替代运动，白银最终成为‘自然选择’的‘替代货币’。”②

迨至万历年间，朝廷不得不以法令的形式确定白银的地位。内阁首辅张居正推行的一条鞭法将赋役统一折算成白银上缴国库，这一举措从制度层面确立了白银的法定货币地位。此后，国家财政收支以白银为主，铜钱在其中的占比已不足百分之一。这不仅反映了明清经济结构的深刻转变，也体现了市场力量对货币政策的影响。白银的广泛使用促进了商品经济的发展，同时也为后世的货币制度改革奠定了基础。然而，这种以白银为主的货币体系也带来了新的挑战，如何管理白银流通和维持其价值稳定成为朝廷面临的重要问题。

清朝延续了明朝的货币制度，以白银为主币，铜钱为辅币，形成了“大数用银，小数用钱”的格局。这种以白银为主的货币体系实际上削弱了国家的金融控制力。国家放弃了大部分铸币权，不仅失去了主权货币的铸造权，也丧失了可观的铸币税收入，进而导致对商品经济的干预能力大幅下降。从金融制度的角度来看，这无疑是一种倒退。

白银的分割和熔铸非常简易，所以在明清的经济生活中，交易双方直接根据白银的重量进行计价，而不考虑其形状或大小。大额交易通常使用银锭，而在小额交易中，人们会随身携带钢剪和银锭。交易时，他们会根据谈好的价格，用钢剪从银锭上凿下相应重量的银子。一些商人会提前将银子铸成小巧的“银豆子”以方便使用。为了精确计量，商民普遍随身携带一种称为“戥子”的小型秤具。

用钢剪凿银的时候，会凿下一些银屑，人们会用随身携带的蜡块把银屑沾起来保存，待积累到一定数量后熔化蜡块回收银屑。

这种直接使用白银进行交易的方式也存在明显缺陷。最突出的问题是银子纯度的鉴定。戥子无法测量银子的成色，这就为造假提供了可乘之机。明清时期，使用假银的骗局屡见不鲜，给正常交易带来了不小的风险和麻烦。

清代白银成色的复杂分类，反映了当时货币使用的混乱状况。从纯银、足银、纹银到色银等，种类繁多，在官方和钱庄的账目中，更有库平银、广平银、海关银、漕平银等专门名目。这种多样化导致不同地区、不同成色的银两购买力各异，称重和辨别成色成为交易中的必要但繁琐的环节。

白银货币的混乱，为官员腐败提供了温床。由于各种纯度的银两价值不一，它们与铜钱的兑换比例存在显著差异，一些官员通过操纵兑换过程牟取私利。例如，规定百姓以 1105 文铜钱兑换一两库平银，而库平银兑回铜钱时却能得到 2600 文铜钱，这种巨大的差价为官员创造了攫取灰色甚至黑色收入的机会。此外，库平银、漕平银、海关银等不同种类银两之间的价值差异，也为官员通过偷梁换柱或反复兑换套利提供了可能。在日常征税过程中，民户缴纳的往往是散碎银子。官府须将其铸成大锭或元宝存库，可能会产生损耗，一些官员便以“火耗”为名进行贪墨。

在这种背景下，欧美铸造的银币开始进入中国市场，常见的如西班牙发行的铸有其国王查理四世头像的银币，称为“大髻”“小髻”，铸有天平的银币称为“双柱”；美国铸有自由女神像的银币称为“蓬头”；荷兰铸有骑士骑马执剑像的银币称为“马剑”。

这些外国银币经过严格的统一铸造，成色稳定，重量一致，且不易伪造，极大地便利了交易过程。使用这些银币既不用辨认成色，也不用称重，很快就赢得了中国商民的青睐。正如当时的描述：“既不必较银色之高低，又无需称分两之轻重，远行服贾，便于携带，是以东南沿海各省市廛通行。”[③]这种现象不仅反映了明清两代在银两使用上的弊端，也凸显了标准化货币对促进贸易和经济发展的重要性。

商民往往会因为信用、便利，而默认货币的购买力可以略高于其实际金属含量。例如，中国官方自铸的铜币，其含铜量只有其默认购买力的不到六成。但是因为有官方提供的信用保证，商民依然愿意接受这种溢价。

这种现象在外国银币进入中国市场时表现得更为明显。一枚重量为六钱五分的外国银币在中国可以等同于一两纹银使用。即便直接用来兑换银两，中国民间也普遍接受一枚六钱五分重的银币可以兑换七钱三分至七钱七分的纹银。考虑到外国银币的纯度通常只有 90%，用这些银币兑换中国的纯银，每次交易可以获得约 11% 的白银差价。

本国白银货币的混乱，给了洋商套利的空间，他们用银洋在中国进口商品，约等于商品打了六五折，相当于进口套利。如果嫌商品转手脱手太麻烦的，可以直接以一枚六钱五分钱重的银币兑换七钱三分纯银的方式，大量换走中国的白银，这就构成了直接套利。将直接套利获得的中国白银运回本国铸造成银币，再运回中国继续套利，形成一个持续的利润循环。

根据彭信威的估算，清代流入中国的银元超过十二亿元，其中约有八九亿元流出或熔毁，留用的约为四五亿元。假设每个净流入的银元可以套利一钱银子，那么这一时期中国损失的白银可能高达四五千万两，相当于清朝一年的财政收入。

“陶澍金融学”

18 世纪末至 19 世纪初，全球白银的供给发生了显著变化。日本银矿产量下降，美洲独立运动兴起导致欧洲从美洲获得的白银减少，这促使欧洲国家开始重新考虑对华贸易策略，试图减少对中国的白银输出和贸易逆差。他们采取了两项主要措施，一方面，他们继续大规模用银元在中国套现，另一方面，他们开始增加中国的鸦片输入。

输入中国的鸦片数量在这一时期呈现爆发式增长。乾隆年间，鸦片输入从一千箱增至四千箱，嘉庆年间已达五千箱，而到道光十八年，已激增至四万零二百箱。在鸦片战争前的三十多年里，中国为购买鸦片支付了近二亿两白银，不但抹掉了原有的贸易顺差，还产生了三千万两的逆差。与此同时，全球经济格局的变化进一步加剧了中国的困境。拿破仑战争和美洲独立运动，使得欧洲经济动荡，减少了对中国丝绸、瓷器的消费。日本的绿茶和印度的红茶，开始在国际市场上取代中国茶，导致中国的茶叶出口减少，白银外流的趋势更加严重。

国内市场亦随之出现“银贵钱贱”现象，原本一两白银兑换一千文铜钱，道光年间竟增加到二千二百文。“银贵钱贱”激化了社会矛盾，农民出售农产品，由于常是小额交易，收入的是日益廉价的铜钱，而用于缴税的却是白银，农民因此大量破产。白银和铜钱的巨大差价，刺激了市场投机行为，小商人和工匠受到极大冲击，形成了“道光萧条”。

龚自珍在嘉庆末年就已经描述了萧条来临的悲惨场景："大抵富户变贫户，贫户变饿者，四民之首，奔走下贱，各省大局，岌岌乎皆不可以支月日，奚暇问年岁！"

"银贵钱贱"现象的成因非常复杂，但白银的外流肯定是其原因之一，当时中国的官僚大多数不能理解更深刻的经济学原理，但却从实践中觉察到简单的供求关系，所以他们认定，"银贵钱贱"的主因，就是白银外流。

在道德层面上，清王朝亟须禁烟以遏制鸦片对国民的危害及政治的腐蚀；在经济层面上，清王朝必须解决白银大量外流的问题，以缓和"道光萧条"。作为执掌中国财赋之地的两江重臣，陶澍深入思考后，提出了两项关键措施：铸币和禁烟。

事实上，改革币制、收回国家铸币权的想法由来已久。早在明朝末期，就有政治家提出过类似构想。崇祯年间的户部司务蒋臣曾提议重新发钞，每年发行五千万贯钞票，通过发钞解决财政困境。发钞后可以减免全国农户每年五百万的地租，以及为了打仗开征的新税。蒋臣估计民间流通的白银约为二亿五千万两，鼓励百姓用白银兑换钞票，连续发钞五年，刚好可以把这批白银全部收归国库。为了鼓励百姓兑换钞票，蒋臣提出，百姓用九钱七分银子向朝廷兑换一贯钞，但完税纳粮时，一贯钞可以顶一两银子用，这样就能让百姓争趋若骛。崇祯赞成了他的办法，尽管有很多大臣反对，还是在加班加点赶印钞票，直到风传李自成进攻北京才作罢。

蒋臣的提议无疑具有一定前瞻性，试图通过发行纸币来增加国家财政收入并回收白银。可惜明朝君臣不懂得本位制，无法建立稳定的货币价值锚定机制。他们亦不懂得发钞需要准备金，为纸币的发行提供相应的资产支持。没有本位制，没有准备金的发钞，无异于空手套白狼，怎么能行得通呢？内阁大学士蒋德璟就讥讽道："百姓虽愚，谁肯以一金买一纸?”

道光年间的经济萧条，再次引发关于货币改革的讨论。然而，这些由官员和学者提出的方案大多反映了他们对经济学认知的局限性，展现了面对复杂经济问题时的困惑和无措。

陶澍的幕僚包世臣认为，白银的稀缺主要源于民间大量窖藏，而不仅仅是因为鸦片贸易导致的外流。在包世臣的视野里，因为白银太受欢迎，导致富人、平民都大量窖藏银子，或者用来预备不时之需，或者期望能传之子孙。这种行为导致了白银淤积，没能流通起来。他建议改变白银为主、铜钱为辅的货币格局，用铜钱为主要货币，辅以少量钞票，并改变国家收支的计价单位，以后国家的岁入以铜钱为计算单位。包世臣预期这将导致白银贬值，最终退出流通。④

包世臣的理论明显是想当然的，他低估了当时商品经济的发展水平。尽管中国民间有喜欢存钱的习惯，而且由于没有近代的银行业，民间更习惯窖藏白银，但真正窖藏的白银数量并不多，白银大多在市场上流通。以铜钱更换白银则更行不通，因为中国的铜储量，远比不上市场上商品的价值，不足以支撑全面倒回铜本位。

孙鼎臣则提出了“铸大钱”的方案，陶澍的好友梁章钜也持有相同的看法。梁章钜提倡废白银、铸大钱，也即国家发行一枚大面额的铜币，强行规定它值五百枚普通铜钱。“铸大钱”的办法古已有之，其实和发钞是同一回事。“铸大钱”就是用国家的信用强行抬高货币的币值，这在大多数时候是因为财政亏欠，以此来赤裸裸地掠夺民间财富。

孙鼎臣似乎是个不食人间烟火的人，他与梁章钜对大钱的设想有所不同。梁章钜设想的铸大钱，是通过国家强制规定，强行提高铜钱的币值。而孙鼎臣想的，是发行足额的大钱来取代白银，他想用良工铸造精钢，使铸造的大钱名实相符。问题是什么精钢的价值有这么高，可以数百倍于铜呢？

同为废银派的狂想家，王鎏的提议则更丧心病狂，他在《钱币刍言》中建议禁止白银和铜钱的流通，直接发行无限制的纸币。不设准备金，不承诺兑换，想印多少印多少，完全依赖政府的强制力推行。他想利用不限制的发钞，解决国家财用，这无异于明火执仗的抢劫，极易导致经济崩溃。

当时还存在一些复古派，比如徐鼒、吴嘉宾，他们主张，取消诸如白银、铜钱、钞票等一切货币的流通，回归自给自足的自然经济，实在需要物资交换时，用粮食、布帛等实物作为交换媒介，实行以物易物。国家以后也不再征收货币税，税收完全征收实物。这实际是要废弃商品经济，把国家的经济模式倒退回先秦以前，与王鎏的办法相比，一个极左，一个极右，都是不现实的提议。

相对来说比较靠谱的建议，是陶澍的幕僚，湖南老乡魏源的采金更币论。魏源反对废白银，承认中国经济必须使用白银的现状，坚持使用白银本位。他有两个提议，一是国家鼓励开采银矿，鼓励民间介入采矿业，以增加白银的来源，二是模仿外洋的办法，铸造银币。⑤

当时中国已经发现的银矿数量有限，再怎么大力开采也弥补不了每年流出的“漏银”，民间资本进入银矿，更会冲击到清朝的统治秩序，诱发一系列以当时的管理水平很难解决的社会问题。但是铸造银币的办法，显然是可行的，陶澍就吸收了他这一意见。

道光十三年（1833），给事中孙兰枝奏称江浙两省，钱贱银昂，请求朝廷整顿货币流通。军机处将孙兰枝的奏折转发两江地区，让陶澍主持商议解决办法。陶澍与江苏巡抚林则徐、江宁布政使赵盛奎、江苏布政使陈銮、按察使额腾伊经过多次商议，又走访了年老商民，最后形成了币制改革的意见，由陶澍和林则徐会奏朝廷。

孙兰枝指出，因为外洋流入的银元，一枚重量不过区区六钱五分，却能兑换漕、平、纹银七钱三分乃至七钱七分，在市场上更是可以当一两银子使用。加之外洋银元成色较差，“色低平短”，价值居然高于本土含银充足的纹银，导致了白银大量外流。他要求国家使用行政手段强行平价，将一枚外来银元的购买力，压制到白银六钱五分甚至更低，这样就不至于轻重倒置，让内地足色的纹银，被外洋低色的银钱替换掉。

陶澍一方面肯定了孙兰枝的看法是“见远之论”，一方面指出，用行政手段强行平价绝不可行。他在这里提出了一个颇具洞察力的观点，“银钱贵在流通”，这一观点在传统政治家中颇为独特。[6]这一观点揭示了货币的本质意义和价值体现，即在于其流通过程。从陶澍后文所说明的来看，他似乎已经领悟到了两条重要的货币原则：

首先，金属货币的价值不仅仅源于其本身的贵重金属含量，更在于流通过程赋予它的附加价值。流通次数越多，速度越快，借助货币达成的交易越多，通过商品交换创造的财富就越丰厚。从长远来看，由于货币流通刺激了经济活动，使得以它计价的财富增多，货币本身的价值也随之提升。

陶澍在后文举例说明，民间之所以接受一枚银元等同于一两银子，是因为银元使用方便，无须兑换和检验成色，便于携带，所以市场主动选择了它，“价虽浮而人乐用”。与“银钱贵在流通”联系在一起，这一观察揭示了一个重要真相：尽管银元所含的贵重金属可能不及纹银，但它使用便捷的特点，使得它便于流通，便于流通，就会使它的价值得到提升。等重的银元比银两更有价值，是因为它流通更快。

更难能可贵的是，陶澍指出人们在使用银元时“自觉节省”，“节省”二字，用得实在精妙，揭示了市场行为的特殊之处。许多官僚认为一两银子抵一枚银元是吃亏，而市场却觉得是“节省”，因为这减省了交易的繁琐，降低了经济活动中的交易成本，这本身就是另一种形式的“赚钱”。

虽然陶澍在奏折中没有明确阐述，但将他在比较银元、银两优劣的过程中，所运用的思维方法，移到“银贵钱贱”的问题上，就可以推断出除了白银外流外，导致“银贵钱贱”的另一个重要原因。铜钱笨重、价值低，在大宗交易中极为不便。加上当时清王朝铸造的铜钱质量低劣，民间造假容易，以及国家不接受铜钱完税，都导致市场对铜钱的接受度较低。一种交易不便、接受度低的货币，在市场上无法快速流通，自然其价值、购买力就低。

“银钱贵在流通”，白银整体流通比铜钱快，所以“银贵钱贱”。同样，银元流通比银两快，所以银元价值比等重白银高。

其次，虽然长远看，一种货币流通越麻烦，流通越无效率，其价值越低，反之，越是流通速度快的货币价值越高。但从短期市场反应看，货币流通速度因某种原因突然变慢，其价值会升高，反之则会降低。陶澍的洞见不仅限于货币流通的长期效应，他还敏锐地捕捉到了货币流通速度变化对市场短期反应的影响。

陶澍在这封会奏中指出，银元在市场上的流通是市场自然选择的结果。他警告说，如果贸然采取行政手段干预，比如禁止外洋银元流通或强行对银元实施“平价”，就会破坏市场的流动性，“转滋窒碍”，对经济发展极为不利。他预见到这种干预甚至可能产生相反的效果，导致民间“抗阻不行”，使“银贵钱贱”的现象更加严重。

这一观点与后世经济学理论不谋而合。近代经济学家们普遍认为，一定时间内市场需求的货币总量，与商品和服务的总价成正比，与货币流通速度成反比。亦即是说，在商品和服务的总价不变的情况下，货币流通越快，市场上需求的货币总量就越少，反之亦然。陶澍进一步指出，如果强行平价或行政干预货币流通，会导致货币流通速度降低。在商品和服务总价不变的情况下，市场需求的货币总量就会大增。考虑到中国市场上的货币总量在短期内难以有所变化，这种情况下就会发生“银荒”。按近代经济学的说法，这是通货紧缩，会使银价更高。

陶澍的这些洞见展现了他对货币本质的深刻理解，远超同时代的大多数官僚。他认识到货币不仅是一种价值储存手段，更是促进经济活动的工具。这种理解为后世的货币政策制定提供了重要的思路，强调了货币流通的重要性，以及市场选择在货币使用中的关键作用。他的观点还隐含了一个重要启示：政府在制定货币政策时，不应仅仅关注货币的面值或金属含量，更应该考虑其在实际经济活动中的流通效率和市场接受度。这一思想对于理解近代货币政策，仍然具有重要的参考价值。

由于这封会奏是陶澍和林则徐联署，很难分清“银钱贵在流通”是陶澍的经济思想，还是林则徐的经济思想。但在陶澍去世后七年，道光二十六年也即公元 1846 年，时任陕西巡抚的林则徐遇到了一种令他困惑不已的经济现象。林则徐原本坚定地认为，由于鸦片泛滥，白银外流，如果不能查禁鸦片，“银贵钱贱”就是一种必然的趋势。既然鸦片战争战败，未能阻止鸦片输入，那“银贵钱贱”势必长期化。但是，当他农历七月刚到西安时，白银一两还能兑换铜钱一千八百余文，到了九月的秋收时节，这个数字却骤降至一千三百文，跌幅高达五百文。这一现象与林则徐的认知完全不符，自然引起了他的极大关注。

带着疑惑，林则徐展开了调查。他得知这种现象在陕西并非罕见。每当遇到荒年庄稼歉收，粮食价格高涨时，白银价格就会下跌。这非但没有解开林则徐的疑惑，反而让他更加困惑。按照常理，在粮食价格上涨时，白银和铜钱的价值应该一同下跌，而不是单独白银价格下跌得更快。而且经他调查，当时陕西白银与铜钱的总量没有发生明显变化，也没有其他省的奸商来陕西投机套利。

林则徐的困惑其实可以通过回顾道光十三年，他与陶澍联署的会奏中提出的经济理论来解答。这一思想如果确实源自林则徐，那么他应该能够迅速理解陕西的情况。然而，林则徐的困惑表明，这一经济理论可能更多地来自陶澍。根据陶澍提出的货币原理，可以这样解释陕西的现象：

因为陕西粮食歉收，粮价飞涨，商人和民户担心买不到粮食，就会大量抢购、囤积粮食。很多原本存储不用，"淤积"在窖藏里的白银，甚至已经变成了首饰器玩的白银，都会被人拿到市场上换购粮食。于是，短时间内陕西市场上流通的白银数量激增，流通速度也加快了。根据货币的短期效应，白银交易速度加快，换手频率增加，加之市场上的主要商品也就是粮食减少，需要的货币总量就随之减少。然而市场上流通的白银总量实际是增加了，供应超过需求，所以白银会迅速贬值。

相比之下，铜钱作为辅币，平时很少有人大量储存。在灾荒来临时，市场上的铜钱供应量几乎没有变化，因此其价值下跌幅度小于供应量大增的主币白银。此外，铜钱本身购买力较低，在粮价上涨时更显不足，导致更少人使用铜钱交易。流通速度的相对减慢，反而使得铜钱的贬值程度小于白银。

由此可见，道光十三年的这封奏折，表达的主要是陶澍的经济思想，当时位置更显赫，威望更高的陶澍，其意见覆盖了林则徐的意见。

陶澍反对强行对银元平价，亦是从民生的角度考虑。长期以来，商人已经习惯使用银元，他们手中持有许多高价收入的外洋银元。如果突然实施平价政策，他们手中的银元会贬值，每枚银元的损失可能超过一成。陶澍认识到，这不仅仅会造成商人的个人财富缩水，更会给整个社会的经济活动带来负面影响，导致“民间生计因而日绌”。

他还特别关注到强行平价对普通劳动者的影响。他提到许多在外受雇劳动的工人，累月经年才存了一点工资，兑成洋钱数枚，存起来待用。洋钱被平价，这些穷苦人的积蓄将大幅缩水，“贫民见小，尤恐情有难堪”[7]。

陶澍的这些观点体现了他一以贯之的“民本”思想。作为一个农家子弟，他始终秉承“爰知小人之依，能保惠于庶民，弗敢侮鳏寡”的执政理念。值得注意的是，陶澍想要“保惠”的“庶民”中，包含了商人。这与传统士大夫坚守义利之辩、歧视商人的态度恰成对比。他在奏折中，将商业发展提升到关乎整个民间生计的高度。他认识到商业受挫不仅会影响商人，还会波及所有普通人的生活。这种认识展现了陶澍对经济整体性的深刻理解。

假借一个老商民之口，陶澍委婉地向朝廷传达了一个重要信息：百年以前，洋钱尚未流行，朝廷想怎么抑价都可以，纵是完全禁止洋钱亦无问题。自从开海以后，与外洋的贸易越来越多，民间使用洋钱越来越普遍，就没有可能强行抑价和禁止了，“其势断难骤遏”。这是告诫皇帝和朝臣，政策制定不能逆市场规律和民间习俗而行，官方对经济实施干预时，应当懂得自我克制。

以银币代替银两的币制探索

对于白银问题，陶澍提出的解决办法除了禁烟，就是由朝廷来铸造银币，同时禁止民间私自铸造银元。

陶澍建议官铸银币每枚只用白银五钱，略低于流通中的洋钱重量（六钱五分）。因为有国家信用为担保，官铸银币在减少银料使用的同时，仍能保持与洋钱相当的市场价值。他提议在银币一面用满文标注铸造局名字，另一面用汉文铸上“道光通宝”四字。

为了鼓励民间使用本国铸造的银元，陶澍提出，可以先用这种银元来发放军饷，以带动民间使用。平时赋税杂项，亦可用官铸银元上兑。国家的库存白银，应逐渐由银两转铸为银元。至于外洋输入的洋钱，可以先不禁止，待到官铸银元广泛流通后，再“斟酌处理”，逐步改易风气，取而代之。

以官铸银币来取代银两的货币方案，后世称之为“废两改元”，首倡者即陶澍。官铸银元，可视为国家主权货币，它能将尚在流通中的各种成色、形制不一的白银统一为成色、形制统一的银币，减少交易成本，加快货币流通，提高经济效率。

同时，铸币能让国家得到一笔可观的铸币税。铸币税并非直接征收的赋税，而是指铸币带来的利润。国家铸造的银币，因为使用便捷，加上国家信用担保，其在市场流通中的实际购买力高于等重白银，这部分差价就成为国家的财政收入，称之为铸币税。

陶澍经过计算，指出外洋铸币的利润在一成以上，如果中国自己来铸币，这个利润甚至可以超过两成。在国家官铸银币之前，这笔因银元和等重白银差价带来的收入，实际上被外洋商人和民间私铸银币的本土商人获取。清朝若能铸造银币，每发行一亿银元，就可以获得高达两千多万两白银的财政收入，于“钱粮亏空”的道光朝来说，不啻于暗室逢灯，绝渡逢舟。市面上流通的白银变成了本国制造的银元，且白银含量比外国银元更低，没有套利空间，也能在一定程度上阻止白银外流。

阻止白银外流，最简单粗暴的办法，是直接禁止白银出口。要禁止白银出口，就需要有相应的法律依据。陶澍查阅了清朝的律例，发现在《户部则例》中有“洋商将银两私运夷船出洋者，照例治罪”的“则例”。清朝的则例是具有约束力的行政法规，《户部则例》约等于现代的经济法，这一则例似乎在法律上明确了白银出口禁令。

问题在于，《户部则例》规定将白银外运要“照例治罪”，那照什么例呢？条文并不明确。陶澍继续查阅《刑部律例》，发现只有关于黄金、铜、铁、铜钱出洋的处罚规定，而没有针对白银外流的明确法条，所以“照例治罪”在刑法上实际是无例可照，属于法条上的漏洞。[⑧]

对此，陶澍建议由刑部制定明确的法律条例，在全国范围内颁布实施，令地方政府执法严办，以震慑不法商人。这个建议显示了陶澍对法制的重视，他认为只有通过明确的法律规定和严格执法，才能有效遏制白银外流。同时，这也体现了他作为经世派官员，对刑名的熟悉，果然不下于专管刑律的老吏。

道光年间，民间私铸铜钱、洋钱之风盛行，其手法之精巧，范围之广泛，令朝廷官员皆深感忧虑。黄爵滋在其奏报中，细数了这些仿制西洋银元的种种名目：铸于广东者，称广板；铸于福建者，称福板；铸于杭州者，称杭板；铸于江苏者，称苏板、吴庄、锡板；铸于江西者，称土板、行庄。“种种名目，均系内地仿铸，作弊已非一日，流行更非一省。”

黄爵滋还指出，由于朝廷只禁银两外流，不禁洋钱外流，这些奸商就将纹银铸成土制洋钱出口。对于这种乱象，黄爵滋建议严厉打击，而其他朝廷大员则意见不一。陶澍支持黄爵滋的看法，认为无论私铸铜钱还是银元，都应当坚决取缔。

他的观点在当时占了上风，成为两江会奏的最终定案，林则徐也在奏折上署了名。然而，林则徐在数月后的奏折中，表达了对禁止民间私铸的异议，并否认这些私铸银洋会外流的说法。

林则徐认为，商人都是锱铢必较的性格，绝不会接受价值有亏的银元。在他看来，“民禁严于官禁”——如果土制银钱粗制滥造，成色低劣，市场自然会将其剔除。“民间兑验洋银，极为精细，苏板等类较洋板成色悬殊，以之兑钱，价值大减，是以客商皆剔出不用。”

他进一步阐述道，若是私铸银币品质低劣，含银量太低，市场自会拒绝接受，即便接受，也会大幅压低它的价格。若是制作精美，成色十足，虽然会被市场广泛接受，却根本无利可图。

他甚至认为，洋钱在中国的流行，正是因为其本身价值与市场定价相符。在林则徐看来，银元的市场购买力与其含银量基本等同，即便有些许差异，考虑到铸币成本，利润空间也极为有限。

显而易见，林则徐认为，洋钱能够在中国流行，是因为它本身就值这么多钱，他甚至不认为外洋的银元有套利的可能。他固执地认为，银元在市场上的购买力，肯定等于它的含银量，即便有些许差异，考虑到铸币成本，也没多大利润空间，既然如此，那放任民间铸币又能如何呢？

对于民间私铸银元外流的说法，林则徐予以了坚决的批驳：既然国人皆不愿使用这些粗制滥造的本土银元，则外国人亦无可能接受。这种银元最多在国内流行，既然只在国内流行，财富仍在国内周转，无非是在不同人手中流转，那又有什么关系呢？[⑨]

在禁止民间铸钱的问题上，林则徐显然和陶澍不一样。当然，由于黄爵滋的奏折指责陶澍和林则徐共同的辖区江苏白银外流，为了推卸责任，陶澍也在林则徐的这封奏折上署了名，但事后未收入自己的文集。陶澍后来单独上了一道奏折《覆奏筹议严禁鸦片章程以塞漏卮折子》中，再次重申了严厉打击白银出洋外流的观点。

在清朝中后期的货币政策争论中，林则徐显然和陶澍存在分歧。

持有与林则徐相同看法的封疆大吏，还有两广总督李鸿宾。李鸿宾认为，市场是根据重量、成色来对银元定价的，这种定价机制基本上是公平合理的。因此外洋用银元套利的情况很少，就算真的存在，规模肯定也极小。

林则徐与李鸿宾的观点确实与陶澍形成了鲜明对比。这一分歧不仅反映了他们对经济问题的不同理解，更揭示了林、李在面对复杂市场机制时的认知局限。事实上，市场对银元的估值不仅考虑了它的重量和成色，还考虑了它质量的稳定与流通的便捷。正是因为具备标准化、便于计数、防伪性强等优势，银元的市场估值通常高于其实际金属价值。而高出的这部分，就是铸币的利润空间，也是外洋套利的利润所在。这一点，恰恰是林则徐等人所未能充分认识到的。

后世亦有学者持有与林则徐、李鸿宾相同的看法。他们经过一定的换算，算出银元兑换银两的套利空间最多不过百分之一二，远低于陶澍所说的一成。他们进一步推论，考虑到铸币成本，这种套利甚至可能导致亏损，所以洋商远道而来，根本不可能为此大费周章。

反驳他们不需要反复验算，只需以子之矛攻子之盾即可。如果银元套利空间确实如此之小，为什么洋商在大宗交易中，不直接将西方尚未铸造的银锭、银块运到中国使用？毕竟，中国市场通行的货币是银两而不是银元，可以直接使用银块、银锭交易。浪费工本将银块铸成银币，岂不是多此一举？这种观点，显然低估了银元的流通性、信任度等无形价值。

更重要的是，货币其实是国家主权的象征，通过货币的发行，可以彰显正统地位，增强对民心的凝聚。到了近代，货币上铭刻的图案、文字，更是一种重要的政治宣传，具有强化国家观念的巨大作用。因此，禁止民间铸币，禁止白银的直接流通，逐渐用本国官铸银元驱逐外国洋钱，是近代国家必须做的事情。在这个问题上，陶澍的见解，显然比其他人高明，尽管他未必清楚地意识到了主权货币的意义。

从历史的发展来看，陶澍关于官铸银元的建议，符合近代国家发展的需求。以国家统一发行的银元取代银两，以计量的有序货币银元取代称量的无序货币银两，是货币发展的必然趋势。这既能缓解“道光萧条”中的货币危机，也能促进国家商业的发展。

“废两改元”后，中国就能真正确立“银本位”的金融体系，而之前各色银两、洋钱、私铸货币、铜钱的混用，实际是混乱的“无本位”。“银本位”确立之后，实行陶澍的方案，铸造每枚银币只用白银五钱，靠国家信用来担保银币的购买力。待公众习惯了这种不足额的银元，中国的货币就可以逐渐从足重、足色、足值的货币，向只有信用保障的价值符号转型。这一步若迈得稳妥，中国离以保证金、银本位为基础的近代纸币系统就只剩咫尺之遥了。

陶用舒先生曾评价，陶澍和林则徐在会奏中提出的铸币，“能防止我国货币混乱状况的发生，有利于我国民族经济的发展及市场和货币的稳定，有利于维护我国货币的独立自主”，“是爱国主义思想的具体表现”。

然而，历史前进的脚步总是走得磕磕绊绊，陶澍的远见卓识最终未能说动道光。他的改革构想如同一颗未及播种的种子，埋没在旧时代的沙石中。“道光萧条”如阴霾般持续笼罩着这个古老的王朝，国势下坠的趋势愈发不可逆转。

直到陶澍死后一年，天崩地裂的巨变来临，国人从“天朝上国”的云端猛然跌落，陶澍的晚辈们看见了滚滚的时代洪流，开启了推进近代化的事业，数个世纪的下坠之势才开始缓缓收尾。

历史的重担落在了林则徐的肩上

鸦片，又译作阿芙蓉、阿片，俗称大烟，用罂粟的汁液熬制而成。它在医学上有止咳、镇痛、安神的作用，然而一旦成瘾，不仅难以戒除，还会对身体造成巨大伤害。

罂粟的种植原本在南欧及小亚细亚，相传在张骞通西域后就有少量流入中国，唐代时中国已有进口罂粟作为药物使用的记录，但用量较少。康熙二十四年开海禁时，鸦片被当作药材进口，每斤征收税银三分。恰在此时，南洋人发明了吸食鸦片的方法，相比传统服用方式更容易成瘾，中国内地亦随之出现大量的鸦片烟馆。

乾隆时的马戛尔尼使团和嘉庆时的阿美士德使团，均未能达成与中国扩大通商，向中国倾销工业品的目的。中国进口英国商品很少，反而每年要向英国出口近六百万两白银的茶叶。为扭转这一局面，英国东印度公司决心扩大对华鸦片输出。

从雍正开始，连续几任皇帝都采取了措施，力图遏制鸦片的泛滥，然而鸦片输入却与日俱增，到道光年间已蔓延成灾。梁廷枏在《夷氛闻记》述及，嘉庆初年吸食鸦片的人还较少，不到二十年后，鸦片蔓延天下，自士大夫以至贩夫走卒都在吸鸦片，靡然而不知悔改。

东南沿海地区吸食鸦片的现象尤为泛滥，许多底层劳动者沉迷鸦片，对家庭困境置若罔闻，即便面临家破人亡的悲剧，亦毫不在意。为筹措购烟资金，不少人参与偷盗、抢劫，甚至纠集成群，形成庞大的匪帮。

在鸦片毒害下，大量财富被消耗殆尽，数以亿计的白银流失海外。更严重的是，本应维护法律与秩序的官员，一旦沾染鸦片，便精神萎靡，腐败成风；本应保卫国家的兵勇，也因鸦片之害而身体虚弱，战力锐减。

许多年后，二十岁的印度诗人泰戈尔写了一篇《鸦片，运往中国的死亡》，在文中他怒斥道："英国坐在亚洲最大的文明古国的胸脯上，把病菌似的毒品一点一滴注入他健全的肌体和灵魂，推着他走向死亡。一个强国向一个弱国出售死亡，出售毁灭。一方获取暴利，另一方损失惨重！"

陶澍管辖的两江地区通江连海，又是天下最富庶的地区，妄图在两江地界走私鸦片的人不少。道光十二年（1832），一艘隶属东印度公司的飞剪船"阿美士德号"从澳门起锚，沿着中国海岸线悄然北上。

飞剪船是起源于美国的一种水上快速帆船，以其独特的设计闻名遐迩。飞剪船船身狭长而吃水浅，多重风帆让它在顺风逆风中都能如鱼得水。突出的可调节斜桅帆，更是赋予了它灵活的驾驶性能。飞剪船最高速度可达每小时二十海里，载重数百吨却不失敏捷。它配有多个炮位，武装设备良好。这种航速快且装备良好的船只，每年可在中国与印度之间往返三次以上。

"阿美士德号"的船长叫礼士，船上还有两位不可小觑的人物，化名胡夏米的英国东印度公司高级职员林赛，以及充当翻译兼医生的传教士郭士立。"阿美士德号"上载有六十名水手，他们或出身行伍，或曾为海盗，更有八门舰炮为其壮胆。此外，船上亦载有纱布、棉布等商品，郭士立随船还携带了大批宣传英国的汉译书，比如《大英国人事略说》。

胡夏米此次来中国不是为了贩卖鸦片，东印度公司派出"阿美士德号"的主要目的，是想试探能否和中国地方官私下达成协议，绕过朝廷的禁令进行贸易。同时，他们还肩负着探路的重任，要为进入广东以外的中国港口寻找便捷线路。更值得警惕的是，他们还要刺探中国的军事情报，为可能实施的武力侵略做准备。

郭士立是普鲁士的传教士，他曾在暹罗（泰国）长期生活，又在马六甲向当地华人请教，学会了汉语。他后来在中国东南沿海流窜了很多年，不仅能讲流利的中国官话，就连东南一带的闽南话、广府话、潮州话甚至客家话都能娴熟运用。为了传教和宣传西方文化，郭士立还在广州创办了《东西洋考每月统记传》，这份报纸是中国境内诞生的第一份中文报纸。

郭士立自述，他创办这份报纸，就是要使“中国人认识到我们的工艺、科学和道义，从而清除他们那种高傲与排外的观念。刊物不必谈论政治，也不要在任何方面使用粗鲁的语言去激怒他们。这里有一个较为巧妙的表明我们并非‘蛮夷’的途径，这就是编者采用摆事实的方法，让中国人确信，他们需要向我们学习的东西还是很多的”。这份报纸在中国有一定的影响，比如著名的“文艺复兴”一词，就是这份报纸首次翻译的。郭士立作为一个为鸦片贩子服务的人，却在这份报刊上署名“爱汉者”，令人啼笑皆非。

郭士立的行为常常充满荒诞。他一边担任鸦片走私贩子的翻译，一边潜入中国内地传教。虽然贩卖鸦片与教义相悖，但郭士立似乎并不在意这种矛盾。对他而言，跟随鸦片走私船才能潜入中国，为鸦片贩子服务才能维持传教的经济来源。于是，中国沿海经常上演这样的闹剧：船的一头是郭士立在宣讲教义，另一头却在兜售成箱的毒品。[10]

为了不引起中国官方的注意，东印度公司禁止“阿美士德号”装载鸦片，并要求他们除了自卫以外，不得使用武器。离开澳门后，“阿美士德号”首先抵达厦门。在厦门，胡夏米向清朝地方官表达了通商的意图，却遭到水师提督陈化成的严词拒绝。陈化成通过使者传达了明确立场：胡夏米的船队必须立即离开，虽然他愿意提供食物援助，但坚决禁止其与当地居民有任何接触。胡夏米拒绝接受陈化成的馈赠，声称他们习惯按照市场价进行交易。他反复向陈化成发送信函，重申他们的贸易请求。陈化成的回应亦很坚决，要求他们迅速离开，不得与民众接触，否则将对违反规定的民众采取严厉措施。

清朝当时只有夷夏观念，并无现代国家主权观念，官员们并不明白按照主权原则，外国的船只尤其是带有武器的军舰，是不能进入中国境内的。正常的操作，他们应该对“阿美士德号”实施驱逐乃至击沉。厦门官方始终对“阿美士德号”持之以礼，只是不准其与本地民众接触，严守“夷夏大防”。陈化成的警告，亦只是号称要处罚与“外夷”接触的中国人，却未对胡夏米一行进行追究。

“阿美士德号”的中国之旅宛如一场荒诞剧，每到一处都上演着不同的情节。在福州，闽浙总督一面派人向胡夏米赠送家禽等物资，表现出表面的友好，一面又发布禁令，不准民众与这些“夷人”接触。这种奇怪的态度，恰恰反映了清朝官员面对西方时的困惑与犹豫。

当胡夏米带领随行人员来到福州总督衙门抗议时，衙门官员的反应更显示了他们的为难处境。不敢轻启边衅，与洋人发生冲突，所以不敢强势驱赶，只能采取“怀柔”之策。他们不得已，默许民众与外国人交流，希望以此安抚胡夏米一行，促使他们尽快离开。

利用福州官员的绥靖态度，胡夏米在福州尝试着和中国人进行贸易，他允许当地民众登船参观，此举吸引了众多福州市民的好奇目光。然而，见到事态逐渐不可收拾，福州的衙门最终采取了强硬措施，将他们驱逐出境，但这种驱逐仅限于福建地区，并未将他们完全逐出中国领土。随后，“阿美士德号”驶入浙江，短暂停靠在宁波。江浙的地方官比福建的强硬，胡夏米一行遭到强势驱逐，最后流窜到了上海。

在上海，胡夏米等人多次踏入县城，与县衙官员会面，表达他们通商的意愿。上海的官员虽然勉强接待了他们，但很快就以礼节性的方式结束了会面，将他们送走。尽管上海官员的接待显得勉强而简短，但这并未影响胡夏米对上海的敏锐观察。

他迅速意识到上海独特的地理优势，这里不仅拥有一个靠近大海的优良港口，还通过长江、太湖、运河与富裕的江浙地区紧密相连。胡夏米用了几天时间统计进入吴淞口的商船，他发现，在七天之内，有四百艘大小不同，载重自一百吨到四百吨的帆船经吴淞口驶往上海。

在结束中国沿海的探险之旅后，胡夏米撰写了一份详细的报告。在这份报告中，他阐述了上海在中国南北航运和贸易中的中心地位，以及上海的开放对欧洲，尤其是英国所具有的潜在重要性。他指出："这个地区的自由贸易对于外国人，尤其对英国人的好处是不可估计的"，"这一地区在对外贸易方面所拥有的特殊优越性，过去竟然未曾引起相当的注意，是十分令人奇怪的"。[11]胡夏米和郭士立共同为英国以及其他欧美列强发现了上海这座伟大的城市，并对其未来的发展作出了预言。

"阿美士德号"从浙江去往上海时，就已进入陶澍的辖区。所以胡夏米一行刚离开上海，就被陶澍派人驱离。陶澍当时还在清江（今淮安市）回省城的道路上，接到了苏松镇总兵关天培、松太道吴其泰的消息。因为担心"阿美士德号"继续北上，他立即让水师驰往吴淞海口，以巡洋兵舰三面包围，截断其向北的通道。陶澍认为，外国的船只向来不准进入浙江、江苏，这艘船竟然敢闯入上海，求见官员，恐怕有内地人为他们引路，甚至替他们出主意。为防有人与洋商勾结，他又下令沿海船只一律不得靠近"阿美士德号"。

胡夏米等人见到苏松镇的水师舰船围过来的很多，中国商人的小船也被兵丁控制不准靠近，就向巡洋的船只喊话。郭士立对中国官兵说，他们不是匪徒，只因广州的洋行交易不公平，他们就想来江浙交易商品。现在已经悔悟了，只等海风回转，就会开船离去。陶澍最怕他们违禁走私鸦片，遂令总兵关天培和游击林明瑞带两艘巡船，交替押送，把“阿美士德号”驱逐到浙江海面，移交给浙江水师。

陶澍经过查访，得知胡夏米有两条船，一条是大船，船员约有七八十人，一条是小船，船员约二十人。他可能受了欺骗，以为胡夏米他们是去年在广东，英国人内讧抢码头时失败的一方，因为被英国大商人驱逐，不敢回欧洲，所以在中国东南海面游弋。

陶澍关心的是“阿美士德号”有没有违反禁令携带鸦片，有没有违令与沿海百姓交易。他所不知道的是，“阿美士德号”此来不为牟利，它是刺探中国沿海水文、地理、军事布防的间谍船。鸦片战争后，英国指定中国开放的五个通商口岸，正是胡夏米此行停靠的港口。“阿美士德号”所走的从厦门到福州，再从福州到宁波，然后经舟山群岛流窜上海的航道，正是后来英国舰队入侵中国惯用的线路，被称为“阿美士德航道”。

胡夏米和郭士立还偷窥了清军的操演，发现清军的武备非常落后，训练也很糟糕。胡夏米甚至认为，只需要五十名意志坚定、训练良好的英国士兵就可以歼灭五百清军。在报告中，他们提议：避免与中国进行任何形式的政治交流；立即对中国采取军事行动，以迫使中国签订商业条约。

鸦片战争中，曾一度打到天津附近的英军，突然舍弃京津而直取南京，正是通过胡夏米与郭士立的报告，知道清朝的重兵集结于北方，长江流域作为中国最富庶的地区，却没有多少精锐部队。也正是通过这份报告，英军得知长江和运河是中国最重要的交通要道，进攻江南地区，可以切断中国的漕运，迫使清政府陷入财政危机。

胡夏米和他的船被陶澍驱逐到浙江海面后，又被清军水师驱入深海大洋，可惜“阿美士德号”进入大洋后，清军水师就无法跟随了。清朝水师的船只，大多无法在大洋航行，江苏和浙江的水师都只能回返驻地。

江苏、浙江水师失去“阿美士德号”的踪迹后，胡夏米一行又航行到山东附近海面，引起朝廷震怒。陶澍对此解释说，定海镇一度派兵船跟踪瞭望，可惜大洋上一望无际，四通八达，“船由风转，倏而东南，倏而西北，不能自主，亦不能寄碇（抛锚），两船同行，转瞬之间可以相去数十里，彼此各不相见。故该夷船一放外洋，兵船即无从押逐”[12]。

为了防止“阿美士德号”再从山东窜回江苏，陶澍严令沿海派出巡船巡逻，一旦发现外洋船只，立即登船检查，如果发现夹带鸦片，必须当众焚烧，船上为洋人内应的人，也要一同缉拿。他告诉沿海水师将领，如果洋人胆敢抗拒，就多派水师兵勇，在海上排出宏大的阵势，“示以声威，靖其桀骜之气，庶外夷咸知儆惧”[13]。

当年阿美士德来华访问，陶澍还是中级官员，没有资格参与这次对外交往，他的恩主蒋攸铦倒是在嘉庆驱逐阿美士德后，奉命前去安抚。多年以后，未能与阿美士德接触的陶澍，倒是有机会与以阿美士德的名字命名的走私船接触。可惜的是，他主要在岸上坐镇指挥水师，未有机会与胡夏米、郭士立交谈。他的关注点在于查禁鸦片，亦未能见到郭士立散发的宣传英国和宗教的书籍。以陶澍的睿智，若是见到了这些外洋书籍，想来会对他的思想有所启发。

“阿美士德号”在山东威海卫停留了一天后，又去了朝鲜。与朝鲜人商谈贸易无果后，就直接回程了，郭士立却又一次来到了江苏。这次他乘坐一艘在印度注册的走私船，带上毛呢等英国商品，自称仍是来与清朝地方官商谈通商事务。这艘印度商船的船主有个中文名字叫刘罗，他们在佘山东南处，遇到了被风浪打沉的清朝沙船。沙船的船主叫周长发，从上海出发到山东运货，在佘山遇到大风，十三名船员落水。经宁波的船只救起一人，刘罗的船救起十二人。

陶澍当时仍然在清江（今淮安市）办公，委托江苏巡抚林则徐查办此事。因为查明刘罗的船救起来的十二人皆为崇明县人氏，周长发的船也是在这段时间出海，所以林则徐确认，刘罗的走私船确实救助了中国人。刘罗与郭士立救回了中国人，陶澍也不好强势驱逐他们，于是秉持怀柔远人之意，让苏松镇给他们发了奖赏，但告诉他们，通商只能在广东，江苏仍不许通商——两江总督亦无允许通商的权力。[14]

陶澍积极地在两江地界打击鸦片走私，不但组织力量缉私，还对江南私种鸦片进行严查。他管辖的这片通江连海、富庶繁华的土地，早已成为鸦片贩子垂涎的目标。但因为远离广东，走私不易，当地人便铤而走险，私自种植罂粟，以土法熬制鸦片。在陶澍和林则徐的严厉打击下，两江地区的私种鸦片行为终于绝迹。

可惜全国大多数地方，禁烟运动收效甚微，每年流入中国的鸦片有增无减，白银外流的趋势仍愈发扩大。面对鸦片屡禁不止、越禁越烈的局面，一些官员开始萌生“驰禁”，也即让鸦片合法化的念头。两广总督卢坤，太常寺少卿许乃济就是其中代表。

“驰禁派”的论调颇为奇葩，他们有个谬论：以前不禁鸦片的时候还没这么多人吸鸦片，既然鸦片走私越禁越多，那还禁它干吗呢？许乃济的理论则更令人瞠目结舌，他说，天下皆云抽大烟有害健康，所以必须禁止。那喝酒也有害健康，为什么不禁止呢？他还放言道，抽大烟的多是游手好闲之徒、无足轻重之辈，这些没用的人想抽就让他们抽，抽死算了。反正中国人口众多，不怕户口减少，朝廷只要管好官员、读书人、胥吏、兵勇就行了。

对于白银外流的问题，许乃济申明了三点对策。首先是恢复对鸦片征税，这样朝廷可以获得一部分税银弥补财政；其次是鸦片交易合法后，实行以物易物，减少白银交易；最后是鼓励内地种植鸦片，取代外来鸦片，这样白银就能在内地左手倒右手了。[15]

卢坤、许乃济的提议可谓丧心病狂，完全放弃了国家教化民众，维护国民利益的义务。即使完全抛弃道德，他们的提议也是愚蠢的，大量民众吸食鸦片后，会丧失劳动能力，使国家财富减少，以中国的物产换取鸦片，虽然不是白银，却也是实在的财富外流。“驰禁”的主张，可谓又坏又蠢。

“驰禁派”的论调，即使在道光年间那一帮颟顸、琐屑的官僚眼中，也属大逆不道，他们很快就遭到举国痛骂。到了道光十八年，主张严禁鸦片的鸿胪寺卿黄爵滋，提出了比以往更严厉的禁烟主张，将禁烟的讨论推向了一个前所未有的高度。

除了严厉打击鸦片走私外，黄爵滋认为，鸦片贩吸之所以屡禁不止，是因为以前只查办贩卖鸦片者，没有问罪吸食鸦片者。只要有人吸食鸦片，鸦片市场还存在，就一定会有人铤而走险走私鸦片。倘若国内无人吸食鸦片，自然也就无人走私鸦片了，所以禁烟的重点，在于重治吸食者。

黄爵滋提议，以死刑来威慑吸食者。朝廷以一年为期，勒令全国瘾君子戒烟。一年之后，再被抓到的吸食鸦片者，处以极刑。为确保瘾君子无一漏网，他建议采用连坐保结法，每五户人家取具一个保结，互相监督、互相举报。一年限期之后，仍在吸食鸦片者，不但本人将被处以极刑，与他联保又没有举报的人，照例治罪。对于做生意、跑江湖的流动人口，就责成旅店监督，若是发现旅店隐匿不报，容留他人吸食鸦片，店家按照窝藏匪类论处。文武官员吸食鸦片者，不但本人按例治罪，其子孙亦会被禁止参加科举。官员的亲随、幕友、家丁吸食鸦片，除本人问罪外，上官也要按失察罪问责。[16]

这种近乎严苛的禁烟方案，获得了林则徐的支持。林则徐致函他的老上司陶澍，希望这位禁烟运动的先行者能够出面号召，带领天下督抚共同支持严禁鸦片。

然而，作为禁烟运动的先行者、力行者、领导者，陶澍的看法却颇为不同。

陶澍在黄爵滋上奏之后两个月，亦上了一封奏折，阐述自己对禁烟的看法。他先列数了鸦片的危害，支持了黄爵滋提出的严办吸食者的基本方向，同时驳斥了“驰禁派”的观点。这一立场既显示了他对禁烟的坚定态度，也维护了朝廷的威信。

但对于黄爵滋的提议，他提出了不同的看法。他虽表面上肯定了禁令下发一年后，继续吸食鸦片者应当处以重罪的主张，然而，接下来却对黄爵滋的激进主张提出了婉转的批评。他认为，林则徐、黄爵滋等人的主张，重在短期内除弊，却没有考虑长远的救世。“快刀斩乱麻”式的严惩看似痛快，却忽视了国家教化、扶助小民的根本责任。

林则徐、黄爵滋建议以一年为期，限定民众戒毒，然而陶澍认为，鸦片成瘾后不容易戒除，民众光靠自己是很难戒毒的。地方政府事先没有尽到教化民众的责任，待他们吸毒上瘾后，朝廷又粗暴地下令戒毒，戒不了的就杀头，这是未教而诛。

陶澍在奏折上说，禁烟运动，朝廷既要尽到教化者的责任，对戒毒进行宣传劝导，又要尽到管理者的责任，对穷困的瘾君子实施救济。他组织搜集了一些中医药方，希望通过朝廷的力量传播出去，帮助吸毒成瘾者戒毒。

由于不少吸食鸦片者本身就是穷人，或者已经因为吸毒破家，他们没有药方，也买不起汤药。对此，他主张朝廷实施戒毒援助，通过太医院组织搜罗对戒毒有帮助的验方，着各地衙门广布天下，让人照方抓药。同时发动各地富商、士绅捐赠，为吸毒者施药，帮助他们戒毒。

陶澍还强调，平时教化民众，都要月月讲，日日讲，何况是宣传戒毒呢。如果下一道禁令就不管了，等到一年后再去验收成果，根本不可能收到成效。天下人口太多，地域太广，不可能全靠官吏去劝诫，当务之急，应下令全国的学官，到各地挑选德高望重的耆老、士绅，四处张贴告示，宣讲戒毒的重要性，动之以情、晓之以理，让吸毒者愿意配合戒毒。同时还要责任落实到人，让这些地方领袖分别负责具体的吸毒者，定期监督他们戒毒。

在此之前，禁烟的法令下达了很多，但内容都是如何惩戒贩吸者，而陶澍却首次提出挽救、教化、帮助吸毒者的章程。其用心之良苦，皆是“民本”思想的体现，亦是陶澍“人伦师，百世师”的道德自觉。

清朝官方经常颁布一些原本用意良好的法令，但在具体执行时往往遭遇诸多问题，最终演变成社会动荡。这主要是因为法令的执行者不明下情，不懂基层行政的细节。陶澍作为当时行政经验最丰富、最能体察民情的官员，敏锐地发现了黄爵滋、林则徐禁烟措施中的粗疏之处。

如黄爵滋主张，以五户人家连坐，取具保结，互相监督检举。然而陶澍指出，如果这五户人家里，有好几户吸食鸦片，他们必然会互相包庇。即使大部分人都不吸毒，也不能强令他们出面干涉。因为吸毒上瘾的人，连父母师长的教导都听不进去，何况左邻右舍？既不能劝他们自首，就只能举报，可是举报之后，吸食者会被处以重罪，势必导致两家结下不解的冤仇，甚至祸及子孙。善良怕事的百姓如何敢揭发？可是不揭发，一旦暴露，又会被连坐。这无疑是举报难，不举报亦难，官府何必如此为难小老百姓？普通百姓，本来就没有义务替官府冒险做这件事，官府亦不该为图省事而转嫁矛盾。地方上原有保甲之设，由德高望重的人担任保长，监督、揭发吸毒者的事交给他们就行了。这些保长本就肩负协助官府，安靖地方的责任，理应承担这种危险的任务。

基于多年的地方行政经验，陶澍深知一个清朝常见的时弊，那就是一旦有所兴作，必然有人借机生事，敲诈勒索、中饱私囊。地方若要禁烟，一定会有胥吏、书办借机敲诈良民，诬陷他们是吸毒者，然后进行勒索。如是则禁烟运动很可能沦为胥吏的饕餮盛宴，给他们狐假虎威、抄家打劫的机会。这正是当年嘉庆曾感叹的，“欲杜弊而转多舞弊之人，欲节用而更增分银之吏”。

为此，陶澍强调，清查吸毒之人，一定要慎重，程序必须合法，各地官员应该亲自带头负责，不能假手于胥吏、书办。在立法严办吸毒者的同时，也要立下规矩，胥吏、兵丁乃至流氓、匪徒，若是假借禁烟之名滋扰地方、勒逼民众，必须治以重罪。这种双管齐下的方法，才能在确保禁烟政策有效执行的同时，防止新的社会问题滋生。[17]

虽然大势如此，朝野上下都赞成对吸食者处以极刑，陶澍也只能附和，但从他的奏折可以看出，他其实并不赞同如此粗暴的处理方式。所以他在奏折后半部分提到，既然吸食鸦片都要被处以极刑，那比吸食更重的罪行，是否也要一并加重惩罚？因此，他认为最该严办的，还是走私鸦片之人。

这一系列主张，都体现了一个体察下情、同情百姓的正直官员的良知，更体现了一个吏务精熟、经世致用的政治家的审慎和精明。陶澍上折之后，许多唯他马首是瞻的督抚，也纷纷上奏支持严禁鸦片，当时上奏的九位督抚，林则徐是陶澍的好友、旧部，申启贤是陶澍的同年，苏廷玉曾是陶澍的下属，陈銮、色卜星额和陶澍在两江共事过，有部属关系。正是在陶澍的号召下，九位督抚联名上奏，面对如同洪水猛兽的鸦片走私，道光皇帝终于下了大力禁烟的决心。

道光十八年重阳，1838 年 10 月 26 日，秋气萧森，紫禁城内落叶纷飞，面色凝重的道光朱笔一挥，革去了吸食鸦片成瘾的庄亲王与辅国公的爵位，以此明昭天下，他禁烟的决心坚如磐石。道光谕令各省将军、督抚，振刷精神，力祛积习，勿生观望之心，又下令九门提督衙门和顺天府，无论王公旗民，一体严办。两天后，道光再次下旨，将主张弛禁的许乃济贬谪。[18]秋日的最后一片枯叶落下，全面禁烟终成定局。

轰轰烈烈的禁烟运动就此在全国范围内展开，陶澍也在两江积极响应，他在苏州、扬州、南京及上海周边，收缴烟土一万六千两，勒令走私船交出烟土四万一千两，悉数集中销毁。这是全国最早的大规模销烟，如同一把烈火，照亮了整个神州大地，为天下所瞩目。

道光十九年四月，经王公大学士六部九卿翰詹科道会议议定，清廷下发了《钦定严禁鸦片烟条例》，措辞极为严厉，字里行间透露出一股决绝。廷议的处罚原本定得较轻，但在道光的坚持下，又加重了处罚。《条例》规定，凡开设窑口组织走私的，首犯斩立决，以儆效尤；海口兵丁若受贿放纵走私，无论赃款多寡，一律绞立决，绝不姑息；至于开设烟馆者，首犯同样绞立决，以示惩戒；种植鸦片的，绞监候；六个月后还继续吸食鸦片者，无论身份，一律绞监候，以示国法之威。

当时朝廷需要派一位德高望重的大臣，以钦差身份到鸦片走私最严重的广东查禁鸦片。除去直隶总督，两江总督为疆臣之首，陶澍又德高望重，道光原本有意派陶澍南下广东，主持禁烟大计。然而天意弄人，诏令尚未下达，陶澍便已身染重病，历史的重担，自然而然地落在了林则徐的肩上。陶澍大规模销烟之后仅六个月，林则徐发动了在历史上影响深远的虎门销烟。

令人惋惜的是，虎门销烟不到两个月时间，禁烟先驱陶澍竟于南京病逝，他静静地躺在了古代与近代的分界线上，在史册上刻下一道难以磨灭的印记。

【注释】

① 卜宪群《中国通史》第 5 册第 158 页，华夏出版社 2016 年版。

②③ 辽宁大学马良博士论文《明清时期白银货币泛化研究（16—19 世纪中叶)》第 2、54 页。

④ 包世臣《安吴四种》卷三第 3 页，光绪十四年重校本。

⑤ 魏源《圣武记 · 军储篇》，载《魏源全集》第 3 册第 568 页，岳麓书社 2004 年版。

⑥⑦⑧《陶澍全集》第 5 册第 302—304 页，岳麓书社 2017 年版。

⑨《陶澍全集》第 5 册第 310—311 页，岳麓书社 2017 年版。

⑩ 胡凯、张翰轶《试析郭士立在华传教活动中的身份建构与身份冲突》，载《德国研究》2017 年第 2 期第 32 卷第 105—106 页。

⑪ 转引自金立成《“阿美士德”号在我国沿海进行窥探航行的经过和影响》，载《上海海运学院学报》1990 年第 4 期第 92 页。

⑫⑬《陶澍全集》第 5 册第 293—294 页，岳麓书社 2017 年版。

⑭《陶澍全集》第 3 册第 125—126 页，岳麓书社 2017 年版。

⑮《鸦片战争档案史料》第 1 册第 200—203 页，上海人民出版社 1987 年版。

⑯《鸦片战争档案史料》第 1 册第 254—257 页，上海人民出版社 1987 年版。

⑰《陶澍全集》第 4 册第 394—397 页，岳麓书社 2017 年版。

⑱《鸦片战争档案史料》第 1 册第 390—391 页，上海人民出版社 1987 年版。

十一、湖湘一士

陶澍与湘学构建

湖南的山水地形，在中国文人眼中，有两番神貌。

陶澍对道光说自家居住在冠盖罕至、红尘不入的山乡僻壤。曾国藩在描述湖南时说，“湖南之为邦，北枕大江，南薄五岭，西接黔蜀，群苗所萃，盖亦山国荒僻之亚”。在湖湘先贤的笔下，湖南俨然是一个蛮荒的山国，让人联想起莽苍的荆楚大山，蛮勇血性的山民。

而湖南在杜甫的笔下，却是“湖南清绝地，万古一长嗟”。刘长卿亦为湖南写过“湘水清见底，楚云淡无心”这样清澈明艳的诗句。在这些诗人笔下，湖南又成了清绝、幽远、凄婉的意象，以至于在古诗中，“潇湘”一词，就代表清、幽、远、寂的意境。

这两番神貌，其实来自观察点的不同。陶澍、曾国藩所描述的蛮荒，是指湖南的山，杜甫他们感慨的清绝、幽远，是指湖南的水。不独湘江，洞庭湖在古人的笔下，也是清绝、神秘、哀怨的，如李白写洞庭湖，“洞庭西望楚江分，水尽南天不见云。日落长沙秋色远，不知何处吊湘君”“帝子潇湘去不还，空余秋草洞庭间”。

生长在这蛮荒的山与清绝的水之间的湖南人，在中国历史早期的记忆里，也是两般模样。一种是屈原般高洁、哀婉的文士，一种是“楚虽三户，亡秦必楚”的武士。到了西汉，李陵欲率五千步卒出击匈奴，汉武帝恐怕他不敌匈奴的大队骑兵，李陵却回答说，他的部下“皆荆楚勇士奇材剑客也，力扼虎，射命中”。汉代的湖南，似乎多出力能扼虎的勇士，然亦时常让人想起“凤漂漂其高逝兮”的雅士。

清代以降，湖南人的形象开始变得清晰而统一。在外人眼中，湖南人是鞠躬尽瘁、死而后已的陶澍，是“结硬寨、打呆仗”的曾国藩，是“赤心以忧国家、小心以事友生、苦心以护诸将”的胡林翼，是“上相筹边未肯还，湖湘子弟满天山”的左宗棠，是起于垄亩，起于棬枢穷巷，起于青灯黄卷之间的豪杰，是特别忠义，特别血性的战士。“劲悍尚气”“忠义血性”成了湖南人的标签。

这种湖南印象，来自陶澍与曾国藩等人的奋斗，然而湖南人自己也为这种地区性格的形成感到不解。著名学者林增平先生曾言，“近代的湖南人，是经历元末明初、明末清初两次大移民……带来了移民所具有的开拓精神和进取心。又因与苗、瑶、侗、土家族等族联姻，吸收了这些少数民族强韧、犷悍和刻苦的习性，从而在湖南渐次形成了一种有别于他省的朴实勤奋、劲直勇悍、好胜尚气、不信邪，甚至流于偏狭任性的乡俗民气”[①]。

林增平先生认为湖南人的这种性格，来自移民的开拓进取，以及本地少数民族的血勇。这个看法是非常有价值的，湖南人骨子里那种刚猛、霸蛮、倔强、勇敢，明显受到了荆楚大山里山民的影响，比如陶澍身上的血性，定然来自安化梅山中蛮勇山民的熏陶。

学者张伟然曾对此提出不同看法，因为按照古代史书，荆楚之地的蛮子，与近代悍勇、耐苦的湖南人有很大的不同。他举例《史记·留侯世家》里对南楚人的评价是“楚人剽疾”，《汉书·萧望之传》里苏林的注释亦是“楚人脆急”。千年后，《隋书·乞伏慧传》

里对湖南人的评价亦相去不远，“其俗轻剽”[②]。

“剽疾”“脆急”“轻剽”三个词的意思都差不多，指的是容易被激怒，轻易与人搏命，轻生好斗。乍一看，这似乎是在称赞楚人勇敢，其实它们还隐含了一层意思：轻佻，不耐苦，不够坚韧。概而言之，就是当时的湖南人很冲动，不怕死，但不能打硬仗，不耐久战，容易被人一触即溃。以此观之，湖南大山里的山民，恐怕不能赋予湖南人“结硬寨、打呆仗”，坚韧不拔的特质。

这一发现亦颇有见地。事实上，生活在荒漠草原、深山峡谷里的人，由于生活环境的影响，特别有血性，特别敢于斗争，勇敢不怕死是他们的特点。但他们好战而不善战，因为作风散漫、行为懒散，不能够接受纪律约束，也不能持久战斗。这种人组成的军队，经常在“再而衰，三而竭”之后，为纪律严明的经制之兵击败。

人可以因一时冲动，轻生赴死，因为死亡就在一念之间。勇敢虽然不易见，却也并不少见。勇敢的山民、牧民，不惧瞬间的死亡，却不见得能在饥饿、伤痛、绝望中坚持战斗，因为承受长时间的折磨，苦难比赴死更难。坚决接受上级的命令，做到如臂使指，也不是这些习惯了散漫自由的山民能够轻易做到的。

从历史上看，草原上的牧民，虽然弓马骑射的功夫极为出色，个人的勇气也非比寻常，但是他们组成的军队却很容易被中原王朝纪律严明的大兵团击败。可是，如果草原上出现一个英武的领袖，发明一套信仰为部民提供精神支柱，再用铁一般的纪律约束他们，这些剽悍的骑士，就会变成横扫天下的铁军。

勇敢血性源自山民野蛮的生活环境，而坚定的信念，百折不挠的斗志，却来自文明的教化。受过教化的野蛮人，才是最强大的。如是一来，近代湖南人的特殊性格就找到了缘由。

及至宋代，史料中对湖南人的评价，就不再是“脆急”了，而是“劲悍尚气”，湖南人的形象开始变得勇猛坚韧。

为何湖南人的形象在宋代发生改变？因为宋代湖南有很多儒学大家，有濂溪先生周敦颐，有胡宏、胡安国的湖湘学派，甚至还有朱熹和张栻。蛮荒之野的湖南人，进了书院读了书，他们受到儒学的陶铸，有了强大的精神力量，有了忠义之心，自然变得坚韧不拔。然而他们骨子里的那股血性、悍勇犹在。是故山野的磨砺给了他们悍勇，书院的教化给了他们坚韧。

以陶澍为例，梅山的山民赋予了他血性，岳麓书院的师长教会了他忠义。梅山和岳麓山，虽然一为延绵高耸的群山，一为衡岳七十二峰中的小山头，但这两座山，同时撑起了湖南人的脊梁。

湖南人性格中还有一个特点，便是自信，这是理学教育为湖南人塑造的品格。理学家认为自己通过格物致知，存天理灭人欲，就会掌握天理，最终与天理同在。天理在手，我就可以匡扶正义，改造社会，最后化成天下。既然自信天理在我之手，自然天下舍我其谁，旁人的议论和反对，又有什么了不起呢？所以这种天下之士的气魄，往坏处说是霸蛮，往好处说是担当，只要认准了道理，湖南人可以不顾一切，一条路走到底。

从王夫之到陶澍，陶澍到曾国藩、左宗棠，这种自信又进一步强化。湖湘一脉的文士，都讲究在实有中去寻求天理，在日常生活中去发现规律。因为这些道理是经过实践检验，甚至付出了血的代价换来的，他们对自己的道理就越发自信。岳麓书院的教育，特别讲求中庸，而中庸之道，并非不温不火、不左不右，而是要士子站在矛盾的中点，当左即左，当右即右，所以做事很少妥协与调和。也因此，湖南人，激进时特别激进，保守时特别保守。这在曾国藩、左宗棠身上就特别明显。

陶澍与曾、左有一个区别，他很擅长协调人事，能够与他人和而不同。陶澍一生办了很多大事，有的大事损害了某一阶层、某一集团的利益，极容易遭到反对。然而，陶澍虽然遭到过不少文攻武斗，但他总能获得皇帝、朝廷、士民的支持，连很多守旧的士绅也能被他安抚好。因此嘉庆皇帝称赞他，办事极安静。这是陶澍的大本领，他会在某一个时刻，选定一个主要斗争对象，然后尽可能争取中间派的支持，带领大多数去攻击一小撮。在触动他人利益的时候，他也会试着在新的制度下，给人以新的出路。

近代以来，湖南既是中国保守主义的大本营，又是引领风气、改革创新的发源地，这可能与经世致用的学风有关。湖南人特别倔强，不会轻易改变自己，他们对已有的文化特别珍惜，特别热爱，敢于为保卫这种传统的生活方式而牺牲。但什么人最不容易变革呢？脱离现实的人。因为他从不到现实中去检验自己的思想。湖南的书生，特别善于任事，国家有事总是冲在前头，而冲在前头之人，经常第一个被时代的浪潮打得头破血流。

这些经世致用的书生，尤其在陶澍之后，提倡在实践中去总结新知，因为他们冲在前头，所以最容易接触到真相，最容易发现旧有知识的缺陷，也因而最先做出改变，这或许就是湖南人敢为天下先的原因。

因受理学的影响，湖南的士子特别富于理想主义，较少蝇营狗苟的算计。湖南的政治家，或许保守，或许激进，但都有一种匡扶天下的豪情在身，像曹振镛这种毫无理想的庸官在湖南是罕见的。在这群士子的带领下，湖南人也特别富于理想，敢为遥远得不可捉摸的理想去奋战。更重要的是，他们还经常变不可能为可能，把大事给办成了。陶澍晚年所办的大事，盐政改革、海运漕粮，看起来都是触动数百年老规矩的，但他还是去办了，最后办成了。

陶澍有一首歌咏他家乡特产黑茶的诗，这首诗表面上是写茶，实际却是在拟人，他借茶写出了梅山人乃至湖南人的特点：

茶品喜轻新，安茶独严冷。
古光郁深黑，入口殊生梗。
有如汲黯戆，大似宽饶猛。
俗子诩《茶经》，略置不加省。
岂知劲直姿，其功罕与等。
气能盐卤澄，力足回邪屏。
所以西北部，嗜之逾珍鼎。
性命系此物，有欲不敢逞。
我闻虞夏时，三邦列荆境。
包匦旅菁茅，厥贡名即茗。
着号材所长，自昔功已迥。
历久用弥彰，暗然思尚褧。
因知君子交，味淡情斯永。[③]

政治中心的湖湘身影

先秦之时，湖南归于楚国，西汉以后，湖南隶属荆州，因此湖湘文化的源头，是荆楚文化。

湖湘地区最早的文化巨人，展现出独特地域文化特点的学问宗师，是屈原。先秦诸子，其学问大多本自周代官学，以关注现实、伦理、政治著称。如儒家经典《诗经》收录的国风，中原诸邦的歌诗，多为对现实的歌咏与感怀。而楚地远离周文化的腹地，地貌多以幽邃的峰峦与茂密的林莽为主。在这重峦叠嶂、激流险滩之间生息的楚人，其风俗崇拜凤凰、尊尚赤色、敬火拜日、喜巫近鬼。周文化影响下的中国文化主流，其优长之处，在于人的本体意识较早觉醒，关注人世，注重对社会伦理的思考，但因此也缺乏对宇宙的感悟，缺乏对终极问题的追索。楚文化不单浸润着巫文化，更因对天地、山野、江河等自然神崇拜，启发了长久的对天地、对自然的哲思。

屈原在《天问》中，发出了他对宇宙起源，对天道的追问：

遂古之初，谁传道之？
上下未形，何由考之？
冥昭瞢暗，谁能极之？
冯翼惟像，何以识之？
明明暗暗，惟时何为？
阴阳三合，何本何化？
…………
斡维焉系，天极焉加？
八柱何当，东南何亏？
九天之际，安放安属？
隅隈多有，谁知其数？
天何所沓？十二焉分？
日月安属？列星安陈？
出自汤谷，次于蒙汜。
自明及晦，所行几里？

这段话的大意是：请问，在远古的开始，是谁传授了大道？这方天地，又是如何形成的呢？明暗不分混沌一片的时候，谁能够穷尽它的奥秘？天地混沌一片，要如何识别它呢？明明白白又昏昏暗暗，时间为什么会这样？阴阳参合而生宇宙，到底宇宙的本源是什么，宇宙又如何变化？……天地是靠什么维系的，亘古不动的天极是怎么形成的？支撑天地的八根柱子在哪里，为什么天的东南方向有缺损？九天的边界，究竟在何方？它依附于什么？天地间的角落、曲折很多，谁知道它们的数量？天地在何处交会？黄道怎样十二等分？日月是依附在什么上面的？众多星星又是怎么排列的？太阳从汤谷升起，然后移动到蒙汜之地，那么，从光明到黑暗，它走过了多少里路？

“从这些质问中可以知道，屈原的心中充满着对宇宙起源、天地变化、自然法则、人文精神等一系列重大问题的怀疑和深思。这些质问和思考，鲜明地表达了屈原对道的精神追求，以及对获得道的精神支撑的渴望。”④

重视终极问题，坚持对本源问题的探究，对宇宙和自然持续不断的兴趣，是湖湘文化的一个特点，是湖湘文化中重要的“原道”意识。

除了屈原，从楚文化中孕育出的道家文化，去掉巫文化中的迷信，保留了其对自然的兴趣，从而在诸子中卓然一家，以对宇宙、万物盛衰之道的思考而著称。楚文化影响之下，历代湖湘的学者，以及受湖湘文化影响的外来学者，如贾谊、柳宗元、刘禹锡都特别擅长对宇宙本体论，对超越性的宏大命题进行思考。

迨至两宋，素来只重人事的儒家，融合释道，为传统儒学补足了本体论、自然论，将以伦理学、政治学为主要思考对象的儒者，导向了对宇宙万物之理的探索。宋儒于儒学传统中，加重了超越性的哲学命题，最终形成程朱理学。理学对万物根源，对于宇宙本体的追索，正与受巫道文化影响的楚人性格相契。理学宗师周敦颐诞生于湖南，湖湘士子始终以理学为学问宗正，恐怕正在于此。

周敦颐之后，南宋胡安国、胡宏、张栻在湖南讲学，形成了湖湘学、湖南学，湖南从一个文化上的莽荒之地，一跃而成理学之邦。等到朱熹与张栻会讲于湖南，理学的正统，就留在了湖南，留在了岳麓书院。

晚明心学大行天下，湖南士子却始终坚持以周敦颐、朱熹的传授为正统，坚守理学的学统不易。王阳明和他的弟子们也在湖湘讲学，但始终达不到主流地位。

湖湘士子始终坚守的理学，与晚明流行的心学，有何区别？

程朱理学认为在万物生成之前，先有一种绝对的精神，称为天理，天理是宇宙的本体，万物都是循天理而生，亦即“理在气先”。既然天地间有一种终极的、绝对的东西叫作理，那人生的终极价值，就是认识理、实践理。

万物皆循理而生，则万物皆有理，所以儒者应当研究万物而致天理，即所谓“格物致知”。由于儒家的本业是讨论三纲五常的伦理道德，所以程朱绕了一圈，最终从自然之理，回到道德之善，认为天理在人类社会的投影就是纲常。

人类也是循理而生，所以人的本初，人的本性是和天理一样，是清洁的，至善的，这即是通常所说的“人之初，性本善”。然而人虽循理而生，却脱离不了肉身，是“物”的聚合，所以会逐渐沾染物欲，生出不洁净的恶。理学家的功夫，就是去除贪欲，留存天理，最后止于至善。朱熹曾经打过一个比方，人身上兼有天理和人欲，就像一杯水中，既有清，也有浊。理学家的修行，就是澄清这杯水，使清者上升，浊者下沉，最后清浊分离，得到纯净的水。

理学的诞生，使儒学的本体论更加完善，又加强了对终极价值的探讨，使原本眼光聚焦于现实的儒学，也和佛、道一样，理论发端于超越性的关怀和哲思，形成了一套完整的思辨体系。通过对理的讨论，理学家论证了天道与人道的统一，实现了宇宙本体与伦理主体的统一。这种思想，正符合屈原以降，湖湘一脉的文化意识。

对传统儒学家而言，儒学的传授，以及儒家的纲常名教，更多是士大夫内部的传承，他们默认愚夫愚妇可以不懂这套东西。就如孟子所言，“无恒产而有恒心者，惟士为能。若民，则无恒产，因无恒心。苟无恒心，放辟邪侈，无不为已”。孟子承认只有士可以在没有物质保障，没有恒产的情况下保持道德自律，至于普通民众，在没有恒产的时候，是会犯错误的。当然，传统儒家的伦理道德约束力也不够强，显而易见，不忠不孝，仅仅是不道德而已。人都活不下去了，没道德又怎样呢？

理学诞生以后，这个问题就不同了。过去不忠不孝只是不道德，而现在就是违逆天理，违背了宇宙法则。儒家的伦理道德，以前只是士大夫的行为标准，现在既然成了天理，那就是每个人都需要遵行的通行法则。

理学对皇权的统治是有利的，但理学发展到极端后，就让人感到窒息。理学家的纲常伦理，像沉重的枷锁，束缚了人的自我，令人不得逍遥。理学家提倡灭人欲，尽管他们的祖师爷朱熹对这个极端的理论打了个补丁，认为人要吃饭是天理，贪吃才是人欲。但人喜欢美食，又犯了什么错呢？孔夫子自己都是“食不厌精”的。人根本做不到灭人欲，但又不敢反对提倡灭人欲的理学，就只好假装灭了人欲，做一个伪君子。

正因理学的这一流弊，明中期以后，社会的世俗化，随着商业的繁荣而发展，王阳明的心学作为一种对理学的反动，作为对这种精神枷锁的解脱，大行其道。

在王阳明看来，没有人的心灵赋予万物意义，则万物亦不存在意义，所谓“心外无物”是也。既然万物的意义都是由人的心灵赋予，那一切的意义，至高的真理，就藏在人的心中。人要体察真理，根本就不需要去格万物，而是要拷问自己的本心。人要成为圣贤，也不需要接受外部施加的戒律，而是尊重本心中的良知。

心学这一理论，将人从理学的清规戒律中解放出来。道德标准不需要孔夫子来告诉我，不需要从经典上习得，只要遵循自己良知的指引。何为对、何为错，何为善、何为恶，我自己的良知说了算。心学兴起后，人也就得到解放，变得逍遥自得了。

然而，心学的问题在于，既然每个人都只需要遵循自己内心的良知，而不必事事与圣人相同，既然自我的良知是最高的真理，那对经典的解读，对伦理道德的理解，就可以各行其是了。在这种情况下，心学家可以自由地阐发自己的思想，按自己的意思随心所欲地解释儒家的经文。一万个心学家，就有一万个孔子，程朱理学建立起来的思想大一统也就瓦解了。

晚明是心学的盛世，坚守理学的湖湘士子，不免显得有些寥落，湖南似乎再度成了文化上的僻远之地。但湖湘士子依然故我，拒绝晚明主流学术的变易，也远离了学术的纷争。

明清易代，神州陆沉，士大夫皆有亡天下之痛。在"白骨如山忘姓氏"之际，仍有不少士大夫不肯归顺清朝，他们一边积极为复明的事业奔走，一边也在反思明亡的教训，湖南士大夫王夫之就是其中最杰出的代表。

明末的儒者，从君权、郡县、田制、兵制等多角度反思了明亡的教训，而出于古典学者的身份，他们对晚明学术的反思最多。在他们看来，晚明心学的泛滥，导致了人心的混乱和学术的败坏。

如前所述，心学家认为最高真理在自己的心中，先圣遗留的六经不过是"我"的注脚，这种以自我为中心的自觉，破坏了伦理道德标准的统一。这种变化，可以称之为自由，也可以称之为混乱。王夫之、顾炎武显然持有后一种意见，他们认为心学导致思想的混乱，进而引发道德标准乃至社会秩序的混乱，成为明末人心崩坏的根源。在他们眼中，晚明的农民起义、朝堂党争、士林的无耻变节，都是心学泛滥，不能统一思想，不能统一道德标准的后果。

顾炎武对此的结论是，人不能光靠自己内心良知的约束，仍要恢复外在天理对人的约束，为此亟须再度举起程朱理学的大旗，让离经叛道、重利轻义的士大夫重新回归对“天理”“至善”的追求，让三纲五常重塑社会的道德伦理，让天下恢复忠孝节烈，从而一道德、一思想。在明亡的大背景下，程朱理学在士林中，尤其在复明派士人中复兴，哪怕少数还在坚守阳明心学的儒者，也开始兼采程朱。

另一方面，王夫之、顾炎武、颜元等人以为，心学的发展，导致整个士大夫群体都在空谈形而上的玄学，类似魏晋名士之清谈，很少关注务实的行政技术。心学的弊病流被理学，整个明末的士大夫都空疏不实，游谈无根，只能高坐空谈义理，却无救世济民的实际本事。为了摆脱这种空疏不实的学风，顾炎武提倡经世致用，而王夫之亦提倡实学。无论经世致用，还是实学，其实质就是提醒士大夫，儒者的身份不仅是学问家，还是食君之禄的官员，士大夫的事业除了学术研究，还有具体的行政事务。在研究学问之外，还应埋头研究行政技术。

具体的经世学问，经晚清曾国藩的总结，可以分为官制、财用、盐政、漕务、钱法、冠礼、婚礼、丧礼、祭礼、兵制、兵法、刑律、舆地、河渠等十四项。冠礼、婚礼、丧礼、祭礼是自古以来儒家的看门本领“礼学”，其余各项可以理解为近代以前，中国官吏需要掌握的行政技术，乃是务实之学，或者说，是“吏学”。因为在很长一段时间，进士出身的官员更多关注形而上的义理思辨，将具体的实务交给体制边缘之人，如胥吏、师爷、幕僚去管理。重道轻器是延绵千载的传统，这种风气在晚明尤甚，在高阶文官看来，他们只需要掌握关乎意识形态的“道”，具体的实务不过是“术”，可以交给下边的人去操持。

后人多有将经世致用之学当作一个新兴的学派，视其为朱子学、王学之外的又一新学派，也有的人因为顾炎武信奉理学，将经世学视为程朱理学的一部分，认为经世学派是心学以及后来的汉学的对立面。这其实是一种严重的误读。在湖湘学派之外，对大多数学者而言，经世致用是一种学风，而不是一个学派。程朱理学与陆王心学的分歧，在于对本体论认识的差异——到底宇宙的本体是客观存在的精神实体天理，还是人类本心中的良知，以及由此产生的世界观、价值观的差别。而经世致用的学风，只属于方法论，它并不涉及宇宙本体，不涉及世界观和价值观。用现代的话说，程朱和陆王的差别，是意识形态的差别，是形而上的差别，是道这一层面的差别，而经世致用，主要是讨论术、艺与器用。

一个信程朱理学的儒者，完全可以在信奉天理的同时，在格物致知的过程中，去关注具体的、实用的行政技术。一个信奉陆王心学的儒者，也可以在遵循良知的同时，在“有益生民”的实践中，去关注经济之学，从而实现知行合一。所以明末清初的学术发展，是程朱理学兴盛而陆王心学衰落，但无论是继续信奉心学的儒者，还是高举程朱大旗的道学家，都可以因为现实需要，关心经世之学。

换言之，理学家追求虚无的理，心学家追求主观的心，理与心是他们的根本追求，实践经世致用的事务，是他们为了现实的一种妥协。经世致用与天理良知，是两分的。

在明末的三大儒中，湖南王夫之的成就最高，他学问的广博、精深，都超越了顾炎武和黄宗羲。他不但坚持理学，还修正、发展了理学。顾炎武以为，明末学者的空疏不实、“崇无蹈虚”只是学风出了问题，而王夫之则更深刻地指出，这是因为学者对道的认识出了问题。

朱熹所言的天理，先于气（物质）而存在，俨然是一种绝对精神。尽管朱熹承认理是客观的、永恒的，但只要它还是一种精神，就是一种脱离现实而存在的，空虚不实的东西。理学追求天理，而天理是一种虚化的东西，自然理学的一切，最终归于空虚。学者的空疏不实，脱离现实，也就不可避免。心学认为万物皆备于自身，世界的本体是心灵，他们的道，就更比理学家空虚。

王夫之发展了张载的“气学”，并结合胡安国等人提倡的“体用合一”的学说，试图把天理，把道转化为一种实有的，不脱离物质世界存在，可以蕴含在日常中的实体。因此他提出，理不先于气存在，宇宙的本体是气，是物质，理依托物质而存在，“道器一体”“理气一体”。⑤

不但天道是实有的，人道也是实有的，一切都建立在现实的基础上，在这种情况下，想要体悟天道，明了天理，就必须投入现实世界，投入具体的实践中，理学就不再是一种务虚的经院哲学。⑥如前所述，在其他儒者那里，经世致用与追求天理良知，是两分的，而经王夫之的发明，经世致用与追求天理，成为了一体，都可以视为“实学”，既是实有之学，又是实在之学。

王夫之为湖湘士子指出了一条全新的路，经世之学与天理之道，从此浑然一体。要明悟天理，就必须在经世致用的过程中，在日常生活中去体悟，要实现经世致用，又要以天理为实践的指引。形而上的理学，形而下的经世学，在湖湘学派实现了奇妙的统一。气魄宏大又能胼手胝足的湖湘士子，就在这样的学风下，逐渐积蓄能量。

王夫之的学术，在全国范围内皆有一定影响，他也因此被视为儒家道统之继承者，理学之集大成者。但整个湖湘地区，仍被视为学术落后之地。清初刘献廷评价王夫之时说，“洞庭之南，天地元气，圣贤学脉，仅此一线耳”，亦即是说，尽管王夫之的学问无所不包，于六经都有发明，但湖湘的学术，也只有他一人而已。

经王夫之、顾炎武等人对心学的批判和理学的提倡，清初成了理学盛世，官方也确立理学为正统。让人意想不到的是，理学很快被考据学击溃。

信奉理学的顾炎武，无意间开启了后来一度颠覆了理学的学问，即考据之学。顾炎武的本意，是要拯救被心学搞乱的经学。他认为，因为心学家“六经注我”，随意解释甚至篡改经文，所以要拨乱反正，正本清源，以实证的精神，破除心学家对经典的错误解释，还原古圣人的原意，他的出发点，颇有几分“文艺复兴”的意思。

沿着顾炎武的路走下去，清代儒者以实事求是的态度，以逻辑、实证的方法，究心训诂、音韵、版本之学，对传世的古籍进行考订，在整理、校勘的过程中，辨别出伪书，或者在传世经典中辨别出后人篡改的部分，还原儒家经典本来的面貌，并澄清对经义的曲解。

考据学后来被称为汉学，逐渐形成了与宋学即理学的对立。但在明末清初，这门学问诞生之际，顾炎武等人并未想过反对理学。他们考据传世经典的版本、章句，还原先圣的本义，其目的是对抗心学，纠正因各自解读经文造成的学术混乱。在考据的同时，他们高举义理的旗帜，大力倡导理学。考据经典，只是为了更好地学习、研讨义理。他们希望在考证经典的基础上，以先圣的本意，将明末以来混乱的思想统一，通过“救经”，达到救世的目的。

但随着考据学不断发展，尤其当一部分仍然心怀明朝的士大夫，意识到理学成了维系清朝统治的思想工具后，开始有意识地用考据学来瓦解理学。他们通过对经典的考订，予以理学以釜底抽薪的打击。阎若璩穷三十年之心力，对古文《尚书》进行了疏证，撰成《尚书古文疏证》八卷，证明了古文《尚书》是一本伪书。胡渭则考证出，宋代以前，并无河图、洛书流传。宋代所传的河洛之学，其源头不过是五代道士陈抟的作伪，后经邵雍之手进行了阐发，将河图、洛书与先秦的易学进行合流，造就一门叫作易图之学的伪学问。

古文《尚书》是理学家最重要的经典，而朱熹的自然哲学又源自北宋理学家借助河图、洛书发明的易图之学。阎若璩和胡渭证伪古文《尚书》、易图之学，动摇了理学的根基，使作为官学的理学，陷入了极为尴尬的局面。毛奇龄的《四书改错》又进一步对理学经典《四书章句集注》中的人、事、物、地、史、典章制度等方面的错谬进行了批驳，提出了朱熹的“四书无一不错”的惊世之说。

历史学家朱东安认为，汉学家“以名物考据打击清朝统治者所刻意扶植的程朱理学”，曲折地表达了“对清朝统治者更深层次的反抗情绪”。[7]也有人认为，汉学的兴起，是对清代文字狱的一种逃避。抛开政治因素不论，汉学的发展，是中国学术史上的一件大事，汉学的考据，发展出了一套实证、逻辑、推导的思维体系，逐步实现了经学的科学化。

值得指出的是，因为考据学家对抗的程朱理学，是宋儒创立的宋学，他们就以汉儒为自己的楷模，自称为汉学家。汉学家号称以汉为法，甚至其中的极端者如惠栋，提倡凡古必真，凡汉必好。实际上，汉学家的主张与汉儒大有不同，正如欧洲文艺复兴者的主张，未必就和希腊、罗马的古典学者一致。汉儒喜欢搞神秘主义，搞祥瑞、谶纬，把孔子当作神，清代汉学家却很少这样装神弄鬼。甚至他们考证出来的不少伪书，就是汉儒的创造。弃宋尊汉，只是找一个同样伟大的祖宗，来压制宋学，标榜自己是正统派罢了。

精明的乾隆，发现推崇汉学也是一件好事。推崇宋学，就会遇到争道统的问题，而汉代还没有道统的概念，推崇汉学，规避了很多麻烦。汉之立朝，恢宏大气，崇汉在气象上也胜过崇宋。在乾隆的支持下，以《四库全书》的编纂为标志，汉学正式取代宋学成为“正统派”。

到了嘉庆末年，清朝的统治已逾百年，复明的梦想已不太可能实现。士大夫的利益逐渐与清朝融合，他们基本已对清王朝效忠。面对嘉道时期的国家中衰，面对钱粮亏空和道光萧条，他们必须找到解决社会问题的办法。但埋头故纸堆的汉学家，显然脱离了现实，不具有解决世病的手段，经世致用之学，又成了一种必需。

可惜的是，经世之学只能解决行政技术，不能解决思想意识的问题，也无法解决道德伦理败坏的问题。理学似乎可以解决思想意识的问题，但多数理学家又只能坐而论道，缺乏实际的行政技术，这时候，湖湘一派的书生，就重新出现在世人眼前。

由于湖南地处偏远，远离正统的学术中心。明清易代以来的学术纷争，较少波及湖南。乾隆年间的汉学复兴和理学衰落，对湖南的士子影响很小。湖南虽有郑国器、邓显鹤、邹汉勋、黄本骥等研究文字、音韵、训诂的经学名家，但湘中学者仍多以程朱理学为宗。湖南地质刚坚，民性倔强，“常不为中原文明所沾被”，是故如安徽已是汉学重镇，而以岳麓书院为中心的湖南士子却始终恪守周敦颐、朱熹在湖南传下的理学道统。钱穆曾言，“清儒考证之学，盛起于吴、皖，而流衍于全国，独湖湘之间被其风最稀”[8]。

湖湘士子异常保守，门户之见极深，对汉学的排斥非常严厉。湖南人无不以“吾乡先圣”周敦颐的传承为荣，以“道南正脉”自居。湖南书院传授弟子，见到弟子有言及字体、音义等考据之学，都会告诫弟子不要舍本逐末。书院的教科书，一般都不采汉唐诸儒的著述，专以程朱为宗。时运轮回，道光朝风气流转，理学重振，向来被视为保守的湖湘士子，反而因为理学传统的留存，站在了时代的前列。

湖湘士子的学问以理学为归止，但受明末王夫之先生的影响，又保留了笃行务实的风气，实现了体用合一。湖南经济发展水平不高，没有豪商巨富，贫富差距较小。雍正以前，湖南不设贡院，士子只能到湖北武昌参加乡试，每年中举数不及湖北四分之一。由于科场得意者少，湖南也很少有大官僚，土地兼并因之并不严重。

因为湖湘士子大多出身普通农户，无法像江南的士子那样脱产读书。他们在读书之余，大多还要管理农田，经营果木、茶山，甚至还要带领村民参与村落间争夺土地、水源的械斗。嘉庆、道光以来，经世致用之学复兴，然而研究经世学的儒者，多数仍停留在理论层面，他们的经世学，大多来自史传、兵书和历代名臣的奏疏，是从理论到理论的经世学，而湖湘士子，却在其长期的劳作、经营、斗争中，将经世学的理论与实践，实现了知与行的合一。

汉学家瞧不起宋学家埋头研究天理、人欲，整天高谈阔论，讨论宇宙本体、自然之理，汉学家认为这都是大而无当、空疏不实的玄学，他们更关注音韵、训诂之类的实学，讲求言必有据，名物求实。湖湘的士子却不赞成这种学问，在他们看来，如果士子只管音韵、训诂，埋头故纸堆，不管天理、人心，那还算什么士大夫？湖湘士子，始终以朱熹所言的“至善”的境界为追求目标，关注道德伦理，关注人生的终极意义。可是看到寻常的宋学家，每天关注形而上的理论，忽视实际的学问，湖湘士子也非常鄙视。在湖湘士子看来，如果不能躬身力行，将儒家的大道落实到现实层面，只知道空谈心性义理，汲汲于学术层面的讨论，就是“骋空言而远实理”，是一种无聊的玄言空谈。

要言之，湖湘士子，与常见的汉学家、宋学家都不同，只能独立出来成为湖湘学派。与汉学家相比，在学术上，湖湘士子更注重道德伦理，更注重终极价值；与宋学家相比，湖湘士子关注现实层面的运用，多过学术层面的思辨。

仅就儒家的范畴而论，湖湘士子是把博大精深的朱子学，与身体力行的经世学风完美融合。如果跳出儒家的范畴，甚至可以大胆下一结论：湖湘士子在行为上，受到了墨家的影响，倡导的是儒墨合流、外儒内墨的学风。

传统儒家不事稼穑，以不事生产耕种为荣。虽然许多诗书传家的儒生，号称耕读为本，可惜这个“耕”更多地是指坚守农业，他们的土地，实际上是租给佃户耕种。与之相比，来自湖湘农家的士子，始终坚持了农夫的本色，无论陶澍，还是他的晚辈曾国藩、左宗棠，都能身体力行，下地劳动。

儒生好争鸣，孔子屡屡教诲后学要“和而不同”，他们却更多采纳“不同”，而不是“和”。湖湘学派的特殊性在于，湖湘特殊的地理环境，使得湘中士大夫异常团结，他们热衷于抱团，尤其有组织力。

儒家尚敦厚、平和，哀而不伤、怨而不怒，湖湘士子受梅山少数民族的影响，始终保持一种蛮荒的气质，特别血性，特别忠义，他们悍勇敢斗、轻身殉义，有刚猛的侠义之风。

湖湘士子这种简朴不尚虚文，血勇敢于争斗，身体力行、慷慨尚义的作风，岂不正像战国时期的墨家？以儒学宗师为统帅，以儒生统领乡农，营官闲时讲学，战时统兵，一有令下，万众赴死的湘军组织，岂不正像战国时巨子麾下组织严密的墨家子弟？如果翻开《墨子》中的守城各篇，诸如在守城时怎么抓间谍，怎么搞连坐、族诛的论述，与后来湘军打仗的酷烈，也格外相似。

于湖湘士子而言，对天理的追求，是其目的，而经世致用之术，是其实践天理的手段，他们通过理学与经世学的统一，实现了道和术的统一。陶澍，就是这群湖湘士子中，最早步入政治中心的楚材典范。

陶澍对湖湘文化的贡献，在于他发展了湖湘文化独有的天命观。他发挥了王夫之的理论，认为天命确实客观存在，但天命本身是“无为”的，顺其自然的，也就是说，支配世界的力量是一种客观的法则。“至诚”之人，可以体悟这种客观的法则，从而为我所用。[9]这是一种积极进取的天人观念，肯定了人可以把握自然法则，掌握自身命运。陶澍的晚辈曾国藩就继承了他这种天命观。在攻克南京之后，曾国藩对曾国荃说，人事胜过天命，人力胜过造化，世间成败，岂能全部推诿给气数。

王夫之对物质、精神的看法，深深地影响了陶澍，陶澍认为理与气本位一体，精神和物质不可分割，因此历代圣贤传给后人的道，都是要从实践中去寻求天道，由实象而求实理。

陶澍是一个实干家，而不是一个经院哲学家，他毕生都是在用他的实践来证明自己的理论。因为相信至诚之人可以把握天命，天命可以为我所用，所以他一直都有一种积极进取的人生态度。陶澍是一个改革家，而自古以来，改革家是最痛苦的。因为改革会触动很多人的利益，不仅仅损害官僚、士绅的利益，甚至部分小民的利益在改革中都会遭到牺牲。因此改革家在官场上，总是人人诟病，处处射来丛镝，会产生“苌弘化碧”“眼悬国门”的冤屈。

陶澍在改革盐政时，遭到各路言官的弹劾，扬州人将他和家人编排成叶子戏来侮辱。协助他的两任盐政官员都因为精神压力大，导致精神失常而不幸亡故，他却依然风骨不改。连历史上一身傲骨的“拗相公”王安石，晚年都因为精神压力太大，发出了“愿为五陵轻薄儿，生在贞观开元时。斗鸡走犬过一生，天地安危两不知”的哀叹，想就此撒手不干。而陶澍却顶住巨大的精神压力，坚持战斗到生命最后一刻，他的信念之坚定，由此可见。

王夫之提倡实学，顾炎武提倡经世致用，但他们都没有机会真正在政治上一展身手。陶澍是经世派士子手握大权的第一人，他兴修水利、改革漕运、推行海运、革新盐政，将经世致用的学问投入实用，又在实用中获得新的学问。尤为重要的是，王夫之、顾炎武的经世致用，是一种传承而非创新，他们强调的是通经致用，是从先圣的经义，从历史典籍中，找到实用的学问，以用于当时。经世派书生的学问，大多是古代名臣传下来的行政经验。而陶澍创新的仓储制，以“票盐”取代“纲盐”，以海运取代河运，这已经不是从经典、史册，甚至历代名臣的奏议中能获取的老经验，而是他在实践中，突破传统治术，开创出来的具有近代色彩的新方法。

在这个过程中，陶澍为湖湘后人示范了一种全新的经世致用之术，躬身力行、实事求是，在实践中去归纳总结得出新的理论。自此，湖湘文化中的经世致用，就不再是“通经致用”，而是实践出真知，在实践中突破创新了。曾国藩、胡林翼创立湘军，强调兵法要从战斗中归纳总结而来，他们治理地方，根据实际创新了很多制度，这是继承自陶澍的传统，一种突破了传统思维，迈向近代科学思维的学风。

王夫之认为宇宙的本质是运动的，“太虚者，本动者也。动以入动，不息不滞”[10]，通过阐述宇宙的运动变化，他谈到了人也应该时刻变化，不能守着故旧的东西而不更新，应该日动日新。儒家士大夫很少敢变革祖宗之法，而王夫之则提倡，道与器都应该不断更新，不断变革。这种石破天惊的理念，隐隐生发出湖湘文化的一种新方向——从原道到变道。但道与器该如何去“日新”，王夫之没有仔细阐述。陶澍的实践完善了王夫之的理论，补足了“日新”的方法，那就是投入具体的实践，在实践中发现原有理论的不足，再从实践中总结经验，实现新理论的发明，从而实现道与器的“日新”。

从陶澍开始，湖湘文化就有了两个变化，传统的湖湘学者是要“原道”，即探求道的本源。道就在那里，亘古不变，等着儒者去探求。从王夫之提出理论，到陶澍付诸实践，湖湘的学者需要“日新”，需要更革原有的道，需要“变道”。

特别是在新时代来临之际，他们既要“变道”以适应时代，又要防止中华的道统，在新的时代湮灭。尤其到了曾国藩的时代，更是要防止中国的道被外来的道颠覆。因此，他们不仅要“原道”，更要“卫道”。而要“卫道”，除了坚守道统之外，还须“变道”，使道适应时代。因此，要“卫道”就得“变道”，“变道”和“卫道”，本质是一体的。

陶澍在两江的政绩，让人看到了湖湘文化是有作为的，是有益天下的。湖湘的书生因此更有使命感，而外来的学人，也纷纷从道于陶澍。这样一来，湖湘文化就从中国文化版图的边缘来到中心，为全国士大夫所瞩目。陶澍的一系列改革，又促成湖湘文化从传统的文化，开始逐步适应近代，向近代文化发展。从边缘到中心，从传统到现代，正是陶澍对湖湘文化的伟大贡献。

从陶澍开始，湖湘士子都具有一种积极进取、敢为人先的心态，许多突破传统学术、政治的创新都始自湖湘，这既是陶澍为湖湘文化所做的开创，也是他为中国文化带来的突破。

“天下士，非一乡之士”

湖湘文化，顾名思义，自然是指湖南地区所形成的文化，“湖湘”二字，在今人看来，是指湖南省行政区划内的全部地域空间。

湖湘文化的源流，一般来说肇端于屈原、贾谊，成熟于周敦颐、胡安国，在王夫之的时代蔚为大宗。

实际上，“湖南”“湖湘”这两个现代概念在很长的历史时期里并不存在。现代意义上的湖南，指的是三湘四水，包括湘水、资水、沅水、澧水流域在内的区域。屈原的时代，湖南属于楚国，但楚国“南卷沅、湘，北绕颍、泗，西包巴、蜀，东裹郯、淮”，其地域远大于今日的湖南。屈原的诸多盛迹虽然在现代湖南的境内，然而他的出生地实为秭归，即今湖北宜昌市。湖南至少要与湖北人共同拥有屈原，共同分享荆楚文化。

秦并六国后，在漫长的历史长河中，湖南要么被分成不同的行政区，要么与别的省份如湖北合为一个行政区。当湖南被分开时，一般湘水、资水流域为一个行政区，沅水、澧水流域为一个行政区。如秦代，湖南的沅水、澧水流域属于黔中郡，湘水、资水流域属于长沙郡。到了西汉，湖南一方面被切割为武陵、桂阳、零陵等很多个郡，一方面又与湖北一起属于荆州。在很长一段时间，都只有荆州文化，而没有湖湘文化，因为地理上就没有湖南，没有湖湘地区。

唐代设湖南观察使，宋代设荆湖南路，亦简称湖南，唐宋两代终于有了湖南这一地名，北宋理学家周敦颐，终于可以说自己是湖南人了。而南宋胡安国、胡宏创立的学派，也因此可以正式称为湖湘学、湖南学了。因此后世的湖南学者，都自称是“濂溪一脉”，周敦颐、胡安国、胡宏以及张栻的贡献，亦被后人视为“开湖湘之学统”。

然而，宋代的湖南，仍不等同于今之湖南，它只包括了湘水、资水流域，沅、澧二水流域，和湖北一起合为荆湖北路。元代湖南与湖北、广西、广东及贵州一部合为湖广行省，明代湖南与湖北合并为湖广布政使司。在行政区划上，都没有独立的湖南概念。

现代意义上，包含了三湘四水的湖南省概念，起自清代。清初虽然湖南、湖北合为湖广行省，但到了康熙三年（1664），湖广分设左右布政使司，左司管辖湖北，右司管辖湖南，治所在长沙。到了康熙六年（1667），右司正式更名为湖南布政使司，湖南才基本算独立成省。

可惜清廷在这时候没有任命湖南巡抚，湖南和湖北的乡试，也统一在湖北武昌举行。这一时期，湖南的士子，仍然把自己视为湖广士子，而不是湖南士子。从经济上看，陶澍家乡的茶商，也常常是沿资水过洞庭，出湖到汉口贩卖黑茶。很多湖南地区的商人，亦多聚集在武汉而非长沙，湖南意识并不强。

因为清初洞庭湖风波泛滥，湖南士子过洞庭到武昌参加乡试风险太大，遂向朝廷申请设立湖南贡院，与湖北分闱考试。雍正元年（1723），朝廷正式下诏，在湖南设立贡院，在下一科开始与湖北分闱。以分闱为契机，雍正二年（1724），改偏沅巡抚为湖南巡抚，管辖湖南境内大小庶务，湖南省才算真正成立。此后官方文书不再用湖广而用湖南，加上分闱考试后湖南举人、进士数量大增，湖南人对湖广行省的概念才逐渐消除，转而认同了湖南省。

因此，如果湖湘文化等同于今日湖南省地域内创造的文化，那这个概念真正成熟，始自清朝雍正时期，而之前只能算湖南与他省共同创造、分享荆楚文化。

湖湘文化这个概念的成熟，基于湖南认同。而让一个地区的人产生这种地域认同，必须有一种共同的文化传承。文化传承，来源于本地区人民的文化自觉，以及对这种文化产生的热爱与骄傲。要达成这种文化认同，首先要让本地人认同当地优秀的、独特的文化成就，并且意识到这种文化成就是强有力的，令人自豪的。

湖湘文化不等于湘学，湘学是湖南地区的学术成就，湖湘文化则包含了湖南地区产生的一切文明成果，以及在此基础上，湖南人对本土文化产生的认同。因此湖湘文化的发展，不仅仅依靠湖湘学术“湘学”的发展，它还依赖于广义上的湖湘认同、湖南意识。这种认同的形成，除了学术宗师，政治家、军事家的作用也同样重要。

从这个角度上说，历史上一切湖南地区出生的名人，以及在湖南广泛活动的外地名人，无论是屈原、贾谊、柳宗元、周敦颐，还是蔡伦、张仲景、欧阳询，加上岳飞、辛弃疾等人，都是湖湘认同的来源。

在清代，完全意义上的湖南省确立后，就亟须湖南籍的学术宗师和政治家、军事家来推动湖南人对传承湖湘文化的自觉与自豪。甚至从某种程度上说，“无湘不成军”“湖湘子弟满天山”对湖湘文化的意义，要超过不少学术大家的皇皇巨著。因为每一个普通的湖南人，都以这两句话为骄傲，在这基础上，杨度才会喊出那句“中国将为德意志，湖南当作普鲁士”。

湖南分省后，第一位既是学术宗师，又产生了全国影响力的政治家，正是陶澍。陶澍不但培养、提携了胡林翼、左宗棠，间接影响了曾国藩，更以他杰出的学问和显赫的政绩，激起了湖南人对湖湘文化的自豪，激发了他们对传承湖湘文化的自觉。

更重要的是，陶澍本人有引领湖湘文化的自觉。陶澍从地理学的角度，对湖南的古今地理沿革进行了权威的考证。只有厘清了湖南的地理概念，才可能在地理认同的基础上，形成地域文化认同。试想，湖南的地域即是三湘四水，但在地理学不发达，边界意识不强烈的时代，很多人根本就搞不清楚湖南究竟有多大，湖南在历史上经过多少变迁，又谈何湖湘文化呢？

有鉴于此，陶澍悉心考证了三湘四水这一说法的源流。四水是湘、资、沅、澧，这个毫无争议。三湘最早见于陶潜的诗文，“遥遥三湘，滔滔九江”，但究竟三湘是哪三湘，历代众说纷纭。有说三湘是“漓湘”“潇湘”“蒸湘”，“漓湘”指湘水在源头与漓江合流，“潇湘”指湘江中游与潇水合流，“蒸湘”指湘江下流与蒸水合流。还有的说三湘是指湘乡、湘潭、湘阴，也即下湘、中湘、上湘。甚至还有更粗暴的说法，说三湘是湘北、湘西和湘南。

陶澍在《资江耆旧集·序》中记录了他对这个问题的研究，这也是他生平的最后一篇文章。他认为，第一种说法因见于《太平寰宇记》，故流传最广。但考诸湖南地理，漓湘并不在湖南境内，不应归入三湘。而且，湖南很多湘江支流，如渌水、郦水、涟水、沩水，都比蒸水要大，蒸水只是条小河，为何会有蒸湘呢?《太平寰宇记》的作者显然不清楚湖南地理。

第二种说法的湘乡、湘潭、湘阴，这三个地名诞生都比较晚，在古代是没有这三个县名的，何况这三个县都分布在湘北、湘中，无法涵盖湖南全省。至于第三种说法，为何偏偏漏掉湘东呢?

陶澍根据自己对湖南地理的考察，认为三湘如果要概括湖南全境，囊括四水流域，就应该是“潇湘”“资湘”“沅湘”。从湘水的整个流域来看，湘江从广西全州北面流出，到永州城外与潇水汇合，称为“潇湘”。湘江到了湘阴地界，资水自东汇入湘江，可称为“资湘”。湘江向北流入洞庭湖，与沅水会于湖中，即是“沅湘”。如此一来，潇湘为头，资湘为腹，沅湘为尾，基本涵盖湖南全境，这才是三湘的不刊之论。

另外，陶潜文中提到的“九江”，陶澍也在《蜀輶日记》中作了考证，指出这个在《禹贡》《山海经》中常见的地理名词，既不是鄱阳湖，也不是浔阳江，而是洞庭湖的代称。陶潜文中的“遥遥三湘，滔滔九江”，都是指湖南。

有斯土，才有斯民，有了准确的湖湘地理概念，才有认同感强烈的湖南人。因为陶澍的考证，湖南人提到三湘四水，读到先秦典籍中的“九江”，才知道其准确含义，才能依托这个概念，产生浓烈的乡土情怀。陶澍的这个考证，不仅仅是历史地理学的创见，也是湖湘文化传承的基础。

陶澍非常重视地方志的修撰，在他看来，地方志首先是宣扬教化，帮助地方官治理的工具。地方志对本地地理、人文、物产、学风、人物的介绍，可以成为一个重要的地方官行政手册，帮助他们决策和行政。另一方面，他试图通过地方志，彰显地方人文特色，宣传本地杰出人物，让本地人感到自豪，产生归属感和地域认同。

陶澍一直努力地推动湖南省志的修订，在他的支持下，最终修成了《洞庭湖志》。《洞庭湖志》在乾隆年间，已经修成了部分。嘉庆年间，陶澍又委托万年淳对其进行了修订和增补。在万年淳改订的草稿上，陶澍反复批阅，删去“沿革”一章，增加了“皇言”“舟筏”两章，并在道光五年，筹资出版全书。《洞庭湖志》首次全面介绍了洞庭湖域的地形、湖泊、山峦、水道、洲港、物产、赋税、军事要塞，还包括了洞庭湖域的历史大事、名胜古迹、学术史略。

《洞庭湖志》以编年的形式，记录了洞庭湖流域历史上的政区沿革，重要的历史大事，用“捃摭”的办法记载了洞庭湖区的神话传说，收录了历代著名诗文。它订正了洞庭湖区府州县志的不少错误，编撰体例也颇有创新，令人耳目一新，是一部通贯古今，粲然大备的巨著。《洞庭湖志》对凝聚湖南士民之心，起到了重要作用。

陶澍不仅努力培养湖湘的晚辈，推动湖湘文化在本地的认同，还在全国范围内推广湖湘的地理、人文知识，让湖湘文化得到更多人的关注。他在与道光对话时，多次谈到资水、洞庭湖的地理风光，让皇帝对湖湘的地理有所认知。他在与清朝乃至外国知识分子的诗文交流中，也积极向他们介绍湖湘文化。如他在赠送朝鲜诗人的诗中大量介绍了湖湘历史：

风雅还征屈宋乡，笔谈佳日共匡床。
一堂喜尽东南美，五色同瞻日月光。
岳麓有茶皆玉露，巴陵无酒不琼浆。
湖湘故事君能说，欲赠芙蓉一段香。[11]

在这些诗里，陶澍告诉他们，湖南是他们所熟知的屈原、宋玉的故里。他还向朝鲜士子介绍了岳麓茶、巴陵酒，对这些能了解湖湘故事的朝鲜人心存感激。

他在给权晶山诗集所写的序言里，谈到自己的文学渊源时，亦以屈宋乡人自居。序言中说自己生于湖南，饱经古典文风的洗礼，“沅湘之交，洞庭云梦，为屈宋乡里，白雪阳春，时闻古曲”[12]。而在给丰山君的书信里，他也详细描述自己的家乡，谈到了朝鲜人崇拜的朱子曾在湖南讲学，介绍了岳麓书院和一系列朱子在湖湘的遗迹：“不佞生长楚南之长沙，在洞庭、衡岳之交，地直匡庐之西。……朱子帅潭州时（潭州即今长沙）讲学岳麓山。（在长沙城西，湘江之滨）今有岳麓书院，为海内四大书院之一，（鹅湖、鹿洞、石鼓并岳麓为四，皆朱子讲学处）有朱子手书‘道乡台’及‘整齐严肃’四大字，笔法类颜鲁公。遗迹甚多。诸生肄业尝七八百人，先贤之流风尚未沫也。不佞幼随先君子萸江翁读书其中，一自砺碌软红尘中，此境殆犹鸿雪矣！”[13]

他给朝鲜诗人的诗集《谈瀛前录》写序时，又再次介绍了湖南和他老家安化的地理：“余所居，滨资江，稍东三里许，即石门潭，有石如印，屹立江心，故名……潇湘烟雨，洞庭明月，其去东海云涛，盖辽辽其不相即也。”[14]

陶澍也很重视向外界推介湖湘的学术大家，他在国史馆时，给黄花耘写信说，馆内正在编《儒林文苑列传》，湖湘自王夫之先生以外，入选者寥寥。自己努力推荐湖湘儒者入传，但也未能多收，因为缺乏资料，没有可靠的凭证。所以要赶紧把省志送来，这样才能多推荐湖南儒者入《儒林文苑列传》。[15]

陶澍着力光大湖湘，却不止于湖湘，他不是一个狭隘的只懂得地域之争的人。他在安徽任上，对将安徽、江苏合为一体的《江南通志》极为不满，认为安徽和江苏各有各的特色，应该制作专门的安徽省志。在他的推动下，第一部《安徽省志》得以修成，体例谨严、精宏兼备，“成一邑之典……可以知人，可以论世”，被道光帝钦定为“全国省志样榜”。

陶澍曾给船山祠写过一副对联称赞王夫之先生：“天下士，非一乡之士；人伦师，亦百世之师。”这其实也是陶澍的自况。他虽努力推动湖湘人士的地域认同，宣传湖湘文化，但他并不是一个狭隘的湖南士子，而是天下之士。

他既培养了湖湘的后辈，也积极地提携了包世臣、林则徐等外省人才。他将自己身上的忠义和血性，将自己对天下的责任感，灌注在了他们身上。也因此，陶澍在京师、四川、山西、安徽、江苏等地的治理，向天下之人展现了湖湘士子的胸襟与才干，以湖湘文化中的博大、笃实、深沉，感染了天下之人。在他身上，湖湘文化不是一种地域性的文化，它虽主要由湖南人创造，却是一个影响全国、旁及邻邦，海纳百川、兼济天下的全国性文化。沿着陶澍的路走下去，经过数代湖湘志士不屈不挠的奋斗，湖湘文化扩而广之，成了近代中华文化之正统。在欧风美雨的侵袭中，护住了气若游丝的华夏文脉，承续了中华道统。

【注释】

① 林增平《近代湖湘文化试探》，载《历史研究》1988 年第 4 期第 12 页。

② 张伟然《湘江：流淌的文明》第 113—117 页，湖南人民出版社 2024 年版。

③《陶澍全集》第 7 册第 26—27 页，岳麓书社 2017 年版。

④ 朱汉民《湘学学统与中华道统》第 58 页，岳麓书社 2024 年版。

⑤⑩ 王夫之《船山全书》第 1 册第 1029、1044 页，岳麓书社 2011 年版。

⑥ 王夫之《船山全书》第 7 册第 182 页，岳麓书社 2011 年版。

⑦ 朱东安《曾国藩传》第 17—18 页，百花文艺出版社 2001 年版。

⑧ 钱穆《中国近三百年学术史》第 638 页，商务印书馆 1997 年版。

⑨《陶澍全集》第 6 册第 348 页，岳麓书社 2017 年版。

⑪《陶澍全集》第 7 册第 214 页，岳麓书社 2017 年版。

⑫⑭《陶澍全集》第 6 册第 191 页，岳麓书社 2017 年版。

⑬《陶澍全集》第 6 册第 406—407 页，岳麓书社 2017 年版。

⑮《陶澍全集》第 6 册第 404 页，岳麓书社 2017 年版。

十二、大江之岷

陶澍的夫人是替身吗

嘉庆三年（1798），十九岁的陶澍，娶安化县黄德芬为妻。关于黄德芬，在清代有一个“婢女代嫁”的传说。

“婢女代嫁”的故事，最早是陶澍的同榜进士，亦是他的好友梁章钜之子梁恭辰，在《北东园笔录初编》中所记。梁恭辰说，当年陶澍与梁章钜感情很好，两家女眷时有来往，他的母亲郑夫人曾对他们说，陶澍的夫人右手背上有一个凸起的伤疤，她曾询问是怎么回事，陶夫人蹙然回答道，自己出身寒微，少年时经常要劳作，所以手被农具磨伤了。郑夫人也不敢继续追问详情。

梁恭辰后来才听父亲说，陶澍年少时极为贫穷。他本已聘同乡黄氏为妻，有一个吴姓的富豪，听闻黄氏美貌动人，欲夺为儿子的继室，遂以财帛利诱黄父。黄父萌生异志，逼着陶澍退婚，陶澍宁死不肯退婚，黄母也不同意女儿改嫁。可惜黄氏看上了吴家的富贵，不肯嫁给穷秀才，加上他的父亲又大力支持她退婚，黄氏退婚意志十分坚决。黄家一筹莫展之时，黄氏的丫鬟愿意代小姐出嫁，黄家就用这个丫头顶替黄氏，嫁给了陶澍。这个丫头就是现在顶着黄德芬名字的一品诰命夫人。

原本应嫁给陶澍的黄氏，嫁给吴家后，因吴家与曾家争夺田产引发斗殴，丈夫被打死，成了寡妇。族中人欺负她是个弱女子，将她名下的田产侵吞殆尽。陶澍婚前没有见过黄氏，一直不知道他的妻子黄德芬实为婢女代嫁。他中了进士点了翰林，因父亲去世回家丁忧，才知道这件事的始末。陶澍可怜黄氏窘迫，赠送了她五十两银子。黄氏见到陶澍已成显贵，悔愧欲死，日夜抱着银子哭泣，不忍心用。后来银子被小偷偷走，黄氏忿而自尽。陶澍此后一直在资助黄氏后人。

陶澍总督两江，梁章钜也任职江苏巡抚，同在吴中为官。两人的同年，浙江学政朱士彦奉调回京，坐船路过苏州，与陶澍、梁章钜会面。三人一起看戏曲时，朱士彦点了《双冠诰》这出戏。《双冠诰》是个虚构的故事，讲的是明代书生冯麟如因遭仇人陷害，被迫离家避祸远走，流落江湖以医术糊口。冯麟如的友人范子渊为了救他，假托其名游走行医，被冯麟如的仇家刺死。众人皆以为冯麟如身亡，冯的妻子听说后就丢下儿子改嫁他人。只有一个叫碧莲的婢女留在家中，日夜纺织，抚养冯麟如的幼子冯雄，并教导他读书。后来冯麟如因为治愈了名臣于谦的病，得于谦举荐，立下军功后官至兵部尚书，冯雄亦在碧莲的教导下参加科举，高中探花。故事结局一家相认，冯麟如立碧莲为夫人，冯家父子所得的诰命都加于碧莲一身，故称“双冠诰”。

《双冠诰》的故事与陶澍的身世极为相似，所以他看戏时触景伤情，当众落下泪来。朱士彦私下对梁章钜说：“是我有失检点，忘了陶家也有碧莲姐也。”当天陪同看剧的江苏文武有上百人，都看到了陶澍落泪，于是到处宣扬此事。[①]

梁章钜、朱士彦都是陶澍的好友，朱士彦后来还做了大学士。梁恭辰既然是从父母处听说，还听说江苏文武百人都见证了陶澍落泪，这个故事看起来可信度就很高。稍后很多清代笔记里，都记录了这个“婢女代嫁”的传说。历史小说家高阳根据这个传闻，写了一篇爱情小说《印心石》，“婢女代嫁”的故事遂传遍大江南北，不少严肃的学术著作都收录了这个故事。

其实，梁章钜只知道陶澍被富家小姐嫌弃，娶了穷人家的女子。至于更详细的情节，他对儿子说是私下打听到的传闻，所以不一定可靠。陶澍的岳父黄崇榜家也是农村的穷人，“家不甚丰”，不可能有家养的丫鬟，找不出人代嫁。而且陶澍后来给岳父写墓表，说黄崇榜德高望重，而且是个有远见的人，“古貌古心”，不像是嫌贫爱富的人。[②]

另外据陶澍给黄德芬的祖母写的墓表说，他们两家是通家之好，平日多有来往。据此来看，他应该很早就见过黄德芬本人，不至于被骗。墓表中说，他十八岁时中了秀才春风得意，去黄家拜会。黄老太君见他有出息，十分高兴，就把孙女许配给他。[③]

以上自述，足见黄德芬嫁给陶澍，是她祖母的主意，而且是因为陶澍中了秀才，见他有出息才许下的婚事，不可能嫌贫爱富。按常理，十八岁的秀才，在地方上的地位也高于一般的财主，至少不会因为和人争夺田产被打死。

据《陶澍全集》的主编陈蒲清先生说，陶澍老家传闻，陶澍初聘的是当地富户彭家的女儿，彭家嫌陶澍家贫悔了婚，陶澍后来才娶的黄德芬。彭家是茶农出身，经营黑茶发家。[④]因此，比较合理的推断是，黄夫人对梁章钜的夫人说她家贫，日常劳作，并不是因为她是婢女，而是因为她是贫家女子。陶澍看《双冠诰》落泪，可能是想起了彭家嫌贫爱富，贫家女子黄德芬却与他相濡以沫。他不是因为婢女代嫁而落泪。

在中国古代，悔婚的事常有，可是在人口很少流动、大家都世居当地的农村，代嫁太难操作，会导致家族名誉败坏好几代。加之梁恭辰讲的故事过于曲折离奇，包含传奇小说的要素太多，不太像真实发生的事，很可能是根据彭氏悔婚的故事，结合戏曲、话本而编造加工的。

黄德芬给陶澍生了三个女儿，没有儿子，古人都靠儿子传宗接代，陶澍亦不能摆脱旧时代的观念。为了传宗接代，他在与黄德芬结婚十年后，陆续娶了六房妾室，生了七个儿子，可惜都早夭了。直到最后一房小妾，他的侍女张李才生下了陶桄，作为陶家唯一的继承人。陶澍另外还有九个女儿，两个早夭，只养大了七个。

曾国藩有没有见过陶澍

陶澍的第五女，亦是他第一个妾室贺元秀所生的陶琇姿，嫁给了晚清名臣、湘军统帅胡林翼。嘉庆二十四年，陶澍擢川东兵备道，第一次担任地方官，出京南下经过益阳时，与胡林翼的祖父胡显韶会面，胡显韶只是个乡中贤士，而胡林翼的父亲胡达源则是探花郎。胡林翼时年八岁，出来陪祖父见客，陶澍一见惊为伟器，自觉得了一个好女婿，就把时年五岁的陶琇姿许给了八岁的胡林翼。

八岁的孩子不一定能显示出什么惊人的韬略胸怀，但胡林翼确实是探花郎的儿子，与陶家结亲也不算辱没陶小姐。陶澍既然与胡家定下亲事，自然会竭尽全力培养自己的女婿。陶澍当时膝下无子，很可能将胡林翼作为自己的接班人来培养。

陶澍好舆地之学，平日喜欢游历天下，对于经世致用的书生来说，游历天下，可以掌握山川形胜，郡国利弊，为治国用兵助力，而饱览名山大川，见识各地风土人情，也是开阔胸襟、提升阅历的好办法。在被陶澍定为女婿的第二年，九岁的胡林翼就在季父胡达澧的陪同下，从益阳到北京跟随父亲读书。十七岁时，胡林翼参加顺天府试不第，遂陪同祖父从北京到贵阳，面见提督贵州学政的父亲。两次长途游历，几乎横穿中国，于他的经世之学长进极大。

但胡林翼是个落拓不羁的狂生，他不愿意学存天理、灭人欲的理学，也不愿意学写八股文。他十一二岁时，就在给叔父的信中抨击科举制度，说这种考试制度创自明太祖，其用意如何先置之不论，“以一日之短长，定万人之高下，沧海遗珠，势安能免”？这是抨击科举考试一考定终身，容易遗漏人才。他还说，很多士子怀才不遇，不一定是学问文章差，而是因为运气不好，或者考官不负责。“风檐寸晷中，殆不知有多少才人因挫折而抑郁，而穷愁，而颓放，或且至于老死而没没无闻”。⑤

胡林翼在道光十年与陶琇姿完婚，两年后，又携夫人护送岳母到两江总督府，从此住在岳父府中。陶澍为他挑选了很多名师，还让经世派大家贺熙龄指导他读书。公务之余，他亦亲自指导胡林翼的学问。胡林翼在给父亲的书信里说，岳丈办完公务后，就会和他长谈。岳丈胸中极为渊博，加以数十年来宦海的阅历，学问做到了上下古今，融会贯通。一件寻常政务，都能旁证曲引，揭示其中关窍。⑥

陶澍擅长培养人才，尤其懂得因材施教。胡林翼这种大有名士风气的才子，不愿学理学，亦不愿意作八股文。陶澍这位理学大家，对女婿的这种放荡却颇能包容。既然胡林翼不想做个纯粹的儒生，他就教他经世学问。

八股文里没有经纶济世的手段，史书中也只能看到大略，见不到政务的细节。得到陶澍指点，胡林翼方才尽知行政的要诀，知道官场的体统和规范，更学会了很多不见经传的行政技术。陶澍藏书甚多，胡林翼在他府上无书不读，尤好《资治通鉴》《史记》《汉书》，以及舆图、方志。至于山川险要、兵机政要，更是与岳父探讨得不亦乐乎。[7]在这段时间，胡林翼尽得了岳父经世之学的精要，为他后半生的功业奠定了基础。

烟柳画桥，风帘翠幕，金陵乃是风月繁华之地，胡林翼在治学之余，常去游览十里秦淮，恣意声伎。有人向陶澍告状，陶澍却并不理会，他说胡林翼将来会功名盖世，是为国操劳一生的苦命，他今日欢娱片刻，亦未尝不可。有人批评胡林翼不务正业，陶澍却替女婿辩解说，胡林翼不做正事，是因为这些所谓的正事对他来说都太小了，不值得他做。他还打了个比方，说胡林翼是“横海之鳞”，是翻江倒海的巨鲲，眼下这区区“勺水”不足资其回旋。[8]胡林翼中年后果然一改旧日浮华，蜕变为一“鞠躬尽瘁”的典范，累死在湖北巡抚任上，陶澍的知人，实在让人钦佩。

胡林翼虽然不喜作八股文，但有父亲胡达源和岳父陶澍这两位科场老手教导，加上他天赋惊人，别的举子要焚膏继晷、废寝忘食才能学会的应试功夫，他略微一学就通了。不喜欢读四书，不喜欢作八股文的胡林翼，二十四岁就考上了进士，入了翰林院。

胡林翼点了翰林后，还是继续当一个豪宕轻浮的狂生。他学会了陶澍全套办大事的本领，却不具备与这种经世学问相配合的德行与心性。他在陪文庆主持江南乡试时，因为请人代阅试卷，又算错了上江（安徽）与下江（江苏）的举人名额，被降级调任，成了从七品的小官。后来父亲去世，他又回家丁忧，一直候补不上，在家蹉跎了七年。

胡林翼再次崛起，出任贵州安顺知府，是花了一万五千两银子捐来的。胡林翼没有这笔钱，替他出钱并代为奔走的，是潘世恩、林则徐等朝中大臣。而潘世恩、林则徐提携胡林翼，除了胡林翼自身的才华外，更多是因为他们与陶澍的交情。不承想陶澍在去世后多年，他的遗泽还能庇佑后人。

胡林翼后来统领湘军，为筹措军饷，在湖北裁汰了胥吏书役，减少赋税征收中的浮收勒折，既降低了农户的税负，又增加了湖北财政。他进行税赋改革的办法，显然传承自陶澍。除此之外，他在湖北改革漕务，整顿盐政，发展商业，也大多是将陶澍在两江的改革，推广至湖北，再加上他个人因地制宜的创造。

曾国藩丁忧去职后，胡林翼独立主持湘军。当时湘军因为统帅隐退，内部分歧、矛盾很大，胡林翼使出浑身解数，努力调和湘军将帅之间的关系，维系湘军军势不堕。当时很多人想分化、吞并湘军，胡林翼又四处奔走，用尽手段同这些人虚与委蛇，还拉拢满大臣官文成为湘军的暗援。这些调和人事的手段，都很像陶澍。

陶澍唯一养大成人的儿子陶桄，娶了左宗棠的女儿，陶澍与左宗棠结为亲家的时候，左宗棠还是布衣之身。堂堂总督与贫寒书生结为姻亲，陶澍的眼力和气度，历代罕见。

左宗棠十八岁时，在书肆购得顾祖禹的《读史方舆纪要》，被其中记载的山川险要、战守机宜所吸引，从此沉醉其间，“潜心玩索”。他后来又购得顾炎武的《天下郡国利弊书》，齐召南的《水道提纲》，更加沉溺于舆地、兵法不能自拔。沉迷经世学问，八股文的功夫自然就松懈了，左宗棠到二十几岁时秀才都还没有中得一个。[9]

道光十二年湖南乡试，左宗棠连秀才都还没考上，但清朝允许文童通过捐纳报效获得监生的资格，享受与秀才一样的待遇。为了争取时间，左宗棠花钱捐了个监生的资格参加乡试，结果不幸落选。“无巧不成书”，这年道光皇帝特意下旨，为了多给考生一个机会，主考官要重新披阅落选的“遗卷”，以免人才遗漏，致有沧海遗珠之憾。考官从五千份已被淘汰的试卷中挑出六份，其中之一就是左宗棠的卷子。于是，连秀才都没中过的左宗棠极幸运地捡到举人的功名，这也是他一生在科举考场上最好的成绩。[10]

左宗棠虽然在科举上不得意，却有幸结识了许多湖南籍的达官显贵。他在中举之前，已与陶澍的属下，经世派首领贺长龄兄弟结交。

道光十年，贺长龄丁忧回家，左宗棠以士子的身份前去拜访，贺长龄对他的才学和眼界十分赞赏，当即收他为弟子，以国士待之。贺长龄将家中藏书，凡官私图史，悉数借与左宗棠。左宗棠曾回忆，他去贺家借书，贺长龄都会亲自上楼替他找书，反复上楼下楼，不以为苦。左宗棠去还书时，贺长龄就会考较他的读书所得，互相考订学问，往来争辩，毫不倦怠。

贺长龄还推荐左宗棠去他兄弟贺熙龄主持的城南书院读书，左宗棠师事贺熙龄十余年，他的大儿子左孝威后来娶了贺熙龄的女儿。左宗棠的学问得益于贺长龄、贺熙龄极多，贺氏兄弟名望盖世，与一不第老童生结交，颇令人称奇。

左宗棠结识胡林翼也很早，胡林翼十四五岁时曾从贺熙龄游学，他与左宗棠算是同门。道光十三年，他俩都参加了癸巳科会试，因为都是湖南人，又都是贺熙龄的学生，还一起落第，所以相谈甚好。

左宗棠是个狂生，胡林翼是个名士，都是旁人眼中的怪人，两人凑在一起，“纵言阔步，气豪万夫”，颇有知己难求之慨。左宗棠与胡林翼聊得兴起，“风雨连床，彻夜谈古今大政，论列得失，原始要终”。最后，两人居然大胆预测，天下将要大乱，于是相顾叹息，引以为忧。胡林翼的父亲胡达源见二人说得肆无忌惮，还特意警告胡林翼为人要谨慎。[11]

胡林翼受岳父影响，也是十分爱才敬才，他见左宗棠器宇宏远，志毅坚定，于是不遗余力地向当朝大臣作书推荐，称横览九州，更无才出左宗棠右者，左宗棠因此闻名于公卿间。

至于左宗棠与陶澍的相知相识，更可称古今难遇。在左宗棠儿子左孝同的文章里，左宗棠与陶澍的初次见面，是这样的。

道光十六年（1836），时任两江总督的陶澍在江西阅兵，顺便告假回家省墓，他在这年重阳节路过醴陵县（《左文襄公年谱》将此事误记为道光十七年）。左宗棠恰好正在醴陵的渌江书院担任山长，知县请他为陶澍将要下榻的馆舍题写一副对联，左宗棠一挥而就：

春殿语从容，廿载家山，印心石在；

大江流日夜，八州子弟，翘首公归。

陶澍曾得道光皇帝为他的书房题字“印心石屋”，每任官一处都会精心选址，将道光的题字刻于石上。左宗棠以此用典，恭维得恰到好处，陶澍看完对联就要召见作者。他之前已听女婿胡林翼、下属贺长龄推荐过左宗棠，一见之下，对其才干、见识大为称赞，认为左宗棠有王霸之材，前途不可限量，遂以总督身份折节下交。陶澍与左宗棠在馆舍中谈论学问，通宵达旦，左宗棠非常激动，给夫人写信说，陶澍目前是全国疆臣之首，居然礼贤下士到这种地步，有古大臣之风。

道光十八年（1838），左宗棠赴京应试落第后，特意绕道金陵，去两江总督府拜访陶澍。陶澍留他在府中学习，不仅自己亲自传授左宗棠舆地之学，还让自己幕府中的幕僚日夜与左宗棠谈论政务。左宗棠之前的学问都来自书本，实践也多是民间经营的实务，到了陶澍府上，才从陶澍和两江幕府的幕友身上，学到了政务处理的细节。

陶澍这时身体已经很差，知道自己在世的时间不久，于是替独子陶桄求娶左宗棠的女儿。陶桄当时年仅六岁，陶澍与左宗棠结为儿女亲家，既是提携左宗棠，也是托孤于他。

陶澍私下对人说，左宗棠的才学犹在自己之上，日后国家多难，此人必有大用。他曾指着自己的座位对左宗棠说，他日你来坐这个位置，名位恐怕还在我之上。

左宗棠也没有辜负陶澍，陶澍去世后，他到安化小淹村居住了八年，为陶澍管家教子，努力维持陶氏家业。他在安化八年，遍阅陶氏藏书，尤其很多在外界不易得的官书、奏议、上谕，还有后世很多已经失传的陶澍日记、书信。

左宗棠回忆说，他在陶家最快意的事，就是看到了很多秘藏的宪章掌故，史传别录，甚至还有一些介绍海外各国知识的图书。左宗棠在陶家抄录了很多志书、舆图，在陶澍所遗读书笔记的基础上，制作各省的地图，为他日后行军打仗立下了根本。据陶澍的曾孙陶思曾说，左宗棠晚年出征西北，在荒漠地区作战，所用的很多在荒漠地带生存的知识，是在陶澍的笔记中学来的。

陶澍去世后，林则徐也被免职。林则徐路过湖南时特意请左宗棠到他的船上相会，两人畅谈古今，通宵达旦。林则徐赞许左宗棠为"不凡之才"，将其视为自己事业的继承人。新老两代邦国柱石这番舟中彻谈，被后人传为佳话，至今长沙湘江边仍立有左宗棠、林则徐舟中夜话铜像。林则徐之所以知道在湖南有左宗棠，也是出于陶澍和胡林翼的推荐。

数十年后，左宗棠出任两江总督，果然与陶澍当年预测的一样，坐上了昔日亲家公坐过的宝座。他上奏请求在金陵修建陶澍与林则徐的专祠，专祠落成后，左宗棠为陶林二公祠题写对联，联中不仅对陶澍的功绩赞誉有加，还以陶澍的继承者自居：

> 三吴颂遗爱，鲸浪初平，治水行盐，如公皆不朽；
> 卌载接音尘，鸿泥偶踏，湘间邗上，今我复重来。

湘军的另一位统帅曾国藩，在陶澍生前，没有见过他。素来敬仰陶澍的曾国藩，曾于道光十六年，去金陵向陶澍请教学问。可惜的是，陶澍的门客李子木瞧不起曾国藩，擅自将他拒之门外。曾国藩因此未能见到陶澍，只能到秦淮河游览一番，然后回家。许多年后，曾国藩当了两江总督，有人下令严禁秦淮画舫，他回忆说："前日过秦淮河，看到画舫不过寥寥几艘。当年我来金陵访贤时，秦淮河千艘画舫穿梭如织，船上昼夜笙歌。万顷波光摇月碎，一天风露藕花香，那才是太平之景象啊。我看秦淮河是热闹好，不热闹不好。"[12]

李子木替陶澍挡驾后三年，陶澍与世长辞，因此曾国藩始终未能见到这位同乡大贤，但陶澍对他的影响是极深的。

作为一个理学家，陶澍根据"吾日三省吾身"的圣训，用写省身日记的办法，来端正自己的思想。他每天写日记，记录自己一天的思想行为，在记录的过程中，反省自身的言行。一旦发现自己思想中不符合"理"，不符合圣道的思想苗头，立刻把它掐灭，去污除秽，以洁自身，使自己一言一行都与圣人的要求吻合。可惜陶澍的《省身日记》未能流传下来，存世的只有《省身日记序》。

曾国藩中了进士后，拜大儒唐鉴为师，悉心研究理学。老师教他写检身日记，每天检查自己的言行，曾国藩照着做了几十年，这份日记亦成为后世研究曾国藩的重要史料。唐鉴传给曾国藩的这个写日记修身的办法，是当年陶澍传给他的。

陶澍与唐鉴的父亲唐仲冕是忘年交，陶澍父亲陶必铨的诗集《萸江诗存》，是唐仲冕题序，陶澍自己的诗集《皇华草》亦由唐仲冕题词。陶澍与唐鉴亲如兄弟，唐仲冕死后，唐鉴还请陶澍为父亲撰写墓志铭。陶澍的理学功夫、经世学问，通过唐鉴，隔代传给了曾国藩。

此外，曾国藩赴京参加科举，是靠贺长龄赞助川资，他在四川病重，得到了李星沅的帮助。贺长龄是陶澍的属下、好友，李星沅是陶澍的幕僚、弟子。此外，提携曾国藩的座师穆彰阿，是陶澍的好友，陶澍曾与他合作办理海运，还给他推荐过魏源。陶澍的遗泽，就通过这些人，间接传递到了曾国藩身上。

曾国藩在治学中，大量阅读了陶澍的著作，他在日记中多次记录自己昼夜不休地阅读《陶文毅公全集》。曾国藩在两江任上，主持盐政改革，亦继承了陶澍的“票盐”法。曾国藩以知人善任著称，特别擅长发现、培养、举荐人才。他曾说自己对天下之才是“广收，慎用，勤教，严绳”，因此在身边聚集起一大批才德之士。这种作风，也是陶澍的余绪。

如前文所述，陶澍为人理政，靠的是三口气，曰正气、曰灵气、曰骨气。湘军三杰，曾国藩清廉自守、当仁不让，以匡扶朝廷、化成天下为所长，得陶澍之正气；胡林翼机变百出，智谋过人，以调和人事，护持人才为己长，得陶澍之灵气；左宗棠守正祛邪、英勇无畏，以远赴绝域、为国戍边成大功，得陶澍之骨气。自近代以来，湖湘人才辈出，为国家兴亡奋斗不息，其源头，正是陶澍传下的这三口气。

除了直接、间接培养出曾、胡、左湖湘三杰，陶澍发掘、提携了一大批经世致用的人才，为国家之后数十年的发展，积蓄了元气。陶澍出任督抚以前，在京师通过宣南诗社，将林则徐、贺长龄、梁章钜、朱士彦、陈用光一干才德兼备的大臣，团结在自己身边。出任督抚后，他又提携了包世臣、魏源、龚自珍、汤鹏、王凤生等一批经世致用的人才。姚莹、李星沅、陈銮等人，亦都得到了他的传授和教导。

孟森在《明清史讲义》中评价说：“嘉、道以后，留心时政之士大夫，以湖南为最盛，政治学说亦倡导于湖南。所谓首倡《经世文编》之贺长龄，亦善化（长沙）人。而（陶）澍以学问为实行，尤为当时湖南政治家之巨擘。”

晚清名臣张之洞和李鸿章的女婿张佩纶讨论湖湘人才时说，“道光以来人才，当以陶文毅（澍）为第一”。他们认为，在陶澍的影响下，有三类人才崛起：“讲求吏事，考订掌故”，在上的是贺长龄，在下的是魏源，而曾国藩总其成；“综核名实，坚卓不回”，以林则徐、蒋攸铦为代表；“以天下为己任，包罗万象”，则胡林翼、曾国藩、左宗棠都是。二张认为，在这些人才中，唯有陶澍是黄河之昆仑，大江之岷。古人以为黄河发源于昆仑，长江发源于岷江，这是称赞陶澍是晚清所有人才的源头。

旧时代最后一位政治家

道光十八年农历二月，陶澍身染重病，身体左侧有偏瘫的迹象，医生诊断说他是因为政务过于繁忙，心血耗费过多，致使血液不能供养经脉，有了风瘫的征兆，建议他休息养病。陶澍遂在三月向朝廷上了请假的折子，公务委托布政使代理。

过了一个月，他觉得身体有所好转，又担忧两江水利、河工、盐政、漕务，事务太过繁杂，于是向朝廷销假，继续办公。不料到了十月，他在校场检阅军队时，偶然感染风寒，导致偏瘫更加严重，只得再次请假。

到了道光十九年初，陶澍已经完全卧床不起，时常陷入昏迷，又每日咳血，医药无用。由于已不能正常办公，他向朝廷申请开缺，将两江总督的关防和两淮盐政的印信，转交给江苏巡抚陈銮署理。

与此同时，他向朝廷举荐了林则徐和陈銮，声称林则徐才长心细，识力十倍于自己，陈銮中正明干，一切熟练。道光批准了陶澍开缺离职，叮嘱他安心治病，等病愈再到京师会晤。

陶澍开缺后，留在金陵养病，在病中坚持读书作文。湖湘名士邓显鹤，被后世称为“楚南文献第一人”“湘学复兴之导师”，他在此时编成了收录湖南资江流域历代诗人的诗集《资江耆旧集》。陶澍最重乡谊，又特别留心搜集湖南文士的作品，以宣扬湖湘文化。见邓显鹤编成此书，他扶病援笔，写了一千余字的《资江耆旧集序》，完成了他一生最后的作品。

道光十九年农历六月初二，公元1839年7月12日，金陵倾盆大雨，陶澍强支病体，令家人将他扶起，站立着向上天祷告，不要让大水冲毁民田。祷告完不多时，陶澍没有对家人留下遗言，端坐在椅子上，默然而逝。

陶澍逝世于鸦片战争前一年，正好处在传统中国与近代中国的分水岭。正因如此，陶澍在中国历史研究中，常被人忽视：近代史学者把他当作古代史人物，古代史学者又往往忽略这位在中国古代历史终结时呕心沥血的名臣。

生于这个古代中国向近代中国转型的时刻，既是他的不幸，也是他的荣幸。陶澍于经史百家的学问无一不知，他是朱子学的传人，又精通考据，不但精通中国传统的经世学问如盐法、水利、舆地、刑名、农桑、钱粮，还旁及书法、绘画、诗词、文赋，是一位集大成的传统士大夫。

陶澍之前，两江总督的任职期都不长，他总督两江接近十年，为江南的发展竭尽心力。他还开创了湖湘士子总督两江的传统，在他去世二十多年后，湖湘士子再次总督两江，此后五十多年的时间，两江总督基本都是湘人。陶澍和湖湘学派的士子，为中国最富庶的江南地区经济的发展，做出了巨大贡献。

他在近四十年的为官经历中，遇到了无数传统学问、传统治术不能解决的问题。他勇于任事，积极探索，在不断的调研和实践中探寻新的治理方法。他探索出了以市场竞争的手段改革盐政的办法，实践了以海运代替河运，以此走向海洋的思路，他还改革了仓储制度、账目管理制度，提倡“废两改元”。他有一种洞穿历史的能力，触及了历代名臣所不曾触碰到的领域。

陶澍在他的实践中，以其独有的天才，从中国传统的土壤中，自生出近代化的治理手段。他已经发现了从农耕社会转向工业社会，从陆地时代转向海洋时代的趋势。他在近代史正式来临之前，为国家的变革，为中国的近代化，完成了早期探索。

陶澍代表了在西学大规模传入中国之前，贤明的士大夫为社会的进化、国家的近代转型而作出的突破。他是旧时代的最后一位士大夫，亦是最后一位政治家。

陶澍是梅山之子，他有一种梅山人身上特有的蛮勇和无畏，他也是湘江之子，具有一种洞彻一切的睿智与清明。忠义血性，仁慈爱民，勇于任事，敢于创新，他总结了湖湘文化，定义了近现代湖湘士民的形象。

陶澍是禁烟运动的先驱，亦是近代中国的爱国楷模。他的故旧、弟子、晚辈，在他身后，在即将到来的那个万国争雄的时代，进行了百年不屈不挠的奋斗。这些改天换地的志士，无不从他的学说中得到启发，从他的事迹中得到鼓舞。

然而，这重塑河山，令天地变色的波澜壮阔，他都来不及看到了。尽管《陶澍访江南》的戏曲还会唱过很多年代，他却已经永远留在了属于他的时代里。

正如唐人许浑所写的《金陵怀古》：

> 英雄一去豪华尽，惟有青山似洛中。

【注释】

①⑧《清代名人轶事辑览》第 3 册第 1126、1206 页，中国社会科学出版社 2005 年版。

②③《陶澍全集》第 6 册第 281、279 页，岳麓书社 2017 年版。

④ 陈蒲清《陶澍传》第 19 页，岳麓书社 2011 年版。

⑤⑥《胡林翼集》第 2 册第 941、950 页，岳麓书社 2008 年版。

⑦⑪《胡文忠公年谱》，载《湖南人物年谱》第 3 册第 11 页，湖南人民出版社 2013 年版。

⑨⑩《左文襄公年谱》，载《湖南人物年谱》第 3 册第 137、140 页，湖南人民出版社 2013 年版。

⑫朱树人《曾国藩逸事汇编》第 221、311 页，岳麓书社 2019 年版。

陶澍生平大事记[①]

乾隆四十三年（戊戌） 公元 1778 年 一岁

乾隆四十三年农历十一月三十日，公元 1779 年 1 月 17 日，出生在湖南省长沙府安化县一都石蛳溪（今写作“发榜”）。

父亲陶必铨，字士升，号萸江，县学廪生，设馆授徒为生，母亲黄氏，生有二子一女，长子即陶澍，次子陶溍，女陶姗英。据陶澍父亲的说法，陶澍字子霖，是因为“天下之能苏万物者，莫如雨。戊戌之夏大旱，冬，谷骤贵，而长子适生，因名之曰澍，而字以子霖，盖期有以泽苍生也”。

乾隆四十九年（甲辰） 公元 1784 年 七岁

随父至长沙岳麓学院求学。

乾隆五十年（乙巳） 公元 1785 年 八岁

正式随父读书，并开始学诗。

乾隆五十四年（己酉） 公元 1789 年 十二岁

随父读书，并开始学习作八股文。

冬季参加童试，未中。

乾隆五十五年（庚戌） 公元 1790 年 十三岁

祖母和母亲相继病逝。

乾隆五十六年（辛亥） 公元 1791 年 十四岁

随父读书于安化学宫。所作《十五国风次序说》《楮先生传》（假传体）《杨先生传》，是现存最早的陶澍文章。

乾隆六十年（乙卯） 公元 1795 年 十八岁

被录取入县学，成为生员（秀才）。

嘉庆三年（戊午） 公元 1798 年 二十一岁

娶安化黄德芬为妻。

嘉庆五年（庚申） 公元 1800 年 二十三岁

参加恩科乡试，中第三十名举人。

嘉庆六年（辛酉） 公元 1801 年 二十四岁

正月起程赴京参加恩科会试，三月，抵达北京。

八月，参加恩科会试，落第；留京温习功课。

编成生平第一本诗集《出山草》，收诗六十首。

嘉庆七年（壬戌） 公元 1802 年 二十五岁

春，参加正科会试，中第六十三名贡士。

四月二十一日，参加殿试，为二甲第十五名，赐进士出身。

授翰林院庶吉士，充功臣馆纂修官。

九月，请假南归，为先人修筑坟墓。

嘉庆八年（癸亥） 公元1803年 二十六岁

参加编修《资江陶氏族谱》。

嘉庆九年（甲子） 公元1804年 二十七岁

二月，离家北上。

四月，抵京，回翰林院供职。

冬天，与同科进士朱琦、顾莼、吴椿、夏修恕、洪介亭等人建立“消寒诗社”。

嘉庆十年（乙丑） 公元1805年 二十八岁

四月二十日，散馆引见，授翰林院编修。

闰六月初九日，父陶必铨病逝，回乡丁忧。

嘉庆十一年（丙寅） 公元1806年 二十九岁

丁忧在籍，主讲于澧州（今澧县）的澧阳书院。

嘉庆十三年（戊辰） 公元1808年 三十一岁

秋，携家室离乡北上。经益阳，纳侧室贺元秀。

嘉庆十四年（己巳） 公元1809年 三十二岁

任国史馆编修。

九月，妹陶姗英卒。

嘉庆十五年（庚午） 公元1810年 三十三岁

任国史馆编修。

五月十五日，奉命充庚午科四川乡试副考官，途中撰成《蜀辅日记》。

参与编纂的《沅江县志》刻印。

嘉庆十六年（辛未）公元 1811 年　三十四岁

继续任国史馆编修。

参与编纂的《安化县志》刻印。

嘉庆十七年（壬申）　公元 1812 年　三十五岁

二月，授翰林詹事。

七月，弟陶溍卒。

嘉庆十八年（癸酉）　公元 1813 年　三十六岁

记名以御史用。

八月开始记《省身日记》。今仅存《省身日记序》。

冬天，黄夫人病危，女琼姿割腕肉疗母，朝野称为陶孝女。

嘉庆十九年（甲戌）　公元 1814 年　三十七岁

三月四日，补江南道监察御史。

三月六日，授甲戌科会试同考官。

在京师朝阳门外建立“悦生堂”，每岁冬春收养老病残疾百余人。

嘉庆二十年（乙亥）　公元 1815 年　三十八岁

三月，调陕西道监察御史。奉命巡视中城，十个月内，“断八百余案”。

四月，迁户科给事中。

九月，奉命巡视江南漕务。

十月，发布《巡漕告示》，要求裁革陋规，提高漕运效率。

嘉庆二十一年（丙子） 公元 1816 年 三十九岁

二月，上《敬筹镇江运河事宜折子》，主张：练湖宜浚治；甘露港宜挑深；闸坐宜整理，积土宜起除。

六月，巡漕事竣。催运五百多万石漕米。

八月，任顺天乡试内监试官。

八月，转任吏科掌印给事中。

十一月，正式就任吏科掌印给事中。

嘉庆二十二年（丁丑） 公元 1817 年 四十岁

三月，奉命充丁丑科会试内监试官。

嘉庆二十三年（戊寅） 公元 1818 年 四十一岁

与朝鲜使臣权晶山、洪骆皋等诗人结识，编辑唱和诗集《印心石屋谈瀛诗册》，作《谈瀛录序》。

八月，任戊寅科顺天乡试巡墙官，奉命巡视棘墙。

十月奉命巡视东城。

嘉庆二十四年（己卯） 公元 1819 年 四十二岁

闰四月，授四川川东兵备道。请假顺道回籍，在益阳为胡林翼和女儿陶琇姿定亲。

十二月十一日，抵达重庆莅任。

嘉庆二十五年（庚辰） 公元 1820 年 四十三岁

任川东兵备道，整顿治安，清理积讼，为四川官盐定下“例价”，采取“减价敌私”政策，降低官盐价格，打击私盐。

十一月，擢山西按察使。

清宣宗道光元年（辛巳） 公元1821年 四十四岁

正月，离成都，经川、陕、晋等省，由陆路入京，得道光召见三次。

三月，抵达山西，兼署布政使，授通议大夫。审理案件、整顿吏治。

八月，调福建按察使。

九月离开山西，十月抵达北京。道光召见四次，称陶澍“学问、人品俱好”。

十月，擢安徽布政使。

整顿吏治，开始清查安徽钱粮。

消寒诗社改名为宣南诗社。

道光二年（壬午） 公元1822年 四十五岁

任安徽布政使。全面清查安徽钱粮亏空情况。

道光三年（癸未） 公元1823年 四十六岁

正月，擢安徽巡抚。

全面清查安徽钱粮亏空情况。

赈济灾荒。带头捐银三千两，号召官、商、绅、民捐款、捐粮、捐物。

委派官员赴湖广、四川、江西等省买米，又鼓励商人运米进入灾区，公平粜籴。组织灾民自救，疏消积水，补插晚禾，赶种杂粮。

大力整顿社会治安。在安徽凤阳、颍州、泗州等地巡查，除暴安良，安定地方社会秩序。

道光四年（甲申）　公元1824年　四十七岁

任安徽巡抚。

兴修水利。

消灭虫灾。

道光五年（乙酉）　公元1825年　四十八岁

任安徽巡抚。

全面兴修安徽水利。

四月，奏请创修《安徽省志》。主持制订《新修安徽通志采访章程录》。

五月，劝设丰备义仓。调任江苏巡抚。

筹议海运漕粮。偕同布政使贺长龄等赴上海，召集海运船户商人，宣讲政策，调查访问，考察运道。

在江苏各地考察，主张整顿吏治和民风。

全面筹议江苏水利。

八月，监临江苏乙酉科乡试，闱中突发伤寒，转成疟疾，僵卧至冬。

督修《洞庭湖志》十四卷告成，作《洞庭湖志序》。

道光六年（丙戌）　公元1826年　四十九岁

任江苏巡抚，亲赴上海督办海运。

二月，绘制、上奏《海运图》。

二月一日，指挥首批海运船队从上海出发，任命川沙营参将关天培随船队出发，督运保护。

六月，在上海指挥第二次海运，运米三十余万石。六月底，海运船只抵达天津，道光丙戌海运完成。

主持编辑《江苏海运全集》，作《海运全案序》。

开始整顿漕务，疏浚漕运通道。破除迷信，力排众议，开挖猪婆滩成功。

与贺长龄委托魏源编成《皇清经世文编》，集清朝经世论文二千二百多篇。

道光七年（丁亥）　公元 1827 年　五十岁

任江苏巡抚。

疏通漕道，整顿漕运。

勘查吴淞江水利工程。

主张长期实行海运。

重修苏州沧浪亭，在沧浪亭与潘奕隽、吴云、石韫玉、韩崶等四人，集会咏诗，人称“五老会”。

道光八年（戊子）　公元 1828 年　五十一岁

任江苏巡抚。

兴修吴淞江、浏河等水利工程。三月，验收吴淞江水利工程。

编印成《重浚吴淞江全集》。

提议漕运改道。

完成《鸿雪因缘图》（记述生平所经历的著名山水）八十二幅，作《鸿雪因缘图记》。

李廷锡编成《陶云汀先生奏疏》二十四卷与《陶云汀先生题稿》八卷。

道光九年（己丑） 公元 1829 年 五十二岁

任江苏巡抚。

二月，《安徽省志》告成，作《安徽省志序》。

兴修吴淞江、浏河、练湖等水利工程。主张疏浚练湖，修建黄金闸，移建黄泥闸。三月十五日，工程开工。六月工竣，委托布政使梁章钜验收练湖、黄金闸、张官闸工程。

在苏州沧浪园邀请嘉庆七年同科进士顾莼、朱珔、朱士彦、吴廷琛、梁章钜、卓秉恬集会，称为“沧浪七友”。

道光十年（庚寅） 公元 1830 年 五十三岁

任江苏巡抚。因两江总督蒋攸铦病假，署理两江总督，赏加太子少保（宫保）衔。

八月，正式升任两江总督，兼署江苏巡抚。

调查盐务，改革盐政。

查禁运漕粮船夹带私盐。

九月，裁革两淮盐政衙门送给总督的赏需银二万两。

因盐枭黄玉林一案受处分，降四级留任。

兴修孟渎、得胜、澡港、浏河、雕鹗河、洪泽湖等水利工程，大力赈灾。

编《水利七案》，又名《东南七郡水利》。

沈基庶等编辑《陶云汀先生奏疏补遗》十六卷。

道光十一年（辛卯） 公元 1831 年 五十四岁

任两江总督兼理两淮盐政。

到仪征等地考察水情，举荐林则徐为江宁布政使，主持江苏赈灾事项。派遣官员到邻近各省购买粮食；号召绅商士民，捐款救济灾民；宣布优待政策和保护措施，号召商人贩运粮食到灾区；强化治安，稳定灾区社会秩序。

提拔任用办理盐政的人才。奏请暂留降调道员王凤生委办场灶事，保荐江宁府知府俞德渊担任两淮盐运使。

缉察私盐，提出“官督商运”，“选择诚实商人，借给水脚，领运分赴各岸，并遴员督运。俟其到岸售有课银，收回应完钱粮及盐价借项，缴库归款”，鼓励商人贩运。加斤减价，裁减浮费，前后裁减每岁费用银十六万两有零。

上《淮北请试行票盐折片》，提出淮北试行票盐的主张。

道光十二年（壬辰） 公元1832年 五十五岁

提出淮北试行票引。

会同林则徐、陈銮等，主持疏浚孟渎、得胜、澡港三河工程，又筹议疏浚浏河、白茆河工程。

会同江苏巡抚林则徐、苏松镇总兵关天培，将英船“阿美士德号”驱逐出江苏洋面。

陶澍因陈端盗挖黄河大堤事件受处分，降四级留任。

道光十三年（癸巳） 公元1833年 五十六岁

淮北改票盐实行一年，盐价顿减，卓有成效。

主张自铸银币以抵制洋钱，实行“废两改元”，严禁纹银出洋、严禁鸦片。

支持推广早稻。

黄冕续编《陶云汀先生奏疏》二十八卷，合李廷锡初刻本共五十二卷。

道光十四年（甲午）　公元 1834 年　五十七岁

三月，疏浚浏河、白茆河水利工程开工。浏河、白茆河水利工程完工之后，会同林则徐查勘工程，又勘查江苏各地河湖，视察宝山县海塘和丹阳练湖形势，修筑练湖蓄水、减水诸坝。

陶澍因保奏张成龙事件受处分。

刊印文集《印心石屋文钞》。《印心石屋文钞》三十五卷，收录散文、赋、骈文共三百三十三篇。

道光十五年（乙未）　公元 1835 年　五十八岁

十一月，奉命北上进京，由林则徐署理两江总督。二十九日抵京。

十二月，道光十四次召见陶澍，赐“印心石屋”四字匾额。

道光十六年（丙申）　公元 1836 年　五十九岁

正月，离京回乡，谒祭祖先及父母祠墓。

十月，陶澍因“私刻朱批”事件受处分。

先后在家乡小淹资江的南北两崖、长沙岳麓山、南京清凉山、苏州沧浪亭、镇江金山、镇江焦山、江西庐山、扬州蜀冈等处，摩刻御书“印心石屋”四个大字，并于十二月上《恭进御书印心石屋墨宝图册并叩谢天恩折子》，向道光进呈印心石屋山水全图及图说。

为《资江陶氏族谱》（四续族谱）定稿作序，并出资刻印。又在海州云台山新建陶靖节先生祠。

道光十七年（丁酉）　公元 1837 年　六十岁

总结盐务情况，肯定试行票盐以来的成绩。

查访河工积弊。

九月，陶澍因“年终注考”事件受朝廷处分。

为幼子陶桄与左宗棠之女定亲，结儿女亲家。

道光十八年（戊戌） 公元1838年 六十一岁

力主禁绝鸦片。提出禁烟章程八条：劝戒烟引，宜刊方、施药并举；烟具、烟土，宜分别毁缴；查办鸦片，宜分任各教官，选同公正绅耆，广为劝导；查办鸦片，宜责成保长，不必邻佑互结；审办鸦片，宜确审速办，以免反复；查办烟案，必须本官亲自督拿；兴贩鸦片，宜加重罪名；纹银出洋，应分别加重严办。十月，在江苏、扬州、苏州、南京及上海东关等地收缴烟土一万六千余两，又强令海船交出烟土四万一千余两，一并销毁。

在南京城西龙蟠里盋山建立惜阴书舍，并手订惜阴书舍章程。

疾病加重，手足痿弛，逐渐左体偏瘫麻痹，起居不便，两次上奏请假。

道光十九年（己亥） 公元1839年 六十二岁

二月，病情加重，头脑眩晕，动辄昏绝，又大量吐血。

三月，因病开缺，由湖广总督林则徐继任两江总督。林则徐到任前，由江苏巡抚陈銮署理两江总督。

五月，为《资江耆旧集》作序，并资助《资江耆旧集》雕刻制版。

六月一日，口授遗折，由江苏巡抚陈銮代笔。

六月二日（公元7月12日），病逝于两江总督任所，终年六十二岁。

【注释】

① 根据陈蒲清先生《陶澍大事年表》删改而成，见《陶澍全集》第八册，岳麓书社 2017 年 3 月第 2 版。

后 记

本书的写作，始于数年前在陶澍故里湖南安化县小淹镇时，于资水之滨的驻足。安化的山水有两种截然不同的气质：一是资水的清幽澄澈，恰似屈原以来湖湘文人的哀婉清绝；二是梅山的莽荒苍茫，仿佛湖南人“劲悍尚气”、坚忍不拔的豪迈性格。这两种气质在陶澍身上得到了完美融合，并呈现出湖湘精神的独特神态。在与当地人的交谈中，我发现安化人至今保持着刚直、进取、大气的特殊性格——这种气质在陶澍及其影响下的湖湘士子身上表现得尤为突出。

当我在印心石畔，看到湍急江水中倒映的梅山群峰，突然意识到这座湘中古镇孕育的不仅是一位晚清重臣，更铭刻着中国近代化进程中的隐秘坐标。

作为传统中国与近代中国分水岭上的关键人物，陶澍身上同时交织着传统的智慧和近代的思想因子。他既承袭了王夫之“经世致用”的湖湘学脉，又在漕运、盐政、货币三大领域率先突破传统治理框架。在数十年的政治生涯中，特别是在作为两江总督的十年间，他的一系列治理措施几乎触及了所有康乾以来累世积存的弊端：

引入市场竞争机制的“票盐法”，以盐政改革打破盐商数百年的垄断，不仅使淮北盐业重获新生，更为国家增加数百万两财政收入；

推行清代首次大规模漕粮海运，既解决道光初年运河淤积导致的漕运危机，又探索出面向海洋的新路径；倡导“废两改元”，建议自铸银币，其思想已触及货币金融制度的核心……尤为重要的是，陶澍在禁烟运动中的先驱作用：他不仅是首个系统认识鸦片危害的封疆大吏，更以在两江地区大规模的销烟行动为林则徐虎门销烟奠定实践基础。

他的种种改革，既是中国传统治理经验的集大成，又在多个领域自发生成了近代因素。他对市场机制的理解、货币流通的洞察以及海运的推行，无不体现其超越时代的前瞻性。从这个角度看，他既是传统中国的最后一位政治家，也是近代中国的第一位先驱。

而陶澍最为深远的影响，在于构建了湖湘人才谱系。他以“实学”与“实行”陶铸晚辈，左宗棠、胡林翼直接受他提携，曾国藩通过唐鉴、贺长龄间接承其衣钵。他发展的经世之学成为后辈经纶国手的基础，刚正不阿、实干进取的湖湘气质更在后世传承发扬。正如陶澍对王夫之的评价，“天下士，非一乡之士；人伦师，亦百世之师”，他自身正是从安化出发，承载湖湘文化精髓而走向全天下的典范。

在传统中国的暮色与近代中国的晨曦交替之际，陶澍用《海运全案》的墨迹勾勒出海洋中国的轮廓，又以《蜀輶日记》的笔触丈量着农耕文明的余晖。遗憾的是，在古代史的研究中，他作为传统中国最后的历史人物而受到忽视；而在近代史的叙事中，他又往往因鸦片战争前就已去世而被归入古代史的范畴。这种夹缝中的尴尬处境，使得这位跨时代的政治家未能受到应得的关注。

很长一段时间，我们对中国近代转型的阐释聚焦于沿海口岸与西方影响，却忽视了内陆腹地自生性变革的萌发。在系统研究陶澍的政治生涯后，本书的一大尝试，就是通过讨论陶澍在盐政、漕运、海运等领域的改革实践，揭示出嘉道年间地方治理中萌发的市场逻辑与近代治理理念。因为陶澍推动的一系列孕育着本土自身近代性因子的变革或者说试验，很可能是构建中国近代史叙事的重要拼图。于是，我试图在本书中，将陶澍置于近代前夜的枢纽位置，陶澍所力行的经世实学，证明了中国本土思想资源自我更新的内在动力。

在数载的研究过程中，我最深刻的体悟莫过于：作为一位历史人物，陶澍的价值不在于他改变了什么，而在于他展现了哪些可能。历史是一条长河，这奔涌不息的水流已经在河道深深刻下了既定的轨迹，但在每一个弯道，每一个关隘，它总有无数个可能的方向。大河为何奔流至此？这固然是水流中的我们需要追问的；而每个关隘处具有的可能性，更是引人遐想。这种可能性的发掘，正是历史研究的魅力所在。

在本书的写作过程中，得到了众多单位以及个人的帮助与支持。在此，我要特别感谢湖南省委宣传部分管日常工作的副部长、省新闻出版局（省版权局）局长卿立新先生的信赖、关心与指导，感谢长沙市委宣传部原部长陈澎先生、益阳市委宣传部部长陈计伟先生、中南出版传媒集团副总经理梁威先生的大力支持，感谢安化县委书记石录明先生，宣传部两任部长王思婷女士、廖小甫先生对本地历史文化的重视以及在地方史料收集上提供的大力协助，感谢省委宣传部挂职安化的两任副县长杨华锋先生、禹丹先生提供的自始至终的帮助，感谢安化县陶澍研究会会长刘时雨先生、秘书长戴爱玲女士提供的书籍与图片。

同时，也感谢长沙市天心区区委宣传部对这项历史研究工作的支持，感谢我的单位长郡中学为我创造了良好的研究环境，感谢安化县教育局在我研究期间提供的帮助。

在档案收集与史料整理过程中，许多安化县的学人给予了我极大帮助，使我能够接触到许多珍贵的第一手资料；在本书的出版过程中，岳麓书社社长崔灿先生给予一如既往的支持，策划编辑刘文兄与我配合默契，在此一并致谢。

最后，要特别感谢我的家人，是他们的理解与包容，让我能够心无旁骛地投入到这部著作的创作中。

周禄丰

2025 年春于湖南长沙